칸트와 생태사상

김 진 지음

칸트와 생태사상

김 진

철학과현실사
2003

서문

오늘날 칸트철학은 환경론자들이나 생태주의자들에 의해서 자주 거론되고 있다. 칸트 자신은 인간의 기술발달에 의한 환경훼손에 대한 문제의식이 없었음에도 불구하고, 현대의 생태주의자들은 칸트를 인간중심주의적 사고의 원형이라고 간주해 왔다. 따라서 이 책은 칸트철학에 함축된 생태주의적 요소들을 제시하고 그것이 오늘날의 환경철학과 환경윤리학에 어떤 영향을 주고 있는가를 중점적으로 다루게 될 것이다.

칸트의 사상이 인간중심주의에 정향되어 있는 것은 분명한 사실이다. 그러나 칸트가 인간중심주의자라는 이유만으로 환경 관련 문제에 걸림돌이 되는 것처럼 해석되는 것은 온당하지 않다. 따라서 이 책에서는 칸트의 자연철학, 특히 유기체와 생명 사상이 오늘날의 생태주의와 어떤 관계에 있는가를 다룰 것이다.

칸트의 인간중심주의 사상은 생태주의적 사고유형과 대립되는 것이 아니라 상보적인 관계에 있다. 이러한 사실은 앞으로 본문의 내용에서 보다 분명하게 밝혀지게 될 것이다. 더 나아가서 필자는 모든 가능한 생태주의적 논의들이 성립될 수 있는 근거 자체가 바로 인간중심주의에서 찾아지지 않으면 안 된다고 본다. 환경에 관한 모든 가능한 논의는 그 구조적 특성상 인간을 중심으로 인간에 의하여 이루어질 수밖에 없기 때문에 인간중심주의는 논의상황에서 더 이상 뒤로 물러설 수 없는 최후정초적 성격(칼-오토 아펠)을 가지고 있다. 칸트철학이 생태주의적 사고에 기여할 수 있는 세 가지 측면을 우리는 보편적 규범윤리학과 의무의 원리, 미감적 판단력과 자연미 사상, 그리고 목적론적 자연 이해와 인간중심주의(문화)에서 찾을 수 있다.

칸트 시대의 생물학적 논의는 주로 기계론과 목적론 사이의 논쟁이었으며, 이것은 다윈의 진화론이 발표된 이후에도 계속되었다. 생명현상에 대한 칸트의 근본적인 입장은 존재현상을 기계적 방식으로만 이해하고 설명할 수 있는 인간의 지성적 능력만으로는 완전하게 기술할 수 없다는 것이다. 그리하여 목적론적 기술 방식은 하나의 보조적인 이해방식으로 도입된다. 그러나 칸트에서의 생명현상에 대한 목적론적 기술 원리는 어디까지나 반성적이고 규제적인 의미로서만 도입되었고, 구성적이거나 현실적인 것으로 간주되지는 않았다.

한스 요나스의 책임원칙에 대한 이론은 칸트철학을 생태주의적으로 변형시킨 대표적인 사례이다. 그는 자신의 책임윤리학에서 칸트의 형식적 정언명법을 생태학적 정언명법으로 변형시켰으며, 규제적인 목적론의 원리 역시 구성적인 의미에서의 자연목적론 사상으로 새롭게 발전시켰다. 그러나 엄밀한 의미에서 요나스의 책임윤리학도 역시 칸트의 영향사 속에 있다고 할 수밖에 없을 것이다.

요나스에 의한 칸트철학의 생태주의적 전회는 다시 칼-오토 아펠의 담론적 규범윤리학을 통하여 칸트주의로 복귀되기에 이른다. 아펠은 칸트주의를 새롭게 변형함으로써 칸트의 의무론적 윤리학과 요나스의 목적론적 윤리학을 통합하였으며, 생태주의적 지평에서의 희망의 원리와 책임의 원리가 만날 수 있는 가능성을 작업하였다. 아펠은 요나스의 미래 인류의 생존 요청을 현실적 의사소통공동체의 존재 요청으로, 그리고 칸트의 규제적 이념을 이상적 의사소통공동체의 예견 및 실현 요청으로 각각 수렴함으로써 담론적 규범윤리학의 이론체계를 확립하였다.

이처럼 칸트의 자연사상은 현대의 환경철학적 논의에 강한 영향

을 미치고 있을 뿐만 아니라 오늘날 생태사상의 성좌를 판독하는데
필수적인 지침이 되고 있다.
　　출판계의 오랜 불황에도 불구하고 이 책의 간행을 쾌히 허락해주
신 철학과현실사 전춘호 사장님께 감사드린다.

2003년 2월 7일
고헌산 기슭의 선필(善畢) 마을에서
김 진

칸트와 생태사상

목차

1. 칸트와 생태주의적 사유

1. 칸트와 인간중심주의적 생태윤리

　칸트철학은 칸트 당시의 시대적 정신을 반영한다. 그러므로 오늘날 우리가 겪고 있는 환경 위기의 문제나 자연에 대한 책임과 관련된 여러 유형의 생태주의적 사유는 사실상 직접적으로 칸트철학과 연결될 수 없다. 그럼에도 불구하고 대부분의 생태주의자들은 그들의 문제의식과 관련하여 칸트를 비난하거나 옹호하는 논의를 계속해 왔다. 그렇다면 칸트 자신이 결코 현대의 생태학적 위기를 전혀 예측할 수 없었음에도 불구하고 환경철학의 영역에서 끊임없이 칸트가 문제되는 까닭은 도대체 어디에 있는 것일까? 이 글에서 우리는 칸트가 제기한 철학적 논의들 속에 함축되어 있는 생태주의적 사유 요소들이 무엇인가를 중점적으로 다루어 보고자 한다.

　칸트와 생태주의적 사유의 연관성은 생명을 가진 존재자들에 대한 직접적인 언급뿐만 아니라 그 자신의 선험철학적 구상과 그만의 독특한 자연 이해에서도 찾아볼 수 있다. 다윈의 진화론이 아직 발표되기 이전의 칸트 당시에도 개체전성설과 후성설, 기계론과 목적론 사이의 열띤 논쟁이 있었다. 그러나 이 문제는 개체 발생에 대한 생물학적 논의이며 생태주의 또는 환경윤리적 논의라고 보기는 어렵다. 그럼에도 불구하고 이와 같은 논의 과정을 통해서 칸트 자신의 특유한 자연 및 생명 존재자에 대한 입장이 개진되고 있으며, 이 것은 오늘날 생태주의자들이 바라본 자연 이해와 긴밀한 관계를 갖 게 된다.

칸트와 생태주의적 사유의 보다 더 밀착된 관계는 규범윤리학의 정초 문제에서 찾을 수 있다. 오늘날 생태주의자들, 특히 생명중심 주의자 및 자연중심주의자(전일론자)들은 인간 이외의 생명 존재자 나 자연 그 자체의 고유한 가치를 인정하여, 그것을 보호할 수 있는 도덕적 규범, 즉 새로운 윤리학의 정초를 모색하고 있다. 이와 같은 시도는 필연적으로 윤리학이 인간 이외의 관점에서 도대체 정초될 수 있는가라는 난문에 봉착하게 되고, 따라서 윤리학을 인간 중심의 실천적 지침으로 이해하였던 칸트적인 논의로부터 다시 시작하지 않으면 안 되는 상황에 직면하게 되었다.

또한 동시에 인간 이외의 다른 존재자에 대한 고유 가치를 인정 하려는 비인간중심주의적 생태주의자들의 시도는 자연에 대한 미적 가치의 문제를 유발할 수밖에 없게 된다. 다시 말하면 인간에 대해 서가 아니라 자연 존재자들 그 자체를 위한 고유 가치가 근원적으 로 존재할 수 있다면, 그와 같은 가치 인식은 어떻게 가능하며, 또 한 동시에 그처럼 독특한 자연 존재자들의 가치는 어떤 근거와 기 준에 의하여 서열화될 수 있는가의 문제들이 제기될 수 있는 것이 다. 또한 그러한 가치 설정이 가능하다고 할지라도 그러한 과정에서 이루어지는 인간적인 관점의 배제가 정당화될 수 있느냐의 문제도 제기될 수 있다. 왜냐하면 인간 이외의 자연 존재자에 대한 자체적 가치를 인정하면서 인간 존재의 자체적 가치를 배제할 근거는 없기 때문이다. 또한 동시에 자연 존재에 대한 미감적 판단이 주관적일 수밖에 없다고 한다면, 주체적 관점에 따른 차이와 상대주의적 성향 을 넘어서서 미감적 가치들의 서열을 객관적인 것으로 제시할 수 있는가, 그렇다면 그와 같은 근거는 도대체 무엇인가가 계속해서 논의되어야 할 것이다.

자연 존재자들에 대한 도덕적 태도와 미감적 판단의 문제는 필연적으로 자연 존재자들이 존재하는 목적에 대한 논쟁을 유발할 수밖에 없게 된다. 모든 자연 존재자들이 자체 목적과 자체 가치를 갖고 있기 때문에 도덕적 배려를 해야 한다고 주장할 경우에는 필연적으로 그와 같은 목적 인식이 어떻게 가능한가라는 철학적 물음을 야기하게 된다. 이 물음은 자연 존재자들의 존재 근거를 설명함에 있어서 인과성 이외의 다른 법칙이 필요한가, 그리고 그렇다면 새롭게 요구된 인과성의 법칙(칸트의 경우에는 합목적성)은 이론적으로 파악할 수 있는 것인가, 즉 자연 존재자의 목적은 규제적인가 그렇지 않으면 구성적인가에 대한 물음으로 보다 구체화될 수 있을 것이다.

이상의 논의에서 우리는 칸트와 생태학적 사유의 연관성을 적어도 세 가지 문제들, 즉 칸트에서의 도덕적 실천과 관련된 보편적 규범윤리학의 정초와 의무의 원리, 인간 이외의 자연 존재자들에 대한 미감적 판단의 문제, 그리고 마지막으로 목적론적 자연 이해와 인간중심주의적 문화 이해를 중심으로 생각해 볼 수 있을 것이다.

2. 보편적 규범윤리학과 의무의 원리

1) 칸트의 정언명법과 인간중심주의

오늘날 환경윤리학자들은 자연에 대한 전통적인 인간중심적 관점에서 벗어나 생명을 가진 존재 또는 전체 생태계의 자체적인 고유한 목적과 가치를 인정하고 그것에 대한 주체적 지위를 부여함으로써 새로운 유형의 자연 윤리학(Natur-Ethik)을 정초하려고 한다. 비른바허(Dieter Birnbacher)는 "자연에 대한 인간의 책임을 보편화할 수 있는 구상"으로서 순수하게 합리적으로 정초된 환경윤리를 제안

하였다.[1] 그러나 본래적인 의미에서 자연 그 자체를 보호하고 보존
할 가치가 있는 것으로 간주하면서, 자연을 문명화하는 과정에서 그
에 상응한 태도를 취하는 어떤 하나의 윤리학을 정초할 수 있는가,
즉 인간의 관심에 환원시키지 않고서도 환경윤리학을 정초하는 것
이 가능한가에 대해서는 새롭게 물어야 할 것이다(SfN, 114). 자연
존재자에 대한 '자체목적'과 '권리주체의 실존'을 인정할 수 있기 위
해서는 새로운 상황에서의 가치 판정 및 행위 규제를 위한 '새로운
윤리학'이 요구되지 않으면 안 될 것이다.[2] 그리고 그와 같은 새로
운 윤리학을 요청하기 위해서는 유럽의 윤리학적 전통을 특징지우
고 있는 칸트의 인간중심주의적 윤리학에 대한 비판에서 출발하지
않으면 안 될 것이다.[3]

새롭게 요구되는 자연에 대한 인간의 태도는 실천적인 영역에 속
한다. 따라서 칸트철학에서 인간이 자연 일반과 자연존재자들에 대
하여 어떤 태도를 취하고 있는가의 문제는 그의 실천철학 내지는

---

1) Birnbacher, Dieter: *Sind wir für die Natur verantwortlich?*, in: ders. (Hrsg.),
   Ökologie und Ethik. Stuttgart 1980, Abk.: *SfN.* S. 129.

2) Birnbacher, Dieter: *Ökologie, Ethik und neues Handeln*, in: *Pragmatik*, Bd. III,
   Hamburg 1989, S. 393-415.

3) Birnbacher, Dieter: *Mensch und Natur. Grundzüge der ökologischen Ethik*, in:
   Kurt Bayertz(Hrsg.), *Praktische Philosophie. Grundorientierungen angewandter
   Ethik.* Hamburg 1991, Vgl. S. 282. 한스 요나스가 미래 세대의 인간을 보호하
   기 위하여 자연 존재자의 자체 목적을 인정하는 것과 유사한 배경에서, 귄터 파
   트치히는 미래 인류세대에 대한 책임을 과거 세대에 대해서도 확장하였다. 우리
   는 우리보다 앞서 살았던 세대가 우리에게 물려준 문화적 유산을 우리의 후손들
   에게 가능한 그대로 물려주어야 할 의무를 가지고 있다. 그리고 이러한 책임은
   자원과 환경부담, 그리고 생물 종의 보호 등과 관련하여 우리의 후손에 대한 책
   임을 지우는 합리적인 정초 근거가 된다. 이 점에 있어서 파트치히는 비른바허와
   같은 맥락에 있다. 또한 파트치히는 동물에 대해서 불필요한 고통을 주어서는 안
   된다는 공정성의 원리를 적용하여 자의적인 고통 부여와 잔인한 학대의 금지를
   인간이 아닌 생물의 영역으로 확대해야 한다고 주장하였다. Patzig, Günther:
   Ökologische Ethik, in: H. Markl(Hrsg.), *Natur und Geschichte.* München 1983,
   S. 338f.

도덕철학에서 살펴볼 수 있을 것이다. 주지하다시피 칸트의 도덕철학을 특징지우는 것들로는 '심정의 윤리학', '도덕적 동기주의', '의무론', '도덕적 낙관주의' 등을 들 수 있다. 생태학적 문제와 관련하여 지금까지의 칸트 비판가들은 이와 같은 칸트의 도덕적 개념들은 주로 인간과 인간 사이에서만 적용되고 인간과 자연 존재자들 사이에서 제기되는 문제들을 간과하였기 때문에 오늘날의 생태물음을 해결하는 데 적합하지 않다는 입장을 개진하고 있다. 따라서 칸트의 도덕법 또는 정언명법이 생태주의적 맥락에서 어떻게 독해될 수 있는가를 먼저 살펴볼 필요가 있다.

칸트에서의 준칙은 도덕적 주체의 주관적인 행위 원리이다. 그것은 각 개인의 의지를 자율적으로 사용하여 스스로의 행위를 결정하는 주관적인 원칙이다. 따라서 준칙의 단계에서는 도덕성이 완전하게 확보되지 않은 채로 자의적이고 임의적인 실천적 판단들 사이의 갈등이 노정될 수 있다. 자기 스스로는 도덕적이라고 생각하더라도 다른 사람들에게는 비도덕적인 행위로 받아들여질 수 있는 가능성이 있는 것이다. 이와 같은 사실을 극복하기 위하여 칸트는 누구에게나 보편적으로 적용될 수 있는 도덕법인 '정언적 명법'을 구상하기에 이른다.

정언명법의 첫 번째 형식은 "너의 준칙이 보편적 법칙이 되도록 동시에 욕구할 수 있는 그러한 준칙에 의하여 행위하라"는 것이다.4) 여기에서 칸트는 어떤 개인의 행위 원칙이 자의적인 단계에서 필연적이고 보편적인 단계로 이행하기 위해서는 보편적인 행위 원칙과 일치해야 한다고 강조한다. 그리하여 이와 같은 칸트의 요구는 각 개인의 행위 원칙이 마치 보편적으로 타당성을 갖는 자연법칙이 될 수 있는 일반적인 의무의 명법, 즉 "너의 행위 준칙이 너의 의지

---

4) Kant, Immanuel: *Grundlegung zer Metaphysik der Sitten.* Riga 1785. Abk.: *GMS.*

를 통하여 마치 보편적인 자연법칙이 되어야 하는 것처럼 행위하라"는 단계에 이르게 된다(*GMS*, A52). 이 첫 번째 형식의 정언명법에서는 인간 이외의 다른 자연존재자들이 적용 대상이 아니라고 주장할 수 없을 정도로 일반적인 내용을 담고 있다. 따라서 동물을 학대하고 자연을 훼손하는 것이 보편적인 행위원칙이 될 수 없다면 그것은 분명히 도덕적인 행위가 될 수 없을 것이다.

정언명법의 두 번째 형식은 "너는 네 자신의 인격이나 다른 사람의 인격에 있어서 인간성을 언제나 동시에 목적으로 사용하고 결코 수단으로 사용하지 않도록 행위하라"는 것이다(*GMS*, A66f). 칸트는 여기에서 이성적 존재의 합목적적 행위를 인간중심주의적, 특히 인격중심적으로 서술하고 있다. 이것은 첫 번째 형식의 규정보다 더 구체적이고 제한적이다. 도덕적으로 타당한 행위의 내용은 인간 존재를 수단이 아닌 목적으로서, 즉 언제나 인격적으로 대하라는 규정으로 구체화되고 있다. 그러나 칸트의 윤리학에서는 동물을 비롯한 인간 이외의 다른 자연 존재자들에 대해서 어떻게 대하라는 구체적인 언급이 결여되어 있다.

이제 마지막으로 정언명법의 세 번째 형식은 "모든 이성 존재자의 의지의 이념은 보편적인 입법의 의지와 일치하게 하라"는 것이다(*GMS*, A70). 준칙을 행하는 각 개인의 입법적 의지가 자연의 나라와 목적의 나라에 대한 입법적 의지와 일치하게 될 경우에 그는 비로소 보편적으로 타당한 완전한 도덕적 행위를 수행할 수 있는 것이다(*GMS*, A80). 이상과 같은 세 가지 형태의 정언명법 가운데서 두 번째 명법만이 인간존재에 한정되어 있고, 다른 것들은 무규정적인 형식으로 주어져 있을 뿐이라는 사실을 알 수 있다.

2) 자연에 대한 도덕적 책임의 문제

자연에 대한 인간 행위 규범의 의무론적 정초와 관련하여 칸트
비판가들은 두 번째 명법을 비판의 토대로 삼고 있으며, 특히『도덕
형이상학』의「덕론」(Tugendlehre) 제17절에서 칸트가 인간 이외의
다른 자연 존재자들에 대하여 언급한 내용을 중점적으로 거론하고
있다. 크리스티아나 호프(Christiana Hoff)에 의하면 칸트는 비이성
적 존재자의 도덕적 지위를 부정하고 있으며, 특히 도덕적 영역에
대한 언급이 없는 제1명법에서 이성적 존재에 대한 도덕적 인식만
을 제한하고 있는 제2명법으로의 이행은 정당성을 갖지 못한다는
것이다.5) 이성을 가진 존재만을 목적 그 자체로서 인정하고, 자기
의식을 갖지 못한 동물에 대해서는 목적에 대한 수단으로 폄하하였
던 칸트의 주장은 잘못 정향된 인간중심주의를 반영하고 있다는 것
이다. 실제로 칸트는 인간이 아닌 다른 자연 존재자들을 목적 그 자
체로서 대하지 않았고, 창조의 최종 목적인 인간에 의하여 수단으로
다루어질 수 있는 대상으로 간주하였다. 칸트는 인격을 가진 인간
존재만이 존경의 대상이 될 수 있고, 따라서 그밖의 자연 존재자들
은 도덕적인 고려의 대상이 될 수 없다는 사실을 다음의 문장에서
분명하게 기술하고 있다.

그 실존이 우리의 의지에서가 아니라 자연에서 기인하는 존재자
들이 이성을 갖지 않은 존재인 경우에는 단지 수단으로서 상대적인
가치만을 가지며, 따라서 사물이라고 부른다. 그와 반대로 이성을 가
진 존재는 그 자연이 이미 목적 그 자체, 즉 단지 수단으로서 다루어

---

5) Hoff, Christiana: *Kant's Individios Humanism*, in: *Environmental Ethics*, Vol.
5, Spring 1983, p.63; Hayward, Tim: *Kant and the Moral Considerability of
Non-Rational Beings*, in: Robin Attfield and Andrew Belsey ed., *Philosophy
and the natural environment.* Cambridge 1994, p. 129-142.

져서는 안 되는 것으로서 모든 자의성이 제한되는 한에서(존경의 대
상인 점에서) 인격이라고 부른다(*GMS*, A65).

그러나 문제는 칸트의 이 같은 인간중심주의적 태도가 생태주의
자들이 걱정하는 것과 같은 위기의 직접적인 원인이 되는가에 대해
서는 면밀하게 검토해 볼 필요가 있다. 우리는 『도덕형이상학』에
나오는 다음의 두 문장에서 비록 칸트가 비이성적 존재자를 도덕적
성찰의 직접적인 대상으로 삼지는 않았을지라도 인간의 도덕적 행
위와 깊은 관련이 있다는 사실을 발견할 수 있게 된다.

아름다움의 관점에서 비록 자연 안에서 생명 없는 것이라 할지라
도 그저 파괴하려는 성향(spiritus destructionis)은 인간의 자기 자신
에 대한 의무에 위배된다. 왜냐하면 그 자체적으로 이미 도덕적이지
못한 것은 아름다운 것에 대한 인간의 감정을 약화시키거나 말살하
지만, 도덕성을 촉진하는 감성의 기분은 최소한 어떤 것을 사용할
의도 없이도 좋아할 수 있게 하기 때문이다(예를 들면 아름다운 수
정과 형언할 수 없는 식물계의 아름다움).[6]

피조물의 살아있는, 그러나 이성을 갖지 않은 부분과 관련하여 동
물을 난폭하고 잔인하게 다루는 것을 삼가해야 할 의무는 인간의 자
기 자신에 대한 의무에 보다 더 근접한 상태에 있다. 왜냐하면 그런
일을 통하여 동물의 고통에 대한 인간의 감정이 무감각하게 되고,
다른 사람들과의 관계에서 도덕성에 도움을 주는 자연적 소질이 약
화되어 차츰 사라지게 되기 때문이다. 비록 동물이 고통을 느끼지
않도록 신속하게 죽이거나, 그 능력을 넘어서지 않는 범위에서 일을
시키는 것(이런 일도 역시 인간에게 좋은 느낌을 주어야 한다)은 인
간의 권한에 속한다. 그와 반대로 사변(sc. 자연과학의 이름으로 수
행되는 일: 비른바허 참조)을 위한 가혹한 생체 실험은 그렇지 않고

---

6) Kant, I.: *Metaphysik der Sitten*. Königsberg 1797, A107.

서도 목적을 성취할 수 있다면 기피해야 한다. 물론 오랫동안 (마치 한 가족처럼) 헌신해왔던 늙은 말이나 개에 대한 감사는 간접적으로나마 인간의 의무에 속한다. 즉 이처럼 동물과 관련된 감사는 직접적으로 언제나 인간의 자기 자신에 대한 의무인 것이다.[7]

전자는 생명을 갖지 않은 수정과 같은 자연 존재자의 아름다움을 파괴하는 것이 결국에는 인간의 도덕적 심성을 훼손하며, 후자는 생명을 가졌으나 이성을 갖지 않은 자연 존재를 학대하는 것이 마침내는 인간의 도덕적 심정을 저해한다는 사실을 단적으로 나타내고 있다. 물론 이와 같은 칸트의 표현은 간접적이고, 따라서 심층생태주의자들의 입장에서 볼 때 만족스럽지 못한 측면이 있을 것이다.

이에 대하여 비른바허는 '자연을 위한 책임'(Verantwortung für die Natur)을 칸트가 본 것처럼 두 가지의 관점, 즉 '자연에 대한'(gegenüber der Natur) 책임과 '자연과 관련된'(in Ansehung der Natur) 책임으로 구분하여 접근하면서, '자연에 대한 책임'에 의해서만 우리의 행위가 자연에 대해서, 즉 예를 들면 신과 같은 제3자가 아닌 자연 그 자체에 대해서 적용할 수 있는 의무를 갖게 된다고 말한다. 따라서 아이를 위한 아버지의 책임이 아이 그 자체에 대한 책임을 의미하는 것처럼 자연에 대한 책임도 그렇게 되어야 한다는 것이다.

그러나 칸트가 말하는 자연에 대한 책임은 근본적으로 간접적일 수밖에 없다. 인간은 자연에 대해서 직접적인 의무와 책임을 갖는 것이 아니라 자연과 관련된 인간의 자기 자신에 대한 의무인 것이다. 이것은 마치 어떤 노동자와 기계의 관계에 있어서 그가 기계 자체에 대한 직접적인 의무를 가지는 것이 아니라, 기계와 관련하여 그의 상급자나 고용주에 대한 간접적인 방식의 의무를 갖는 것과

---

7) Kant, I.: *Metaphysik der Sitten*. Königsberg 1797, A108.

같다(SfN, 111). 따라서 칸트적인 논의에서 인간 이외의 생명 존재자나 자연 사물에 대해서 직접적인 책임이 있다고 말하거나 도덕적 고려를 해야 한다는 주장은 넌센스에 지나지 않는다.

비른바허뿐만 아니라 다른 대부분의 생태주의자들 역시 칸트의 의무윤리학에는 자연 존재자에 대한 직접적인 배려가 들어설 자리가 없다고 비판한다.8) 물론 칸트가 무생물과 생물존재에 대해서 인간이 직접적인 의무를 가져야 한다고 생각하지 않았다는 사실에서 이들의 지적은 타당할지 모른다. 그러나 이런 사실만으로 칸트의 인간중심주의가 생태보존에 도움이 되지 않는다고 단정할 수는 없다. 칸트는 그것들에 대한 직접적인 의무보다는, 인간이 무생물을 파괴하고 생물을 가혹하게 다룰 경우에 인간 자신의 도덕성에 미치게 될 나쁜 영향을 우선적으로 고려함으로써 자연에 대한 인간의 지나친 적대행위를 간접적인 방식으로 지탄하여 저지하려고 하였던 것이다.

생태계에서의 인간의 특수한 위상을 거부한 생태중심주의적 주장과 그것을 인정하는 인간중심주의적 주장 가운데서 어떤 것이 생태보존을 보다 성공적으로 이룩할 수 있는가는 새롭게 생각해 볼만한 문제가 아닐 수 없다.

---

8) 인간과 자연 사이에 평화의 길을 모색하여 전체론적 생태주의를 지향하고 있는 마이어-아비히(K.M. Meyer-Abich)는 인간 이외의 다른 존재자에 대한 의무를 그 사물에 대한 직접적인 의무가 아니라 사물과 관련된 인간 자신에 대한 의무로 간주하는 칸트의 의무 개념은 결국 '자연과의 평화'가 아니라 '인간의 자신들과의 평화'에 한정시키는 인간중심주의적 세계상을 반영하고 있으며, 따라서 인간에 대한 의무만을 강조하는 칸트철학이 생태학적 문제를 다루는 오늘날의 도덕적 상황에서는 올바른 윤리학적 기초가 될 수 없다는 입장을 개진하고 있다. Meyer-Abich, Klaus Michael: *Wege zum Frieden mit der Natur. Praktische Naturphilosophie für die Umweltpolitik.* München Wien 1984, S. 70-75.

3. 미감적 판단력과 자연미 사상

1) 자연의 가치규정과 미감적 판단의 특성

생물중심주의자인 폴 테일러(Paul W. Taylor)는 생명을 가진 모든 존재자는 자체적으로 고유한 가치를 가지고 있다고 주장하면서 '자연에 대한 존경' 또는 '경외'(Respect for Nature, Ehrfurcht vor der Natur)를 강조하였다. 그에 의하면 인간은 다른 생명체보다 결코 우월하다고 말할 수 없는 이른바 생명 공동체의 한 구성원에 지나지 않는다.[9] 그러나 그는 자연의 자체적 가치를 인지할 수 있는 유일한 주체가 바로 인간이며, 그 때문에 특별한 위상을 갖는다는 사실을 간과하고 있다. 그가 만일 인간 존재를 배제한 상태에서 '자연에 대한 존경'을 요구한 것이 사실이라면 아펠이 지적한 것과 같은 수행적 자체모순에 직면할 수밖에 없을 것이다. 따라서 '자연에 대한 존경'을 요구하는 그의 주장 속에는 필연적으로 인간 존재의 특수한 위상이 언제나 이미 전제되어 있으며, 이것은 자연스럽게 생명을 가진 자연 존재자에 대한 가치 판단의 문제로 귀결된다.

비른바허는 자연의 고유가치에 대한 미감적 논증에서 인간이 자연과 미감적 관계를 맺으면서 자연을 아름답다고 느끼게 되는 경우에, 자연은 결코 자족성이라고 할 수는 없지만 자율성과 자립성이라는 두 가지 특별한 성향에 의하여 존재하는 사실을 지적한다(*SfN*, 130). 그러나 그는 이 경우에 자연을 '주체', 즉 자기 자신을 위한 '자체목적성'과 '고유한 가치'를 가진 존재로 인정하더라도, 결국에는 '인간을 위하여' 존재하는 것이 아닌가(마르쿠제)라는 문제를 제

---

9) Taylor, Paul: *Respect for Nature. A Theory of Environmental Ethics*. Princeton: Princeton University Press, 1989. p. 100; Teutsch, Gotthard M.: *Lexikon der Umweltethik*. Göttingen 1985, S. 17, 27.

기한다. 자연의 자율성은 전적으로 인간의 미감적 지각에 의하여 구성되고 종결됨으로써 인간에 의존하고 있기 때문이다.[10] 사실상 2천 년 대에 가서 인류가 더 이상 지구상에 존재하지 않게 된다면, 우리가 쓰레기 더미를 치워야 할 이유가 없을 것이다. 그러므로 자연에 대한 미적 판단 역시 자연 자체의 유용성 때문이 아니라, 자연을 '미감적 자원'(ästhetische Ressourcen)으로 바라보는 인간의 유용성으로부터 귀착되는 산물에 지나지 않는다. 따라서 비른바허는 자연과 인간의 조화는 낭만으로 호도되거나 신비적이고 비합리적인 방식으로 혼동되지 않고 목적 지향적인 합리적인 계획을 통하여 추구되어야 한다고 강조한다(SfN, 132ff). 그는 이 자리에서 슈바이처의 생명사상이 형이상학적이고 신비적인 방향으로 기우는 것을 비판하면서도, 자신의 입장에서 전적으로 인간중심주의적 측면을 배제하지는 않았다.

패스모어는 자연에 대한 미감적 적용이 윤리적으로 유용하다는 사실을 이미 알고 있었다.[11] 그는 생태적 문제를 야기하는 인간의 욕망과 단견으로부터 벗어나려면 자연을 감각적-미감적으로 접근할 필요가 있다고 제안하였다. 자연에 대한 우리의 만족 근거, 즉 인간을 위한 자연의 미감적 가치의 문제를 마르틴 셀(Martin Seel)은 그의 저서 『자연의 미학』에서 인간중심주의적 시각에서 접근하고 있다.[12] 이와 같은 논의들은 자연에 대한 미감적 가치 규정이 생태주의적 위기에 대처할 수 있는 단초가 될 수 있음을 시사해주고 있다.

---

10) 자연에 대한 미감적 가치와 관련하여 비른바허는 인간의 관점으로부터 완전하게 독립된 자연 그 자체만의 고유한 객관적 가치는 생각될 수 없다고 지적하였다(SfN, 131). 미란 주관적인 것이고, 관찰하는 사람과의 관계 속에서만 그 고유한 가치가 규정될 수 있기 때문이다. Ott, Heinrich: *Ökologie und Ethik. Ein Versuch praktischer Philosophie.* Tübingen 1994, S.129 참조

11) Passmore, John: *Man's Responsibility for Nature.* London 1980.

12) Seel, Martin: *Eine Ästhetik der Natur.* Frankfurt 1996.

그러나 자연에 대한 가치 규정 또는 미감적 판단이 자연 그 자체를 위해서가 아니라 인간적인 특수한 목적에서 비롯된 것이라고 하더라도, 그와 같은 판단들이 주관적인 차원에 머무르게 될 경우에는 보편성 주장이 불가능하게 된다. 즉, 어떤 사람이 특정한 생명 존재 또는 자연 사물에 대한 미적 판단이 단지 주관적인 것일 경우에는 다른 사람들에게 그 판단의 타당성을 주장할 수 없게 된다. 주관적인 미적 판단에서의 보편성이 확보되지 않으면, 자연 존재의 자체적 가치에 대한 규범적 요구를 주장할 수 없기 때문이다. 그렇게 되면 새로운 윤리학의 정초도 불가능하게 될 것이다. 그런데 미감적 판단의 주관성과 도덕적 주장의 보편적 규범성 사이의 관계 문제는 놀랍게도 칸트가 그의『판단력비판』에서 이미 오래 전에 다루었던 주제였다.[13]

그리하여 우리는 이제 칸트철학에서 생태학적 관심을 유발할 수 있는 미감적 판단력과 자연미 사상에 대한 주제에 이르게 되었다. 칸트에 의하면 자연 그 자체나 자연존재자의 아름다움에 대한 인식은 미감적 판단력에 의하여 이루어진다. 그렇다면 자연의 아름다운 현상들에 대한 미감적 판단이 생태주의적 의미를 가질 수 있는가, 그렇다면 그것은 어떤 측면에서인가? 이제 우리의 관심은 미감적 판단력을 바탕으로 한 칸트의 자연미(Naturschöne) 사상에 함축된 생태주의적 의미를 드러내는 데 있다.[14] 이 문제를 조망하려면 취

---

13) Kant, I.: *Kritik der Urteilskraft*. Berlin und Libau 1790(A); Berlin 1799(B), Abk.: *KU*. 여기서는 B판을 인용한다.

14) 1992년에 아헨대학에 제출한 논문에서 게어 하르트 슈나이더는 칸트의『판단력비판』이 생태학적 관점과 환경교육의 차원에서 유익하다는 점을 지적하였다 (Schneider, Gerhard: *Naturschönheit und Kritik. Zur Aktualität von Kants Kritik der Urteilskraft für die Umwelterziehung*. Würzburg 1994). 칸트의 자연미를 중심으로 한 미학 사상과 자연의 목적론이 미적 교육을 통한 인격 도야와 세계 이해에 기여하고 있다는 것이다. 슈나이더는 칸트의 세 번째 비판서가 쉴러와 괴테, 그리고 훔볼트에 이르는 자연 및 교육사상가들에게 중요한 텍스트

미판단에 대한 칸트 특유의 의미규정에서부터 출발해야 할 것이다.

칸트가 『판단력비판』에서 새로운 유형의 인식능력으로 제시한 '판단력'(Urteilskraft)은 구성적인 선천적 인식원리인 '지성'과 규제적 이념으로서의 '이성'을 매개하기 위하여 고안된 것이다. 칸트에 의하면 판단력은 "특수한 것을 보편적인 것에 포함된 것으로서 사유하는 능력"이다(*KU*, XXVf). 그런데 규칙, 원리, 법칙과 같은 보편적인 것이 주어져 있는 경우에 특수한 것을 여기에 포섭하는 판단력은 규정적이고, 특수한 것만이 주어져있는 상태에서 보편적인 것을 찾아야 할 경우의 판단력은 반성적이다. 『판단력비판』에서의 자연과 예술에서 미와 숭고에 대한 우리의 판단, 즉 미감적 판단력은 지성과 같은 규정적인 것이 아니고 반성적인 것이다.

칸트는 아름다운 것에 대한 판단을 '취미판단'이라고 규정하였다. 취미판단은 "이것은 아름답다"라는 형식을 가진 미감적 판단이다. 여기에서 '취미'란 미를 판정하는 능력을 말한다. "이것은 아름답다"라는 취미판단에서는 사물 또는 그 대상의 표상과 그것을 인식하는 주체 및 그 주체가 느끼는 쾌 또는 불쾌의 감정이 관련되어 있다. 그것은 나에게 표상된 어떤 개별적인 사물이 그 형식의 관조를 통하여 나의 내부에서 일어나는 쾌의 감정에 의하여 아름답다고 느끼는 판단이다. 취미판단은 특정한 대상을 어떤 개념이나 보편에 관련시키는 것이 아니기 때문에, 대상의 표상이 개념과 직접 연결되는 논리적(지성적) 판단과 구분된다. 그리고 쾌 또는 불쾌의 감정들은 보편이 아니기 때문에 "이것은 아름답다"라는 미감적 판단은 주관

였다는 사실을 감안하여, 자연미와 미감적 판단력을 강조한 칸트철학이 생태학적 논의에 어떤 의미 기능을 하고 있으며, 철학이 인간 생태학이라는 의미에서의 주체의 자연과 문화에 대하여 어떤 식으로 비판적인 접근을 할 수 있는가를 문제삼고 있다. 그러나 그는 칸트가 제안한 미감적 판단력의 문제가 오늘날의 환경문제 해결에 어떻게 관련되고 기여할 수 있는가에 대해서는 만족할 정도로 다루어내지 못하였다.

적 판단에 지나지 않는다. 그런데 칸트에 의하면 이처럼 주관적 판단에 속하는 취미판단은 무관심적이다(*KU*, 5ff). '관심'이란 "대상의 현존에 대한 표상과 결합되어 있는 우리의 만족"(das Wohlgefallen, das wir mit der Vorstellung der Existenz eines Gegenstandes verbinden)이다(*KU*, 5). 쾌의 감정은 '대상의 현존의 표상'으로부터 비롯된다. 이와 같은 관심적인 심적 상태는 주관적인 형식적 합목적성에 무관심적으로 기초한 미의 경험과 대조된다. 칸트의 이 같은 요구는 미감적 판단이 비록 주관적이지만 보편성을 확보하지 않으면 안 된다는 당위성을 바탕으로 하고 있다. 그리하여 칸트는 이렇게 말한다:

미에 대한 판단에 조금이라도 관심이 섞여 있다면, 그 판단은 매우 편파적이고 또 순수한 취미판단이 아니라는 것을 누구나 인정하지 않으면 안 된다. 취미의 문제에 있어서 심판관의 역할을 하려면, 우리는 조금이라도 사물들의 현존에 마음이 끌려서는 안 되며, 이 점에 있어서 전적으로 냉담하지 않으면 안 된다(*KU*, 6f).

어떤 것을 아름답다고 언표하는 취미판단은 그 규정근거로서 어떤 관심도 가져서는 안 된다(*KU*, 161).

취미는 "개념의 매개 없이 주어진 표상에서의 우리의 느낌을 보편적으로 통할 수 있게 만들고 그것을 판단하는 능력"이다(*KU*, 160). 그리하여 취미판단은 대상에 대한 어떤 관심도 유발하지 않은 관조적인 차원에 머무른다. 칸트는 미를 "개념과 관계없이 보편적 만족의 객체로서 표상되는 것"이라고 규정하였다(*KU*, 17). 따라서 그는 우리가 어떤 것을 아름답다고 판단할 때 우리는 모든 사람들에게 비슷한 쾌를 기대하거나 요청할 수 있다고 주장한다(*KU*, 20). 대상을 미적으로 관조하는 사람은 누구나 그것을 아름답다고 말하게 된다는 것이다. 이처럼 취미판단의 보편성 주장은 쾌가 완전히 무관심적일 경우에 가능하게 된다. 그리하여 취미판단의 보편성 획득을 위한 무관심성의 요구는 필연적으로 경험적인 관심의 사상을 전제하며, 이로써 취미판단의 경험적 연역이 시도된다.

모든 관심은 취미판단을 그르치고 그 공정성을 앗아간다. 특히 쾌락이나 고통에 의해서 영향 받은 판단들은 보편타당한 만족을 전혀 요구할 수 없다(*KU*, 38). 그러나 무관심성 자체는 취미판단의 합법성을 전반적으로 보장하지 않는다. 취미판단의 보편성을 확보하기 위해서는 다른 모든 사람들에게서도 전제될 수 있는 조건을 작업하지 않으면 안 된다(*KU*, 17f). 따라서 취미판단이 보편타당성을 확보하기 위해서는 주관적인 특성을 가지며 개념에 의존하지 않은 미감적 표상이 어떻게 상호주관적 또는 보편적으로 소통 또는 공유될 수 있는가를 보여주어야 할 것이다. 그런데 칸트 자신은 "인식과 (인식에 속하는 한에서의) 표상 이외에는 그 어떤 것도 보편적으로 소통 또는 공유될 수 없다"(*KU*, 28)고 단정하였다. 그러므로 개념과 직접적으로 연결되지 않은 취미판단이 보편성을 확보할 수 있기 위해서는 어떤 형태로든지 인식능력들과 연결되지 않으면 안 된다.

그런데 칸트에 의하면 미감적 판단은 개념에 기초하지 않은 쾌 또는 불쾌의 주관적인 감정에 근거하고 있다. 그러나 동시에 미감적 판단은 보편성을 요구하고 있으므로 개념에 근거를 두지 않으면 안 된다. 이와 같은 두 개의 서로 모순되는 진술은 미감적 판단력의 변증론에서 다음과 같은 새로운 이율배반을 구성한다. 취미판단의 정립명제는 다음과 같다: "취미판단은 개념에 근거를 둔 것이 아니다. 왜냐하면 개념에 근거를 둔 것이라면, 취미판단에 관해서 논증할 (증명에 의해서 규정할) 수 있을 것이기 때문이다"(*KU*, 234). 그런데 취미판단은 "마치 그것이 단순히 주관적인 판단인 것처럼, 증명 근거들에 의해서는 결코 규정될 수 없다"(취미판단의 제2특성; *KU*,

140). 정립명제에 의하면 취미판단은 논증될 수 없기 때문에 개념이나 원리들에 근거할 수 없고, 대상에 대한 인식을 가질 수 없는 쾌와 불쾌의 감정들에 기초할 수밖에 없게 된다. 취미판단의 반정립명제는 다음과 같다: "취미판단은 개념에 근거를 둔 것이다. 왜냐하면 개념에 근거를 둔 것이 아니라면 취미판단이 서로 다르더라도 이것에 대해서 논쟁할 수조차(다른 사람들이 이 판단에 필연적으로 찬동할 것을 요구할 수조차) 없을 것이기 때문이다"(KU, 234). 그런데 취미판단은 "마치 그것이 객관적 판단인 것처럼 모든 사람들의 동의를 요구하면서 그 대상을 만족과 관련하여 (미로서) 규정한다"(취미판단의 제1특성; KU, 136). 반정립명제에 의하면 취미판단들은 보편성을 주장하면서 논쟁에 끌어들이기 때문에 단순히 쾌와 불쾌의 감정에 근거하지 않고 원리와 개념들에 근거할 수밖에 없게 된다.

그러나 취미판단이 주관적인 감정에 기초한 판단이라면 그 판단의 보편성 요구는 도대체 어떻게 가능할 수 있을까? 이것이 가능하려면 취미판단은 경험적으로 주어지는 것 이상의 어떤 초월적 근거, 즉 선험적 원리를 가져야 할 것이다. 왜냐하면 칸트가 말한 것처럼 만일 취미판단이 그와 같은 선험적 원리들을 가지고 있지 않다면 다른 사람들의 판단들을 판정할 수 없으며 그것들을 칭송하거나 비난할 수도 없을 것이기 때문이다(KU, 131). 그리하여 앞에서 기술된 미감적 판단력의 변증론에서 제기되는 이율배반은 취미판단이 보편성을 갖기 위해서는 필연적으로 어떤 개념과 관련되어야 하지만, 그것은 결코 인식판단이 아니라는 사실에서 규정적 개념이 아닌 비규정적 개념, 즉 규제적 개념에 근거한다는 사실에 의하여 해소된다. 다시 말하면 취미판단은 지성이 규정할 수 있는 인식의 대상 개념이 아닌, "감성적 직관의 근저에 있는 초감성적인 것에 대한 선험적 이성 개념"(KU, 235)에 관련되어 있다. 칸트는 이와 같은 비규정적 개념을 "판단력에 대한 자연의 주관적 합목적성의 일반적 근거" 또는 '인간성의 초감성적 기체'(*KU*, 236)라고 정의하고 있다.

이제 다시 처음으로 되돌아가서 주관적이면서 동시에 보편타당성을 요구하는 취미판단이 어떻게 정초될 수 있는가(취미판단의 선험적 연역)를 살펴보기로 하겠다.

2) 미감적 판단의 보편성 근거 및 도덕성과의 관계

취미판단이 보편성을 갖기 위해서는 모든 사람들이 이러한 판단에 필요한 동일한 주관적 조건을 가져야 할 것이다. 그런데 만일 취미판단이 맛과 소리와 촉감과 같은 어떤 특정한 감각에 의하여 주어지는 쾌, 즉 단순한 감각에서의 쾌적성을 바탕으로 이루어진다면, 그것은 전적으로 주관적이고 각 개인에 따라서 다를 수밖에 없을 것이므로 보편타당성을 요구할 수 없을 것이다. 그리하여 칸트는 아름다움에 대하여 느끼는 쾌감이 보편적으로 소통될 수 있는 가능성 조건이 무엇인가를 작업한다. 만일 이와 같은 가능성 조건들이 밝혀질 수 있다면 자연미에 대한 취미판단의 보편성 주장이 가능하게 되고, 따라서 자연미를 훼손하려는 특정 행위들에 대해서 도덕적으로 비난할 수 있는 지평을 확보할 수 있을 것이다.

칸트에 의하면 취미판단에서의 쾌감은 보편적으로 소통 가능한 심적 상태에 근거해야 한다. 쾌감은 감성적 감각에서 일어나는 사적인 쾌적한 느낌에 지나지 않는다. 따라서 이것은 결코 보편적인 것이 될 수 없다. 그러므로 취미판단의 주관적 조건으로서 그 기초가 되고 대상에 대한 쾌감을 그 결과로서 가질 수 있는 이른바 "주어진 표상에 의하여 일어나는 심적 상태의 보편적인 전달 가능성"이 있어야 한다(*KU*, 27f). 이러한 심적 상태가 보편적으로 소통될 수 있기 위해서는 인식의 일반 조건들을 충족시키면서 구상력과 지성과 같은 인식 능력들에 근거하지 않으면 안 된다. 칸트는 여기에서 취미판단이 규정적인 개념으로 되지 않으면서 미에서 쾌의 기초가 될 수 있는 보편적으로 소통 가능한 심적 상태의 존재를 논증하고자 한다. 주관적 특성을 가진 취미판단이 보편적으로 통할 수 있기 위해서는 인식 또는 그 표상들과 연관을 가져야 한다.[15]

미에 대한 반성에서 일어나는 쾌의 감정은 모든 가능한 인식에 필수적인 한에서 우리가 모든 사람들에게 상정할 수 있는 주관적 요소, 즉 '공통감'(sensus communis)에 근거한다. 결국 취미판단의 기저를 이루는 주관적 원리는 모든 판단들의 기저를 이루는 주관적 원리와 동일하며, 그것은 모든 경험을 위한 필요한 조건이므로 그 존재를 추정하는 것은 정당하다. 취미판단들이 근거하는 주관적인 형식적 합목적성은 인식 일반을 가능하게 하는 주관적 조건들의 비규정적 개념, 즉 공통감이다. 칸트에 의하면 판단력의 저변에 깔려 있는 원리인 공통감은 모든 경험을 가능하게 하는 필수적인 조건이다.

우리는 공통감을 모든 사람들에게 공통적인 감각에 대한 이념, 즉 잘못하면 객관적이라고 오인되기 쉬운 주관적인 사적 조건들로 인하여 그 판단에 해로운 영향을 줄지도 모르는 환상을 벗어나기 위하여 모든 인간 이성에 비추어(an die gesamte Menschenvernunft) 자신의 판단을 취하고, 다른 모든 인간의 표상방식을 성찰(Reflexion auf die

---

15) "단순히 주관적 근거들에 기초하고 있는 미감적 판단에 대해서 보편적 동의를 요구하는 것이 정당화되기 위해서는 다음과 같은 사실을 인정하는 것만으로 충분하다. 판단의 주관적 조건들은 이 판단에 있어 활동하는 인식능력들과 인식 일반의 관계에 관한 한 모든 인간들에게 동일하다. 만일 그렇지 않으면 사람들은 그들의 표상이나 심지어 그들의 지식까지도 소통할 수 없을 것이므로 이는 참이 아니면 안 된다. 이러한 미감적 판단은 이러한 관계(즉, 판단력의 형식적 조건)만을 단순하게 고려한 것으로, 따라서 순수한 것, 즉 그 규정근거로서 대상의 개념 또는 감각, 그 어떤 것과도 섞여 있지 않은 것이다"(KU, 151 Anm.).

Vorstellungsart jedes anderen)함에 있어서 (선험적으로) 돌이켜 생각해보는 어떤 판단 능력의 이념으로 이해해야 한다. 그런데 이것은 우리가 자신의 판정에 우연적으로 속한 한정적인 요소들을 사상하는 것처럼, 그리고 표상상태에서 가능한 한 질료, 즉 감각적 요소들을 떨쳐버리고 자신의 표상이나 표상상태의 형식적인 고유성에만 주의하는 것처럼, 다른 사람의 현실적인 판단뿐만 아니라 가능적인 판단까지도 생각해 본 후에 그 자신의 판단을 취하고, 또한 다른 모든 사람들의 입장에 서게 됨으로써 이루어진다(*KU*, 157).

공통감은 취미판단의 보편타당성을 위한 주관적 필요조건이다.16) 미에 관한 판단은 개념이 아닌 느낌에 기초하지만, 그것은 사적인 느낌이 아닌 일종의 공통적인 느낌에 의한 판단이다. 이처럼 어떤 당위를 포함하는 판단들의 정당화를 목표하고 있는 공통감은 경험에 근거하지 않는다(*KU*, 67f). 그것은 주관적-보편적 원리로서 상정된 '이상적 규범'이며 규제적으로 기능한다. 그런데 칸트의 공통감 개념에서 특기할만할 사실은 두 가지이다. 그 가운데 하나는 공통감이 자기 자신의 판단이 사적인 조건들 가운데서 착각이나 환상에 빠지지 않도록 '전체적인 인간 이성'에 비추어서 반성하라는 것이고, 다른 하나는 스스로 다른 모든 사람들의 입장에 서보라는 것이다 (*KU*, 157). 전자는 아펠의 담론윤리학에서 이상적인 의사소통공동체의 규제적인 예견 기능과 구조적으로 유사하고, 후자는 롤즈나 콜버그의 보편적 규범윤리학에서 역할교체와 같은 내용을 함축하고 있다. 칸트가 생각한 것처럼 자연의 아름다움에 대한 미감적 판단이 공통감에 기초하고 있다면 그것은 이제 도덕적 규범과의 연관성을

---

16) 크로포드는 칸트의 공통감을 순수한 취미판단을 가능하게 하는 필연적인 전제 조건, 즉 '요청'(Postulat)으로 규정하였다. Crawford, Donald W.: *Kant's Aesthetic Theory*. The University of Wisconsin Press 1974; 김문환 역, 『칸트 미학이론』, 서광사 1995, 193 이하 참조

갖게 되는 것이다.

실제적으로 칸트는 자연미에 직접적인 관심을 도덕적으로 선한 인간의 표징이라고 규정하고 있다(KU, 66). 그렇다면 자연미가 표현하는 미감적 이념은 무엇일까? 모든 자연미는 동일한 이념, 즉 초감성적인 것 일반의 불확실한 이념을 미감적으로 표현한다. 이러한 초감성적인 것의 이념은 "판단력에 대한 자연의 주관적 합목적성의 근거 일반의 개념"(KU, 236), 즉 자연이 우리의 인식능력을 위하여 설계되었다는 이념이다. 자연미는 예술과 마찬가지로 우리의 관조를 위하여 설계된 것처럼 보이기 때문에 궁극적으로 우리를 즐겁게 한다.

> 자연미는 [...] 그 형식상 특정한 합목적성을 지니고 있어서 그로 인하여 대상이 우리의 판단에 알맞도록 미리 규정되어 있는 것처럼 보임으로써 그 자체가 만족의 대상이 되는 것이다(KU, 76).

자연이나 예술에서의 미적 대상이 표현하는 초감성적 이념은 우리의 판단 능력과 인식 능력에 적합하게 되어 있는 현상세계 내에서의 형식들의 합목적성의 이념이다. 이로써 공통감의 원리는 취미판단과 다른 모든 판단들의 기초를 이루는 주관적 원리로 제시되었다. 미감적 판단에서 공통감은 판단력을 행사하는 원리가 되는 주관적인 형식적 합목적성이다. 이것은 보편적인 입법의 능력을 가진 인간의 심성 능력의 원천이라는 점에서 도덕성과 연계되는 초감성적 이념이다. 칸트에 의하면 미감적인, 그러나 무조건적인 합목적성의 주관적 규칙이 될 수 있는 것은 다만 주관 안에 있는 자연일 뿐이며, 규칙들이나 개념들에 포섭될 수 없는 것, 즉 주관의 모든 능력들의 초감성적 기체로서 어떤 지성 개념도 도달할 수 없는 것이다. 따라서 그것과의 관계에서 우리의 모든 인식능력들을 조화시키는 것은 자연적 본성의 예지적인 부분에 의하여 우리에게 부과된 최종 목적이다(*KU*, 242f).

이와 같은 초감성적 기체는 도덕판단을 원리적으로 분석할 때 발견되는 것과 동일한 기체이다. 또한 이것은 자연의 기체(물자체)로서의 초감성적인 것 일반의 이념과도 동일한 것이다. 초감성적인 것의 이념(비규정적 개념)은 우리의 인식 능력에 대한 자연의 주관적 합목적성의 원리라는 형태로 자연미와 예술미에 의해서 궁극적으로 표현된다(*KU*, 245). 그리하여 미감적 판단의 보편성 요구를 가능하게 하는 공통감의 존재 요청은 사실상 미적 판단 능력이 이론적 지식이나 도덕적 실천을 주관하는 다른 인식 능력과 공통적인 근거를 가지고 있다는 사실을 의미한다.[17] 따라서 미감적 감수성은 도덕감정과 동일한 근거를 갖고 있으며, 자연미에 대한 보편성 주장은 동시에 도덕적 구속성을 가질 수 있으며, 같은 맥락에서 생태주의적 의미도 함축할 수 있게 된다. 칸트에 의하면 미와 숭고의 개념들은 실제로 도덕적 성향을 창출하고 유지하는 도구적 특성을 갖고 있다.

---

17) 레키(Birgit Recki)는 "우리는 무엇을 희망해도 좋은가"라는 칸트의 세 번째 물음을 단초로 하여 인간학적 관점에서 미학과 윤리학의 관계를 문제삼고 있다. 미감적 판단은 주관에서의 '쾌와 불쾌의 감정'과 관련된 점에서 논리적 판단이나 도덕적 판단과 엄격하게 구분되면서도, 미감적 합리성 또는 미적 판단의 보편적 타당성을 정초하기 위한 공통감의 설정을 통하여 주관적 차원을 극복하고 미감적인 것과 도덕적인 것의 공통근거를 모색하고 있다. 그리하여 레키는 미 또는 아름다운 것에 대한 감정 가운데서 체험되는 행복은 동물적이면서도 이성적인 우리 인간에 대한 희망의 약속이라고 주장한다. 레키는 칸트가 도덕적 실천의 목표로 설정하였던 최고선의 중요한 기능 중의 하나인 행복 개념에 동물적 특성을 가진 인간에게 구체적으로 주어져야 하는 미감적 행복을 부가함으로써, 미감적 체험과 실천적 정향이 친화성을 가지고 있음은 물론 가장 근원적인 인간학적 문제라는 사실을 드러내려고 하였다. Recki, Birgit: *Was dürfen wir hoffen? Ästhetik und Ethik im anthropologischen Verständnis bei Immanuel Kant*, in: *Allgemeine Zeitschrift für Philosophie* 1994. S. 1ff.

미는 (감성적 감각을 매개로 한 지성의 개념에 의해서가 아니라) 단순히 (sc.일체의 관심을 떠난) 판정에 있어서 만족을 주는 것이다. [...] 숭고란 감관의 관심에 대하여 저항함으로써 직접적으로 만족을 주는 것이다. 이 두 가지 모두는 [...] 도덕적 감정과의 관계에 있어서 합목적적이다. 미는 우리로 하여금 어떤 것, 심지어 자연 그 자체까지도 무관심적으로 사랑하게 하고, 숭고는 우리로 하여금 어떤 것, 심지어 우리 자신의 (감성적) 관심에 거슬리더라도 존중하는 마음을 갖게 한다(*KU*, 115).

나는 자연미에 대해서 직접적인 관심을 갖는다는 것은 [...] 언제나 선한 영혼의 표징이며, 이러한 관심이 습관적이고 그것이 만일 자연에 대한 관조와 자발적으로 결합된다면, 그러한 관심은 적어도 도덕적 감정에 호감을 갖는 심적 상태를 나타낸 것이라고 주장한다(*KU*, 166).

자연미에 대한 직접적인 관심은 자연이 산출해왔던 대상의 현존과 존재에 대한 관심이다. 이와 같은 자연미에 대한 직접적인 관심은 자연에서의 아름다운 형식과 인간 능력들 사이의 연관에 대한 형이상학적 관조이므로 도덕성의 형이상학적 토대와 일치하게 된다. 따라서 어떤 사람이 자연미에 대해서 직접적인 관심을 갖는다는 것은 그가 도덕적으로 선한 사람이라는 것을 드러낸다는 것이다. 이는 자연 현상들에 대한 관조를 통해서 생겨나는 마음의 상태, 즉 숭고의 경우에도 해당된다. 즉 도덕성은 미와 숭고의 경험의 근저에 놓여 있는 초감성적인 것의 이념이다. 예를 들면 자연에서의 숭고의 감정은 도덕적인 것과 유사한 심적 상태와 결합되지 않고서는 생각될 수 없는 이른바 도덕성의 필수적 조건으로서, 그것은 도덕적 도야를 위한 수단으로 활용된다. 그리하여 만일 내가 어떤 것을 아름답다고 하였다면, 그것은 동일한 상황에서 다른 사람들에게도 아름답게 여겨져야 하고, 더 나아가서 그와 같은 미적 인식은 보편적인 의무로서 부과될 수도 있다. 다른 한편 어떤 사람이 만일 미적 관조의 대상이 되는 자연성을 훼손함으로써 자연미가 주는 쾌감을 현저하게 감소시키거나 파괴하였다면 그러한 행위는 도덕성을 훼손한 것이 되고 정언명법에 저촉된다.

그리하여 이제 미는 도덕적으로 선한 것의 상징이라는 사실이 드러나게 되었다(*KU*, 258). 그리고 미가 다른 모든 사람들의 동의를 요구하면서 쾌감을 주는 것은 오직 이러한 관점, 즉 모든 사람들에게 자연스럽게 의무로서 요청할 수 있기 때문이다. 우리에게 미적 쾌감을 주는 판단들에 대한 보편타당성의 요구는 그것이 단지 보편적으로 통할 수 있는 것에 기초하고 있기 때문만이 아니라 동시에 도덕성을 상징하고 있기 때문인 것이다. 따라서 미감적 판단의 보편성이 확립될 수 있다면, 그리고 특히 자연미에 대한 취미판단이 가능하다면, 어떤 사람이 아름답다고 판단한 자연을 다른 사람들이 훼손할 경우에 비도덕적이라고 단죄할 수 있는 근거가 확보될 수 있다. 우리는 바로 여기에서 칸트의 자연미 사상에 담긴 생태주의적 의미함축을 발견할 수 있다.

4. 목적론적 자연 이해와 인간중심주의

1) 목적론적 자연 이해와 창조의 최종 목적

칸트철학에서 생태학적 관심을 가장 크게 유발하고 있는 주제는 아마도 『판단력비판』의 후반부에 들어있는 목적론적 판단력의 문제, 즉 칸트의 목적론적 자연 이해와 인간중심주의일 것이다. 칸트는 자연 존재자 및 전체로서의 자연을 합목적적 존재라고 파악하였다. 이러한 사실에서 칸트는 오늘날 전체론자와 유사한 생태관을 가지고 있다고 볼 수 있다. 그러나 칸트는 폴 테일러나 한스 요나스가 생명 존재자의 자체목적을 존재론적 차원에서, 그리고 구성적인 의미에서 인정하는 것과는 반대로, 생명을 가진 유기체적 자연존재자가 비록 합목적적인 존재이기는 하지만 결코 그 자체로서 궁극목적이 될 수 없는 수단적 목적, 즉 그것들은 '어떤 무엇을 위해서'라는 한정적인 의미에서의 목적만을 가질 뿐이고, 따라서 다른 어떤 무엇에 대한 수단으로 활용될 수 있다고 보았다.

유기체적 존재자의 합목적성에 대한 인식에서도 칸트는 생명중심주의자나 전일론자들과 다른 생각을 갖고 있다. 칸트에 의하면 자연 존재자의 합목적성은 결코 이론이성의 규정적 판단에 의하여 파악될 수 있는 것이 아니다. 그러므로 자연 존재자가 실제로 어떤 특수한 목적을 가지고 있는가에 대해서 이론적으로 입증할 수 있는 방법은 없다. 칸트에 의하면 어떤 특정한 사물은 무엇을 위하여 존재하는가라는 물음, 즉 어떤 사물 또는 자연 존재자의 존재 방식과 존재 이유에 대한 물음은 두 가지 방식으로만 대답될 수 있다(*KU*, 381). 그 가운데서 하나의 가능한 대답은 "그 사물의 존재와 그 사물의 산출은 의도적으로 작용하는 원인과 전혀 관계가 없다"는 것이다. 이는 모든 사물들이 자연의 기계적 조직에서 기인한다는 것을 의미하고 있다. 이 대답에서는 기계적 인과성 이외의 다른 모든 설명원리가 부정되고 있다. 또 다른 하나의 가능한 대답은 "(어떤 하나의 우연적 자연 존재자로서) 그 사물의 존재에는 어떤 하나의 의도적 근거가 있다"는 것이다. 칸트는 여기에서 유기체적 존재자의 내적 가능성의 근저에 자리한 목적론적 인과성의 이념을 상정하고 있다.

이와 같은 두 가지 대답의 가능성은 칸트의 『판단력비판』에서 세계설명과 관련된 기계적 인과성과 목적론적 인과성 사이의 새로운 이율배반을 구성한다. 『순수이성비판』에서 칸트는 자연을 기계적 인과성의 법칙에 의하여 설명할 수 있는 체계로 상정하였으나, 그것은 엄밀한 의미에서 물리학적 세계 영역에 국한된다. 이제 자연의 한 부분에 속하는 생물학적 영역, 즉 생명을 가진 유기체적 존재자역시 기계적 인과성의 법칙만으로 설명될 수 있는가의 문제가『판단력비판』의 후반부에서 새롭게 다루어지게 된 것이다. 여기에서 칸트는 생명 존재를 포함한 모든 자연현상은 기계적 인과성의 법칙만으로 설명되어져야 하지만, 그것만으로는 설명되지 않은 영역이남게 된다고 말한다. 다시 말해서 생명을 가진 유기체적 존재자의 경우에는 인과성 이외의 다른 원리, 즉 목적론적 원리가 필요하다는 것이다. 그런데 이와 같은 목적론적 인과성이란 구성적인 인식의 결과가 아니고 자연 존재에 통일성을 부여하는 규제적 원리로서 제시된다. 목적이란 철저하게 인간의 이성, 특히 반성적 판단력의 활동에 의하여 부여된 개념이며, 따라서 그것은 자연 자체의 존립원리가아니고 인간 이성의 반성적 원리에 지나지 않기 때문이다. 이 점에서 칸트의 목적론은 목적 자체에 구성적 의미를 부여하고 있는 테일러나 요나스의 관점과 구분된다. 자연에 대한 목적론적 판단력은자연미에 대한 미감적 판단력과 마찬가지로 반성적 판단력에 속하고, 따라서 그것은 어떤 구성적인 의미도 갖지 못하고 규제적으로만기능한다. 다만 칸트는 미감적 판단력이 자연의 형식적 합목적성에관련된 반면에 목적론적 판단력은 자연의 실질적인 합목적성과의연관성을 갖는다고 보았다.

칸트는 어떤 결과의 표상이 동시에 그 결과를 산출하기 위하여작용하는 지성적 원인의 규정근거가 될 경우에 그러한 결과 표상을'목적'이라고 불렀다(KU, 381). 이와 같은 목적은 자연존재자의 존재 자체 속에 (궁극목적으로서) 있거나, 그렇지 않으면 그 존재자의외부에 있는 다른 자연 존재자 속에 있다. 이와 같은 자연 존재자는합목적적으로 존재하지만 동시에 그것은 어떤 것을 위한 수단으로

서 존재한다. 궁극 목적이란 "자신의 가능 조건으로서 다른 어떤 것
도 필요로 하지 않는 목적"이다(*KU*, 396). 자연의 합목적성에 대하
여 자연의 기계적 조직이 설명 근거로 상정된 경우에는 세계 사물
의 존재 목적을 물을 수 없다. 그러나 이 세계에서의 목적 결합을
실재적인 것으로 생각하고, 여기에 의도적으로 작용하는 원인의 인
과성을 상정하는 경우에는 유기체적 존재자들의 존재 목적을 생각
할 수 있게 된다. 칸트는 모든 자연 사물들 가운데서 인간 이외에
창조의 궁극목적이라고 주장할 수 있는 존재자가 없다고 규정하였
다(*KU*, 382f).

　　세계의 사물들은 그 현존에 있어서 의존적 존재자이므로, 목적에
　　따라 활동하는 어떤 지고한 원인을 필요로 한다면 인간은 창조의 궁
　　극목적이다. 인간이 없으면 상호 종속적인 목적들의 연쇄가 완결되
　　지 못할 것이기 때문이다. 인간에 있어서만, 그리고 도덕성의 주체로
　　서의 인간에 있어서만 목적에 관한 무조건적인 입법은 성립하며, 이
　　무조건적 입법만이 인간으로 하여금 전 자연이 목적론적으로 종속하
　　는 궁극목적일 수 있게 하는 것이다(*KU*, 398f).

칸트에 의하면 이 세계에서 목적론적 인과성을 가진 유일한 종류
의 존재자들은 인간이다. 인간은 모든 피조물의 존재서열에 있어서
마지막에 위치하여 어떤 특수한 목적론적 위상을 갖고 있다. 그리고
인간의 지성은 지구상의 모든 생물들을 다루고 사용할 수 있는 방
법을 가르쳐 준다. 칸트에 의하면 목적론적 체계 가운데서 인간은
목적의 개념을 이해할 수 있고 자신의 이성에 의하여 합목적적으로
이루어진 사물들의 총합을 목적의 체계로 만들 수 있는 유일한 존
재로서 지상에서의 '창조의 최종 목적'이다(*KU*, 383f). 그리고 칸트
는 인간이 자연의 최종 목적이라는 사실은 규정적 판단력에 대한
것은 아니지만, 반성적 판단력에 있어서는 설득력을 가진다고 주장

한다. 결국 칸트는 인간중심주의적 시각에서 자연 목적을 반성적 판단력으로 구성한 것이다. 그리하여 칸트의 목적론적 자연 이해의 마지막에 인간이 창조의 최종 목적으로 설정되고 있으며, 모든 자연 존재자들의 합목적적 활동들은 인간의 문화 창달을 위한 수단으로 규정되고 있다는 사실에서 생태주의적 논란을 불러일으키고 있다. 칸트의 자연 이해가 인간중심주의라는 사실은 인간중심적 사유체계가 환경과 생태파괴의 주범이라고 인식하고 있는 생태중심주의자들에게 집중적인 비난의 대상이 될 수밖에 없을 것이기 때문이다. 따라서 우리는 칸트의 목적론적 자연 이해와 인간중심주의가 생태주의의 천적일 수밖에 없는가, 그렇지 않으면 그 둘 사이에는 서로 화해하고 타협할 수 있는 여지가 남아있는가를 계속 살펴보기로 하겠다.

칸트는 자연에서의 인간의 위상을 보다 정확하게 파악하고 있었다. 다시 말하면 인간은 어떤 의미에서는 목적으로서의 존중을 받을 수 있으나, 다른 한편으로는 수단의 지위에 그치는 한계를 가진 존재라는 것이다. 지상의 다양한 생물존재들의 외적인 상호관계를 객관적인 합목적성의 원리에 의하여 파악하여 자연계 전체를 하나의 체계로 상정하는 것은 합리적일 수 있다. 그러나 이러한 체계의 완성을 위해서는 자연의 최종 목적이 존재해야 하고, 거기에는 인간 이외의 다른 대안이 들어설 수 없다. 그러나 칸트는 이러한 자신의 생각에 모순이 도사리고 있다는 사실을 간파하였다(*KU*, 384). 왜냐하면 자연은 인간을 수많은 동물의 한 유형으로 간주하여 그 자신의 기계적 조직에 종속시킴으로써 그 파괴력과 산출력으로부터 인간을 조금도 예외로 인정하지 않기 때문이다.

합목적적인 전체 조직의 구도 속에서 지상의 모든 자연 존재자들은 자신들의 생존을 위한 일차적인 조건으로서 서식처, 즉 토지와 생활환경을 필요로 하고 있다. 그런데 유기적 존재의 산출에 기초적으로 필요한 이러한 요소들을 살펴보면 그것은 산출과 질서와 목적을 조장하는 것이 아니라 오히려 황폐하게 하는 요인으로 작용하고 있다. 화산의 폭발과 대륙의 융기, 그리고 대홍수에 의하여 형성된 육지와 바다 속에는 광포한 자연력에 의하여 황폐화된 기념물들로 가득 차 있다(KU, 385). 그러므로 유기체의 환경을 전적으로 무의도적인 기계적인 조직만으로 설명하려고 할 경우에 생물 존재가 들어설 자리는 없게 된다. 또한 인간 존재 역시 다른 생물들에 의존하고 있으며, 지상의 다른 모든 생물들에 보편적으로 적용되고 있는 기계적 조직에 의하여 지배되고 있다. 이런 사정을 감안한다면 인간은 자연의 최종 목적일 수 없으며, 지상의 유기체적 자연 사물들의 총합이 목적의 체계일 수도 없다는 주장이 성립될 수 있다. 이렇게 되면 결국 목적론적으로 이해된 모든 자연 존재자들도 실제로 자연의 기계적 조직 이외의 다른 기원을 가질 수 없게 된다(KU, 386).

이와 같은 이율배반에 직면한 칸트는 『순수이성비판』의 변증론에서와 같은 방식으로 해결하고 있다. 다시 말하면 이성이 유기체적 존재자들의 기원을 목적인에 의거하지 않고서는 상정할 수 없지만, 그와 같은 합목적성에 의한 자연 이해는 어디까지나 반성적 판단력의 원리에 의한 것이라고 주장하였다. 지성은 규정적 판단력의 원리에 의거하여 자연 존재자들을 최대한 기계적으로 설명하려고 하지만 그 자체의 주관적인 특성과 한계로 인하여 완전하게 수행할 수 없기 때문이다. 그리하여 칸트는 우리가 자연의 가능성을 표상하는 두 가지 방식, 즉 기계적 인과성과 목적론적 인과성은 우리 자신의 내부와 외부에 있는 자연의 초감성적 원리에서만 통일될 수 있다고 주장하였다. 왜냐하면 목적론적 표상의 방식은 비록 이성 사용의 주관적 조건에 지나지 않지만 대상들이 현상으로 판정되고 또한 그러한 현상들이 현상의 원리와 함께 '초감성적 기체'에 관련시킴으로써 현상을 통일하는 어떤 법칙들이 가능하다는 사실을 발견하려고 하

기 때문이다. 칸트에 의하면 이러한 법칙은 목적에 의해서만 표상될
수 있다(*KU*, 387).

2) 칸트의 인간중심주의와 문화 개념

그렇다면 인간과 자연은 어떻게 결합될 수 있는가? 이 물음에 대
하여 칸트는 그 자신의 독특한 낙관주의를 기초로 한 인간중심주의
적 자연 및 환경 이해로써 대답한다. 그는 우선 세계 안에 있는 모
든 것은 어떤 무엇인가를 위하여 좋은 것이라고 생각한다. 세계 안
에 있는 모든 것은 유용하다는 것이다. 무기물은 유기체적 존재자를
위하여 존재한다. 그리고 유기체적 존재자들도 각각의 고유한 목적
을 가지고 있다.

식물계는 무엇을 위하여 존재하는가? 식물계는 식물을 먹고사는
동물을 위하여 존재하고, 따라서 동물계는 그토록 많은 종을 이루고
지구상에 퍼져 있다고 대답한다면, 또 다시 이러한 초식동물은 무엇
을 위하여 존재하는가라고 다시 묻게 된다. 이에 대해서는 아마도
초식동물은 생명을 가진 것만을 먹고사는 육식동물을 위하여 존재한
다고 대답할 수 있을 것이다. 그리하여 결국 다음과 같은 질문이 제
기된다. 지금까지 언급된 자연의 세계와 육식동물들은 무엇을 위하
여 존재하는가? 그것들은 인간을 위하여 존재하고, 인간의 다양한
사용을 위해서 존재한다. 지성이 인간에게 모든 피조물들을 다양하
게 사용하는 방법을 가르쳐 준 것이다. 인간은 이 지구상에서 창조
의 궁극목적이다. 왜냐하면 인간은 스스로 목적 개념을 만들고, 이성
에 의하여 합목적적으로 형성된 사물들의 집합을 목적의 체계로 만
들 수 있는 지상의 유일한 존재이기 때문이다(*KU*, 382f).

초식동물은 식물계의 많은 종이 질식할 정도로 무성하게 되는 것
을 조절하기 위하여 존재하고, 육식동물은 초식동물의 탐식을 제한

하기 위하여 존재하며, 마지막으로 인간은 육식동물을 수렵하고 감소시킴으로써 자연의 산출력과 파괴력 사이에 일정한 균형이 유지되게 하기 위하여 존재한다(KU, 383).

자연의 생태사슬 가운데서 인간은 다른 유기체들처럼 단순한 자연목적이 아니라 자연의 최종목적이라는 위상을 갖게 된다. 물론 자연이 하나의 목적 체계를 이루고 있다거나 또는 인간이 자연의 최종 목적이라는 사실은 반성적 판단력에 의한 규정이며, 이로써 자연의 목적과 인간의 목적이 통합된 전체 세계의 합목적적 체계통일이 성립된다. 그런데 칸트에 의하면 이처럼 자연과 인간이 하나로 결합될 수 있는 목적연관성은 인간 자신이 자연을 통하여 그 속에서 만족을 얻을 수 있는 '유용성'(Tauglichkeit)이나 인간과 자연의 목적을 전일적인 것으로 만들어주는 '친숙성'(Geschicklichkeit)을 통하여 구체화된다. 유용성과의 연관성을 추구하는 자연의 목적은 인간의 '행복'(Glückseligkeit)이고, 친숙성과 관련된 자연의 목적은 인간의 '문화'(Kultur)이다(KU, 430)

칸트에 의하면 행복의 개념은 인간이 그 본능으로부터 추상하고 자신 속에 있는 동물성으로부터 추출한 것이 아니고, 인간이 단순히 경험적인 조건 아래서는 불가능한 것과 합치시키려고 하는 어떤 상태에 대한 하나의 이념이다. 인간은 이러한 이념을 상상력과 지성에 의하여 스스로 기획하며, 가끔씩 그와 같은 기획능력 자체를 변경시키기도 한다. 따라서 인간이 갈망하는 행복이란 그때마다 자의적인 목표설정에 의하여 부유하는 개념이므로 인간에 있어서 결코 자연의 마지막 목적이 될 수가 없다. 왜냐하면 인간은 소유나 향유에 의하여 그 본성을 만족시킬 수 없으며, 따라서 이 목적에 결코 도달할 수가 없기 때문이다. 또한 자연이 인간의 자의에 전적으로 예속되어 있다 하더라도 보편적인 법칙에 따르는 자연은 그 본성상 그때마다

서로 다르게 요구하는 인간 저마다의 행복에 대한 요구를 들어줄
수 없을 것이다. 행복의 개념에 보편적인 성격을 부여하기 위하여
모든 인류에게 일반적으로 일치되는 진정한 자연적 욕구의 차원으
로 하향 조정하게 되면 그것은 더 이상 참된 행복을 실현할 수 없을
것이다. 또한 그 반대로 각자가 생각하는 욕구를 성취하기 위하여
상향 조정하게 된다면, 그 자신의 소유와 향락을 위한 욕구는 끝없
이 계속되어 어떤 상태에서도 만족되지 않을 것이다(KU, 389).

그리하여 모든 자연적 욕구를 통하여 실현되는 행복은 결코 인간
의 목적이 될 수 없다. 왜냐하면 그와 같은 자연적 욕구에 대한 질
료지향적 추구는 인간의 수준을 자연 상태로 저하시키는 동시에, 자
연 역시 그 법칙을 적용함에 있어서 인간을 특별하게 대우하지 않
기 때문이다. 자연은 인간에게 행복을 보장하기 보다는 바이에르츠
가 지적한 것처럼[18] 그 파괴적 작용, 즉 악질, 기근, 수해, 냉해와
같은 온갖 재해를 동원하여 공격하기조차 한다. 그리고 비록 자연이
인간의 행복을 증진하는데 기여한다 할지라도, 인류는 그 내면적인
자연 본성에 의하여 압제와 전쟁과 같은 만행을 저지르면서 스스로
의 행복을 저해하게 될 것이다(KU, 390). 따라서 우리의 밖에 있는
자연이 제아무리 자애롭고 또한 자연의 목적이 인간의 행복을 지향
한다 하더라도, 우리 내부의 자연적 본성이 자애로운 자연을 수용하
지 못하여, 결국 자연의 목적은 지상적인 자연 체계 안에서 실현될
수 없게 된다. 이와 같은 방식에서 인간은 언제나 자연 목적의 사슬
에서 한 부분, 즉 다른 부분들의 기계적 조직을 위한 하나의 수단으
로 존재할 뿐이다.

그렇다면 기계적인 자연 목적과 인간의 합목적성이 조화될 수 있

---

18) Bayertz, Kurt: *Naturphilosophie als Ethik. Zur Vereinigung von Natur- und
Moralphilosophie im Zeichen der ökologischen Krise*, in: Philosophia Natu-
ralis 24(1987), 167ff.

는 새로운 가능성 조건은 무엇인가? 사실상 인간이 추구하는 지상적인 행복은 인간의 외부와 내부의 자연에 의하여 가능한 모든 목적의 총합을 의미한다. 그것은 지상에서의 인간이 추구하는 모든 목적의 질료이기 때문에, 인간이 만일 그것만을 자신의 전체적인 목적으로 삼게 될 경우에는 자신의 존재를 최종 목적으로 설정하거나 그것과 일치시킬 수 없게 될 것이다. 그리하여 자연 안에 있는 인간의 모든 목적들 가운데서 오직 유용성이라는 형식적 주관적 조건만이 남게 된다. 유용성은 어떤 목적을 자연에 의존하지 않고 스스로 설정하고, 자연을 그의 자유로운 목적 일반의 격률에 알맞는 수단으로 사용하는 것이다. 이것은 자연이 자연의 외부에 있는 종국목적의 관점에서 수행하는 자연의 최종 목적인 것이다. 여기에서 칸트는 어떤 목적 자체에 대해서 이성 존재자가 그의 자유 안에서 유용성을 산출하는 것을 '문화'라고 부른다(KU, 391). 그러므로 문화만이 인류의 관점에서 자연에 원인을 부가할 수 있는 최종 목적일 수 있다. 문화는 자연의 목적과 인간의 목적이 궁극적으로 수렴, 통합됨으로써 이루어지는 모든 가능한 합목적적 활동의 최종목표인 것이다.

그러나 칸트에 의하면 각각의 문화가 자연의 최종 목적에 속하는 것은 아니다. 친숙성의 문화는 목적 자체의 촉진을 위한 가장 으뜸가는 주관적 조건으로서 그의 목적을 규정하고 선택함에 있어서 의지를 촉진하기에는 충분하지 않지만, 본질적으로 목적에 대한 유용성의 모든 영역에 속한다. 유용성의 다른 조건, 즉 훈육(훈련)의 문화는 우리가 어떤 자연사물에 집착하여 스스로 선택할 수 없게 하고 충동에 빠지게 하는 욕망의 압제로부터 의지를 해방하는 데 있다(KU, 392). 이처럼 목적의 규정과 선택에 필요한 의지는 자연에 의하여 한정되기 때문에 일정한 훈련을 필요로 한다.

그런데 인류에게 친숙성은 인간 상호간의 불평등을 매개로 하여 전개될 수밖에 없다. 대부분의 사람들은 학문이나 예술과 같이 보다 덜 필수적인 문화의 부문들에 종사하는 사람들의 안락과 여가를 위하여 생필품을 기계적으로 공급한다. 이 과정에서 그들은 처음에는 상류계급의 복지증진을 위한 압제와 혹사에 비하여 보잘것없는 만족의 상태를 얻게 되지만, 시간이 경과됨에 따라서 상류계층의 문화를 점진적으로 향유할 수 있게 된다. 물론 칸트는 문화의 진보 과정에서 상당한 폐단이 초래될 수도 있다는 사실을 지적하고 있다. 예를 들면 없어도 좋은 것에 대한 애착이 없어서는 안 될 것을 저해하기 시작할 때 칸트가 '사치'라고 규정한 병폐가 초래된다. 또한 이와 같은 폐단은 한편으로는 외부의 폭력에 의해서, 다른 한편으로는 내부의 불만에 의하여 생기기도 한다. 그러나 이러한 궁핍은 사실상 인류의 자연적 소질의 발전과 결부되어 있으며, 우리의 목적은 아니더라도 자연 자체의 목적은 그러한 사실들을 통하여 이루어진다. 자연이 자신의 의도를 달성할 수 있는 형식적 조건은 인간 상호간의 관계에서 성립하는 체제로서, 여기에서 서로 대립되는 자유의 단절에 대하여 '시민사회'라는 전체 속에서의 합법적 권력이 대치된다. 이러한 체제 속에서만 자연의 소질은 최대의 발전을 기할 수 있다.[19] 그러나 이러한 시민사회를 위해서는 또다시 모든 국가들을 하나의 체계로 통합하는 이른바 국제연합과 같은 '세계시민적 전체'가 필요할 것이다(KU, 393). 이러한 체제가 없을 경우에는 권력을 장악한 국가들의 명예욕, 지배욕, 소유욕에 의하여 국가간의 분열과 합병을 유발하는 전쟁이 발생하게 될 것이다. 전쟁은 인간의 무의도적인, 즉 억제할 수 없는 격정에 의하여 자극된 시도이지만, 그 배

---

19) 문화는 자연 속에 내재된 유기적 힘에 의하여 이루어진 것이 아니라, 인간 자신이 스스로 만든 것이다. 인간은 문화를 통하여 자연적 상태에서 자유의 상태로 이행하게 되었다. 여기에서 인간의 타락과 악은 결국 문화를 촉진하는 수단으로 작용하고 있다. 칸트에 의하면 문화의 최종 목적은 자연의 상태를 완전하게 벗어나서 '시민적 정치체제'를 달성하는 데 있다.

후에는 지고한 지혜자의 아마도 매우 은밀한 의도적인 시도, 다시 말하면 여러 국가들의 자유와 합법칙성을 통하여 도덕적으로 정초된 체계의 통일을 준비하려는 시도인 것이다. 그리하여 전쟁은 인류에게 가장 무서운 고난과 고통을 주지만, 그것은 동시에 문화에 기여하는 모든 재능을 최고도로 발휘하게 하는 동기가 되고 있다.

경향성의 훈육과 관련하여 동물의 관점에서 본 우리의 자연성향은 비록 합목적적이기는 하지만 인간성의 발전을 저해한다. 문화에 대한 이 두 번째 요구와 관련해서도 우리 자신이 제공할 수 있는 것보다 더 고차적인 목적을 감당할 수 있게 하는 이른바 교화를 위한 자연의 합목적적인 노력이 나타난다. 그리하여 칸트는 자연의 해악이나 인간의 이기심이 유발하는 재앙은 동시에 인간의 정신력을 고양하고 단련하여 그러한 곤경을 극복하게 함으로써 우리의 안에 숨어있는 보다 높은 목적에 대한 유용성을 감지하게 한다고 주장하였다(*KU*, 398). 『세계시민적 관점에서 본 보편사의 이념』에서 칸트는 인간의 '반사회적 사회성'(ungesellige Geselligkeit) 개념을 바탕으로 한 '불가피한 적대주의'(제7명제)가 역설적으로 인류 문화를 촉진해 왔다고 주장한다. 반사회적 사회성은 끊임없이 사회를 파괴하고 자기 자신을 사회로부터 고립시킴으로써 적대시하지만, 이와 같은 위험을 미리 예측할 수 있게 함으로써 오히려 타인과 더불어 공존할 수 있는 방안을 강구하게 한다.[20] 따라서 칸트는 타인에 대한

---

20) 이와 관련하여 칸트는 우리에게 불쾌한 느낌을 갖게 하고, 또한 특수한 관계에 있어서 반목적인 사물들의 존재에 대해서조차도 어떤 특정한 교훈을 얻어낼 수 있게 한다고 강조하면서 다음과 같이 말하였다. "예를 들면 우리는 옷이나 머리카락, 그리고 침대 속에서 사람을 괴롭히는 해충도 현명한 자연의 배려에서 보면 청결을 위한 자극이고, 청결은 그 자체만으로도 이미 건강을 유지하기 위한 중요한 수단이라고 말할 수 있다. 또한 모기나 다른 극충류는 아메리카의 황무지에서 미개인들이 살기에 어렵게 만들고 있지만, 그럴수록 이 미개인들은 습지를 간척하고, 통풍을 저해하는 밀림을 벌채하고, 또한 토지를 개간함으로써, 그들의 주거를 보다 건강에 좋도록 노력하게 하는 자극이 된다고 할 수 있

부단한 경쟁심, 자신의 명예욕과 지배욕, 소유욕을 만족시키려는 욕
망이 없었다면 문화의 최초의 조야한 상태에서 진보하지 않았을 것
이라고 단정한다.[21] 자연 속의 인간은 필연적으로 서로 불화를 일
으킬 수밖에 없으나, 오히려 불화로 인하여 공동체적 삶을 갈구하고
문화를 이룩할 수 있다.[22]

인간은 자기 자신의 보존욕망의 추구를 통하여 노동의 고통을 감
수하고 지식을 추구하며 규범을 정초함으로써 자연 소질을 완벽하
게 개발하고 문화를 갖춘 시민사회를 형성하게 된다. 그러나 칸트에
의하면 문화는 여기에 그쳐서는 안 되고, 도덕화(Moralisierung)를
지향해야 한다고 강조하였다. 칸트는 그의 저서 『교육에 대하여』에
서 참된 인간 교육을 위한 네 가지 요소들, 즉 동물성 또는 야수성
을 길들이기 위한 지도적 훈육(Disziplinierung), 자신의 목적을 달
성할 수 있는 문화적 능력 개발(Kultivierung), 인간사회에 적용할
수 있는 시민적 지혜(Zivilisierung), 그리고 항상 선한 목적만을 선
택할 수 있는 도덕적 심성을 갖추는 것(Moralisierung)을 강조하고
있다.[23] 창조의 최종 목적인 인간이 그 최종적인 합목적적 활동 목

다. 인간 내부의 유기적 조직 속에 있으면서 인간에게 반자연적인 것으로 보이
는 것조차도 이렇게 다루게 되면, 사물들의 목적론적 질서에 대한 재미있는, 그
리고 때로는 교훈적이기도 한 관점을 갖게 되는데, 우리가 만일 그와 같은 원리
없이 물리적으로만 고찰하게 되면 이런 관점은 갖지 못하게 될 것이다. 촌충은
숙주의 생명기관의 어떤 결함을 보상하기 위하여 인간과 동물에게 주어져 있다
고 판단하는 사람들이 있는데, 이것 역시 자연의 합목적적인 배려가 아닌가 싶
다. 마찬가지로 나는 꿈 역시 비슷하다고 생각한다. (물론 우리는 꿈을 기억하
기는 힘들지만, 꿈을 꾸지 않고 잠을 자는 일은 거의 없다.) 꿈은 신체의 모든
운동력이 이완되었을 때 구상력과 상상력의 왕성한 활동을 매개로 하여 [...]
생명기관을 가장 내부에서 움직이게 하는 데 기여하기 때문이다(*KU*, 301f).

21) Kant, I.: *Idee zu einer allgemeinen Geschichte in weltbürgerlicher Absicht*, in:
Weischedel Ausgabe Bd. 9, A392ff.
22) 이와 같은 칸트의 지적은 나중에 한스 요나스가 미래지향적 책임윤리학의 정초
를 위한 토대로서 도입하고 있는 '공포의 발견술'과 유사한 의미구조를 갖는다.

표로서 문화를 이룩하기 위해서는 훈육, 문화화, 문명화, 도덕화라는 네 가지 요소들이 전제되지 않으면 안 된다. 이와 같은 칸트의 문화 이념이 생태학적 사유에 유해한 것인지, 그렇지 않으면 기여할 수 있는지는 명백하다.

결국 칸트의 인간중심적인 자연이해와 문화 개념은 철저하게 도덕주의를 지향하고 있으며, 현대사회에서 제기되는 생태학적 위기의 문제 역시 도덕적 담론의 지평에서 새롭게 조명되어야 할 것이다. 생태학적 사유의 주체가 인간일 수밖에 없고 그와 같은 의미에서 인간이 자연 존재자들 가운데서 특별한 위상을 차지하고 있는 것이 사실이라고 한다면, 오늘날 우리가 경험하는 생태학적 위기의 문제는 결국 도덕적인 인간이 해결해야 할 문제로 인식되기 때문이다.

5. 생태주의적 사유지평으로서의 선험철학

칸트철학과 생태주의적 사유는 긴밀한 연관 속에 있다. 칸트의 자연 이해는 인간중심주의에 기초하고 있지만, 그것은 결국 인간이 자연의 목적을 읽어내어 인간 자신의 목적과 일치시키는 문화 행위를 지향하고 있다. 따라서 자연 존재자에 대한 도덕적 태도가 인간적 사유 지평에서 비롯될 수밖에 없으며, 자연에 대한 미감적 판단 역시 인간 주체의 주관성으로부터 출발하지 않을 수 없었던 것이다. 이런 의미에서 칸트철학은 근본적으로 모든 가능한 생태주의적 사유를 위한 선험적 지평을 이루고 있다. 실제로 도덕법에 대한 경외를 부르짖었던 칸트로부터 출발한 슈바이처의 생명사상은 생명중심주의와 전일론적 요소를 모두 함축하고 있지만, 그의 생태주의적 윤

---

23) Kant, I.: *Über Pädagogik*. Königsberg 1803, A23.

리학을 결정적으로 가능하게 하였던 지평은 바로 인간중심주의였다. 다시 말하면 슈바이처는 생명 존중의 가능성 근거를 인간의 자비심에서 발견하였던 것이다. 생명을 가진 모든 존재자를 경외하고 보호해야 할 의무를 가진 주체가 바로 인간이라는 사실은 우주에서 인간의 독특한 위상을 확인하는 계기가 된다. 이와 같은 의미에서 우리는 '새로운 윤리학'으로서 요구되는 모든 가능한 생태주의적 주장들이 의미 있게 논의될 수 있기 위해서는 언제나 이미 칸트적인 선험철학적 지평, 즉 목적론적 자연 이해와 인간중심주의가 전제되어 있지 않으면 안 된다는 사실을 인정해야 하는 것이다.[24] 우리는 이와 같은 논지를 아펠의 담론적 규범윤리학에서 발견할 수 있다.

생태주의자들은 칸트의 보편적 규범윤리학, 특히 정언명법은 인간의 행위 규정에 한정되며, 한스 요나스는 그것도 특히 현재적인 인간들의 인간중심적 행위 규정이라고 비판하였다. 크리스티아나 호프와 팀 헤이워드는 정언명법의 두 번째 형식을 거론하면서 칸트의 도덕철학에는 인간 이외의 다른 존재자들에 대한 도덕적 배려가 결여되어 있다고 강하게 비판하였다. 그러나 칸트는 인간 이외의 다른 존재자들, 즉 생명을 가진 것들이나 무기물적 존재에 대한 정당한 이유 없는 살육과 파손 행위가 인간 자신의 도덕성을 훼손할 수 있기 때문에 비록 간접적인 방식으로나마 도덕적인 배려의 대상이 될 수 있다는 입장을 취하였다. 이와 같은 칸트의 입장에는 생명중심주의와 전체론의 주장이 어느 정도 함축되어 있으나, 그와 같은 모든 생태학적 주장들이 의미 있게 논의될 수 있는 가능한 지평은 역시 인간중심주의일 수밖에 없다.

아펠 역시 생태학적 위기와 관련하여 보고되는 사실들이 실제로

---

24) Kuhlmann, W.: *Anthropozentrismus in der Ethik. Probleme transzendental-philosophischer Ethikbegründung, in: ders, Kant und die Transzendentalpragmatik.* Würzburg 1992. S. 136.

는 인간중심적 관점에서 제시된 것이라는 입장을 취하고 있다.25)
칸트적인 시각에서 볼 때 생태현상을 그 자체의 목적을 통해서만
보려는 관점은 처음부터 잘못되었으며 현실적으로 성립될 수 없는
자체모순에 직면하게 된다. 인간의 삶과 관련된 자연환경과 생태계
의 문제는 그 근본에 있어서 인간중심적으로 파악될 수밖에 없다.

칸트의 인간중심주의적인 관점은 미감적 취미판단과 목적론적 자
연 이해를 통해서 강화되고 있다. 칸트는 특히 미감적 판단력을 바
탕으로 자연의 아름다움에 대하여, 비록 주관적이기는 하지만 무관
심적이고 동시에 보편적 타당성을 갖는 취미판단을 내릴 수 있으며,
그것을 가능하게 하는 '공통감'의 존재를 요청하였다. 미감적 취미
판단이 단지 주관적인 차원에 머무른다면 오늘날 생태학적 위기의
문제를 다룰 수 있는 보편적인 규범 문제와 아무런 연관성도 갖지
못할 것이다. 그러나 칸트는 미감적 판단능력이 이론적 학술적 판단
능력이나 도덕적 실천적 판단능력과 동일한 근거를 갖고 있으며, 도
덕적 함축성을 가지고 있다는 사실도 확인시켜 주었다. 이와 함께
자연세계를 기계적인 인과성의 법칙이외에 목적론적 원리를 도입하
여 설명함으로써 세계 존재자들의 목적 계열의 마지막에 인간을 창
조의 궁극목적으로 설정하였으며, 자연의 목적과 인간의 목적이 결
합되는 전일적인 목적전체성을 문화라고 규정함으로써, 인간중심주
의적 자연이해가 생태중심주의에 대한 적이 아니라 반려자라는 사
실을 입증하였다. 칸트가 제시한 보편적 규범윤리학과 의무의 윤리,
미감적 판단력과 자연미 사상, 그리고 목적론적 자연 이해와 인간중
심주의는 생태주의적 의미를 함축하고 있다. 생태주의자들이 거부
하였던 발전 및 진보 사상은 인간중심주의적 문화이론의 모체가 되

25) Apel, Karl-Otto: *Die ökologische Krise als Herausforderung für die Diskurs-ethik*, in: D. Böhler(Hrsg.): *Ethik für die Zukunft. Im Diskurs mit Hans Jonas*. München 1994, S. 385.

고 있으며, 자연의 인식주체로서의 인류 역시 규제적인 이념의 지도 아래서 도덕적 정치적 최고선의 이상을 실현하려는 노력 속에 자연과 생명존재에 대한 의무를 포함하고 있는 것이다.

2. 칸트의 목적론적 유기체론

1. 칸트의 자연 이해

칸트의 자연 이해는 근본적으로 목적론적이다. 칸트의 목적론적 유기체론과 관련하여 다음과 같은 물음들이 제기될 수 있을 것이다: 이 세계는 기계적 법칙만으로 설명 가능한가? 자연의 기계적 법칙만으로 생명을 가진 유기체적 존재자들의 존재 방식을 완전하게 포착할 수 있는가? 생명 현상의 근원과 그 속에 담겨 있는 내적 원리는 무엇인가? 그 생명 속에 담겨 있을 수도 있는 의도와 목적을 우리는 어떻게 인식할 수 있는가? 그리고 자연존재자 또는 유기체적 존재자들의 자연 목적에 대한 지식이 성립될 수 있는 가능성 조건들은 무엇이고, 또한 거기에서 얻은 지식 내용의 인식론적 위치와 성격은 어떻게 규정될 수 있는가? 유기체론에 대한 학문적 설명은 원리적으로 물리학이나 화학에 대한 설명과 어떤 차이가 있는가? 칸트의 목적론적 유기체론에 대해서 어떤 평가가 가능하고, 그 철학사적 의미를 어떻게 규정할 수 있는가?

이 세계 속에 살고 있는 유기체적 존재자들은 우연적으로 존재하는가, 또는 기계적으로 존재하는가? 그렇지 않으면 그것들은 어떤 목적을 가지고 있는가? 이러한 물음들은 아리스토텔레스의 자연철학 이래로 계속되어 왔으며, 칸트의 『판단력비판』에 이르게 되면서

가장 중요한 과제 중의 하나로 설정되고 있다. 또한 칸트에 의하여
주도적으로 논의된 목적론적 유기체론은 그 이후 삶의 철학이나 철
학적 인간학¹⁾의 영역에서 새로운 차원으로 전개되었으며, 오늘날
유기체를 인식하는데 있어서도 기계적 화학적 법칙들 이외에 어떤
특정한 원리를 전제할 수 있는가에 대한 논의는 데카르트나 라이프
니츠의 시대보다 더 활발하게 전개되고 있다.²⁾

　고대의 유기체 사상은 두 방향, 즉 기계적 자연 이해와 목적론적
자연 이해로 전개되어 왔다. 첫 번째의 생물학적 세계관은 삶을 기
계적 법칙으로 접근하여 살아 있는 유기체에서의 고유한 존재론적
특성을 제거해 버리는 방향으로 전개된다. 이처럼 기계적 인과성에
기초하고 있는 생물학은 살아 있는 모든 존재들을 죽어 있는 아르
케적인 것으로 환원하려는 경향으로서, 엠페도클레스³⁾로부터 모노
(J. Mono)⁴⁾에 이르기까지 계속 유지되면서 현대 생물학에서는 다
시 주도적인 경향으로 부각되고 있다. 두 번째의 생물학적 세계관은
아리스토텔레스로부터 기인되는 목적론적 생명 사상이다. 아리스토
텔레스는 생명 존재에 있어서의 모든 부분들을 그 전체적인 생명

1) Plessner, Helmuth: *Die Stufen des Organischen und der Mensch. Berlin,* New
York 1975; □ : Ein Newton des Grasharlms, in: *Die Frage nach der Conditio
humana. Aufsätze zur philosophischen Anthropologie.* Frankfurt 1976. Scheler,
Max: *Die Stellung des Menschen im Kosmos*, in: Gesammelte Werke Bd. 9.
Bern 1976. Uexküll, Jakob von: *Theoretische Biologie.* Berlin 1920; □ : *Der Sinn
des Lebens.* Stuttgart 1977.
2) Düsing, K.: *Naturteleologie und Metaphysik bei Kant und Hegel*, in: H. -F.
Fulda u. R. -P. Horstmann: *Hegel und die "Kritik der Urteilskraft".* Stuttgart
1990.
3) 엠페도클레스(BC.490?-430)는 네 개의 '뿌리'(rhizomata)가 사랑과 미움의 투쟁
원리에 의하여 이 세계 존재자들로 형성되었다고 주장한다. 그러므로 여기에서
생명체는 물질적 근원에 의하여 설명된다.
4) Monod, Jacques: *Zufall und Notwendigkeit.* München 1971, als dtv Bd. 1069,
München 1975.

현상을 향한 합목적성 아래서 움직인다고 파악하였다.5) 그리하여
희랍철학 이래로 생명 현상을 기계적 인과성만으로 파악하여 살아
있는 것과 죽은 것의 차이를 제거하려는 입장과, 생명현상은 결코
기계적 인과성만으로는 파악될 수 없으며 그와는 전혀 다른 새로운
인과성, 즉 목적론적 인과성에 의하여 포착할 수 있다는, 철저하게
양립 불가능한 두 가지 유형의 생물학적 세계 이해가 극단화되기에
이르렀다.6)

16, 17세기에 자연과학이 비약적으로 발전하면서 목적론적 사고
는 급격하게 퇴조하기 시작하였다. 갈릴레이, 파라켈수스와 같은 과
학자들, 베이컨, 홉즈, 데카르트, 스피노자와 같은 철학자들은 자연
적인 원인만으로 유기체를 설명하려는 시도를 하였다. 그리고 이러
한 노력은 자연 존재자를 역학적인 원인과 법칙만으로 설명하려는
요구로 나타나기 시작하였다. 갈릴레이와 뉴턴의 역학, 그리고 케플
러와 라이프니츠의 수학적 물리학은 목적론의 위상을 결정적으로
위협하기 시작하였다. 데카르트 역시 물리적 현상들뿐만 아니라 생
물학적 현상들까지도 역학적 인과론적으로 결정되는 것이라고 주장
하였다. 데카르트의 후계자들은 인간의 심리 현상까지도 역학적 원
리로 설명하려고 시도하였다. 특히 라메트리는 인간을 복잡한 역학

---

5) 아리스토텔레스는 학문적 생물학의 창시자로서 경험적 연구에 의하여 생명 현상
이 같은 종에서 발생한다는 사실과 생명을 가진 유기체적 존재자가 어떤 목적을
가지고 활동하고 있다는 사실을 밝혔다. 그에 의하면, "자연적으로 생성된 존재
자들은 무엇인가를 향하고 있다. [...] 예를 들면 식물의 경우에 잎이 열매를 보
호하는 것처럼, 어떤 한 목적에 기여하는 것들이 생겨나는 것 같다. 그러므로 제
비가 그 집을 짓고 거미가 거미줄을 치는 것이 자연적인 일임과 동시에 무엇인
가를 겨냥하고 있는 일이라면, 또한 식물의 잎이 돋는 것은 열매를 위한 것이고,
그 뿌리가 위를 향하지 않고 아래로 내려가는 것이 영양분을 섭취하기 위한 것
이라면, 분명히 이와 같은 유형의 원인은 자연적으로 생성된 존재자에 나타난
다"(『자연학』, 제2권 제8장 198b34-199a8).

6) Löw, Reinhard: *Philosophie des Lebendigen. Der Begriff des Organischen bei
Kant, sein Grund und seine Aktualität*. Frankfurt 1980. S. 23f, 34-53.

적 원리들에 따르는 하나의 단순한 기계라고 보았다. 이와 같은 기계적 결정론에 의하면 자연은 필연적으로 상호 결합되어 결코 분리될 수 없는 유일한 인과 연쇄라고 파악된다.

한편 아리스토텔레스에 의하여 주장된 합목적적인 유기체 사상은 근대에 이르게 되면서 생기론(Vitalismus)에 의하여 전승된다. 아리스토텔레스는 태아 발생이 후성설(Epigenesistheorie)에 의하여 이루어진다고 보았다. 태아의 구성 부분들은 전성설(Präformations-lehre)에서 주장하는 것처럼 미리 주어져 있는 것이 아니라 정자에 내재해 있는 운동 원리와 형성 원리에 의해 모체로부터 발생된다. 종자는 현실적으로 존재하는 유기체로부터 그 형성 원리를 받아 혼을 얻게 된다. 이와 같은 아리스토텔레스적 전통을 충실하게 전승한 하비(Harvey)는 중세의 자연 발생론을 부정하고 "모든 생물은 배(胚)로부터 생긴다"(omne animal ex ovo)라는 정식을 세우게 된다. 이러한 생각은 칸트 시대에 블루멘바하7)의 '형성충동'(nisus forma-tivus)이라는 개념을 통하여 계속 전승되고 있었다. 생기론은 현대에 이르러서 드리쉬8)나 베르그송9)에 의하여 전개되고 있다.

칸트의 목적론적 세계 이해는 근대의 기계론적 자연 이해에 대한 반대 입장이라는 사실을 넘어서서, 기계적 생명론과 목적론적 생명 이해를 통일적으로 조화시키려는 시도로 발전되고 있다. 그는 기계론과 생기론의 한계를 동시에 극복하려고 하였다. 칸트는 『판단력 비판』에서 반성적 판단력의 선험적 원리에 근거한 자연의 합목적성을 단초로 자연 존재자를 파악한다. 우리는 그와 같은 합목적성을

---

7) Blumenbach, J. F.: *Über den Bildungstrieb und das Zeugungsgeschäft*e. Göttingen 1781, repr. Stuttgart 1971 (ed. Karolyi).
8) Driesch, Hans: *Philosophie des Organischen*. Leipzig 1909. □: *Die Geschichte des Vitalismus*. Leipzig 1922.
9) Bergson, Henri: *Schöpferische Entwicklung*. Paris 1907, Jena 1912.

전제로 하여 특수하게 규정된 모든 자연의 다양성을 통일적으로 이해할 수 있는 원리를 기대하게 된다. 그리하여 물리적으로, 단순한 자연 기계론에 의하여 파악할 수 없는 유기체와 같은 특수한 형식들은 반성적 판단력에 의하여 포착되고 이해 가능한 것으로 상정된다. 칸트 이후로 데카르트의 기계적 자연 이론에 반대하여 유기체를 자연 기계론에서 분리하여 목적론적 원리로서 포착하려는 움직임은 셸링과 헤겔이 주도하는 독일 관념론 시기에 이르러 그 절정에 달하였다. 특히 칸트철학에 대한 비판을 주도한 헤겔이 칸트의『판단력비판』, 특히 유기체의 내적 합목적성에 대한 칸트의 견해에 대하여 호의적이었던 것은 주목할 만하다.

　이 글에서는 칸트 이전의 시대에 유기체적 존재자를 파악하는 방식에 있어서 근본적인 대립을 보여 왔던 기계론과 생기론의 사상을 칸트가 어떤 대안을 가지고 작업하고 있으며, 그와 같은 칸트의 대안이 가지고 있는 철학적 의미를 중점적으로 규명하게 될 것이다. 그리하여 칸트가『판단력비판』에서 개진하고 있는 유기체적 존재자들에 대한 목적론적 고찰의 주요 내용이 무엇이며, 자연 목적을 인식할 수 있는 정당성 근거가 어떻게 확보될 수 있는가가 우선적으로 다루어지게 될 것이다. 그리고 될 수 있으면 칸트 자신의 이러한 시도가 '반성적 판단력'이라는 개념의 확보와 더불어 인간중심주의(Anthropozentrismus) 또는 의인신론(Anthropomorphismus)으로 귀결됨으로써, 결국 유기체적 존재자의 자연 목적에 관한 논의들이 우주에 있어서 인간의 위치를 설정하는 것과 깊은 관계가 있다는 사실을 드러내고자 할 것이다. 우리는 칸트의 이 같은 시도에서 삶의 철학과 철학적 인간학의 주제적 가능성을 보게 된다.

2. 자연의 합목적성에 대한 여러 체계들

칸트는 자연의 합목적성에 대해서 그 이전부터 시도된 여러 체계들을 비판적으로 논의한다. 그리고 자연의 합목적성에 대한 원칙들이 주관적 타당성만을 가지는 판단력의 격률에 지나지 않는가, 그렇지 않으면 자연의 객관적 원리인가라는 문제를 계속 제기한다. 자연에는 운동 법칙을 따르는 기계적 조직 이외에 또 다른 종류의 인과성(목적인)이 존재하는가? 그리고 기계적 인과성 이외의 새로운 인과성이 요구되는 경우에 그것은 이 새로운 법칙 아래 종속되는 것인가라는 문제도 제기되고 있다. 그러나 칸트에 의하면 자연 과학의 안에서 기계적 인과성 이외의 새로운 인과성을 도입할 권리가 우리에게 주어진 것은 아니다. 그러므로 자연의 목적에 접근할 수 있는 유일한 길은 유비적 관계에서 파악한 자연의 이념(Idee)에 의해서 주어질 수밖에 없다.

우리는 자연의 산물들에 있어서 목적과 유사한 것을 발견하게 되는데, 이러한 자연의 활동 방식 또는 인과성을 기술(Technik)이라고 부른다. 그리고 기술은 의도적인 기술(technica intentionalis)과 무의도적인 자연의 기술(technica naturalis)로 구분된다. 자연의 의도적 기술은 목적인에 따르는 자연의 생산 능력을 뜻하는데, 이것은 특수한 종류의 인과성이다. 자연의 무의도적 기술은 근본에 있어서 자연의 기계적 조직과 동일한 것이다. 그러나 자연을 판정하는데 있어서, 그것은 우리의 기술 개념과 그 규칙에 우연적으로 합치되는 주관적 조건이라는 사실에서, 특수한 종류의 자연적 산물이라고 잘못 해석되고 있다.[10] 그리고 칸트는 이와 같은 자연 기술의 개념에 근거하여 자연 생산력의 체계를 자연 목적의 '관념론' 체계와 자연

---

10) Kant, I.: *Kritik der Urteilskraft*. Berlin 1799. S. 321, Abk.: *KU.*

목적의 '실재론' 체계로 구분한다. 자연 목적의 관념론은 자연의 모든 합목적성은 무의도적이라고 주장하고, 자연 목적의 실재론은 자연에 있어서 어떤 존재자들, 특히 유기체적 존재자들의 경우에 있어서의 합목적성은 의도적이라고 주장한다. 자연 목적의 관념론은 자연의 산물들의 합목적적 형식을 규정함에 있어서 자연을 '인과성'(Kausalität)이나 '숙명성'(Fatalität)으로 설명하려고 한다. 인과적 관념론의 원리는 데모크리토스나 에피쿠로스와 같은 원자론적 철학에서 기인되고 있으며, 세계의 모든 존재 현상을 하나의 통일적인 인과성의 원리에 의하여 환원하려는 시도인 것이다. 숙명적 관념론의 원리는 스피노자의 범신론적 세계관에서 비롯되고 있으며, 물질 존재 및 자연 세계를 초물리적 존립 근거에서 설명하려고 시도한다 (*KU*, 322). 이 두 가지 입장에서는 어떤 의도적인 자연 기술의 흔적이 드러나 있지 않다.

1) 자연 목적의 관념론

자연의 의도적 기술을 부정하는 자연 목적의 관념론은 기계적 인과성만으로 자연 세계를 설명하려는 인과적 관념론과 모든 자연 존재자를 어떤 한 실체의 우연적 속성으로 파악하는 숙명적 관념론으로 구분한다.

인과적 관념론자들은 자연 사물이 목적인의 원리에 의하여 합목적적으로 운동하는 것을 인정하지만, 이 인과성이 그 합목적적 산출을 하도록 의도적으로 규정되어 있다는 사실, 즉 어떤 목적이 그 원인이라고 하는 것을 부인한다. 따라서 여기에서는 자연 기술과 기계적 인과성의 차이가 전혀 구분될 필요가 없고, 산출된 산물들과 그 목적이 우리의 개념들과 합치하는가의 문제도 맹목적인 우연성에 근거하여 설명된다(*KU*, 324f).

숙명적 관념론자들은 자연 목적의 가능 근거를 하나의 실체로 환원하려고 함으로써 자연의 실재성을 제거하려고 한다. 이들은 자연의 목적을 "하나의 근원적 존재자에 내속하는 우유성"(für einem Urwesen inhärierende Akzidenzen)으로 인식하고, 이 근원적 존재자를 자연 사물들의 기체로 간주하기 때문에, 자연 사물들은 인과적 결합이 아닌 단순한 존립(Subsistenz)만을 유지하게 된다. 그리하여 스피노자주의는 자연 사물들의 목적 연결의 설명 근거를 제시함에 있어서 자연 사물들이 속하고 있는 주체의 통일만을 지적하고 있다. 그러나 칸트에 의하면 그 같은 존재론적 통일은 아직 목적 통일이라 할 수도 없고 또한 이 목적 통일을 설명해주는 것도 아니다. 왜냐하면 이 목적 통일성은 근원적 존재자인 어떤 주체 안에서의 사물들의 결합으로부터 나오는 것이 아니고, 지성을 가진 어떤 하나의 원인과의 관계로부터 제시되기 때문이다. 그렇지만 비록 이와 같은 모든 사물들이 하나의 주체 속에 통일되어 있다 할지라도, 만일 '실체의 작용'(Wirkungen der Substanz)이 원인, 그것도 특히 그 지성에 의한 원인으로 생각되지 않는 경우에는, 그런 존재적 통일성은 목적 관계를 나타내고 있다고 볼 수 없다. 그것은 자연적 필연성이나 맹목적 필연성일 수는 있지만 자연의 합목적성은 아니기 때문이다 (*KU*, 326).

2) 자연 목적의 실재론

자연 목적의 실재론은 물리적 실재론과 초물리적 실재론으로 구분된다. 물리적 실재론은 자연에 있어서 목적의 근거를 의도를 가지고 행위하는 능력을 가진 유비적 존재자인 '물질의 생명'(Leben der Materie)에 두고 있는 물활론(Hylozoismus)을 말한다. 이 물질의 생명은 물질 안에 부여되거나 또는 생기를 넣어 주는 내적 원리(ein belebendes inneres Prinzip), 즉 '세계 영혼'(Weltseele)에 의하여 부여된다. 초물리적 실재론은 자연에 있어서의 목적을 우주의 근원적 근거로부터, 즉 의도를 가지고 산출하며 근원적으로 살아 있는 지성 존재자로부터 도출한 유신론(Theismus)을 말한다(*KU*, 323).

자연의 의도적 기술을 긍정하는 자연 목적의 실재론자들은 특수한 종류의 인과성을 통찰할 수 있다고 믿는다. 그리고 특히 물활론자들은 물질 안에 생명 원리가 깃들어 있으며, 물질 그 자체가 특정한 모습으로 살아 있다고 생각한다. 그러나 칸트에 의하면 살아 있는 물질(lebende Materie)의 가능성은 생각될 수 없다. 왜냐하면 물질의 본질적 특성은 무생명(Leblosigkeit) 또는 비활동성(inertia)이므로, 생명을 가진 물질이라는 개념은 모순에 직면하기 때문이다. 생명을 가진 물질, 또는 하나의 동물과 같은 전체적 자연의 가능성은 합목적성이 소규모의 자연의 유기적 조직에 있어서 우리에게 경험적으로 나타나는 경우에만 사용될 수 있으나, 그 가능성이 선천적으로 통찰될 수는 없는 것이다. 그리하여 칸트는 유기체적 존재자들에 있어서 자연의 합목적성을 물질의 생명으로부터 도출하려고 하면서도 이 물질의 생명을 다시 유기체적 존재자들에게서만 인지하려 하고, 또한 그런 경험 없이 합목적성의 가능성이 이해될 수 없다면, 그것은 순환논법에 빠지게 된다고 지적한다(*KU*, 327f).

유신론은 자연 목적의 가능성을 목적론에 대한 열쇠라고 독단적으로 정초한다. 유신론은 지성을 가진 근원적 존재자를 상정하여 자연 목적에 있어서 자연의 의도적 기술을 인정한다. 자연 존재자의 존재 근원을 신적 원인으로부터 찾으려는 모든 시도가 여기에 속한다. 그리고 칸트는 유신론이 자연의 의도적 기술을 보여주는 데 있어서 모든 다른 설명보다 우월하지만, 유신론도 역시 자연 목적의 가능성을 정초하지 못한다고 비판한다. 자연 목적의 통일 근거를 자연을 넘어서서 정립하려면 우선 물질에서의 목적통일이 물질의 한

갖된 기계적 조직에 의해서는 불가능하다는 것이 규정적 판단력으로 입증되어야 하는 데, 그것은 결코 불가능하기 때문이다. 그렇기 때문에 칸트는 자연존재자, 특히 유기체적 존재자를 기계적 인과성에 의하여 접근하려는 시도에는 무리가 있다고 본다. 그래서 칸트는 "자연의 한갓 기계적인 원리들에 따라서는 유기체적 존재자와 그 내적 가능성을 결코 충분하게 알 수 없으며 설명할 수 없다는 것은 확실하다"고 말한다(*KU*, 337). 과학이 고도로 발전한 미래에 있어서도 자연을 기계적 인과성으로만 파악하려는 "아마 언젠가는 뉴턴과 같은 사람이 나타나서, 한 그루의 풀줄기의 산출조차도 자연 법칙에 따라서, 즉 의도가 질서를 세워준 것이 아닌 자연 법칙에 따라서 설명하리라고 예측한다거나 기대하는 것만도 인간에게는 불합리한 일이요, 오히려 우리는 이러한 통찰을 인간에게는 절대로 거부하지 않으면 안 된다"는 것이다(*KU*, 338). 이것은 칸트가 자연 인과성의 법칙을 거부하고 자연 목적론으로 대체하려는 것이 아니라, 우리의 인식 능력, 특히 논증적 지성 능력의 한계를 겨냥한 표현이다. 우리의 인식 능력에 비추어 볼 때 우리는 물질의 기계적 조직의 일차적인 내적 근거조차도 통찰하지 못하므로 물질에 있어서 특정한 목적 관계들의 원리를 찾지 못한다. 자연 목적을 파악하는 유일한 방법으로는 이제 세계 원인이 되는 최고의 지성에 의한 판정 가능성만 남게 되는데, 이것도 역시 객관적 주장을 펼 수 있는 규정적 판단력의 대상이 아니고 반성적 판단력의 근거에 불과한 것이다(*KU*, 328f). 최고 존재자인 신이 자연존재자에게 합목적성을 부여한다는 사실은 규정적 판단력의 인식 대상이 아니므로 이론적으로 증명되거나 반박될 수 없다는 이성 사용의 통제적 원칙에 저촉된다. "우리가 정당하게 자연목적이라고 부르는 것의 근저에는 의도에 따라 활동하는 존재자가 세계 원인(창조자)으로서 있는가 어떤가라는 명제에 관해서는 객관적으로는 긍정적이거나 부정적으로 판단을 전혀 내릴 수가 없다"(*KU*, 338).

그러므로 이제 자연의 합목적성의 개념은 지성의 범주적 인과성의 유비로부터 자연 속에서 의도적으로 작용하는 하나의 원인을 반성적 판단력에 의하여 추론하게 된다. 그리하여 칸트는 "우리가 자연을 그 유기적 산물들에 있어서나 부단한 관찰을 통하여 탐구하려고 하는 경우, 우리는 자연의 근저에 하나의 의도라는 개념을 반드시 인정하지 않을 수 없다"고 말한다(*KU*, 334). 그리고 전체로서의 자연은 우리에게 유기적인 것으로서 주어져 있는 것이 아니기 때문에, 세계의 밖에 존재하는 의도를 가진 지성적 존재자에 근거한다는 신학적 설명 근거가 유일한 것처럼 생각된다(*KU*, 335). 자연에 있어서의 목적은 하나의 최고 원인의 의도적 인과성이라는 원리 이외의 다른 원리에 의해서는 사유될 수 없다. 그리하여 사람들은 "세계에 있어서의 유기체적 존재자는 의도적으로 작용하는 원인에 의해서만 가능할 뿐이다"(*KU*, 336)라고 말한다. 그러나 "하나의 지성적인 근원적 존재자가 있다"는 명제도 역시 객관적으로 입증할 수는 없다. "신이 존재한다"는 것도 우리의 반성적 판단력에만 기인하는 명제일 뿐이다. 우리는 다만 제한적인 방식으로 "우리가 많은 자연 사물의 내적 가능성을 인식하는데서 조차도 그 근저에는 합목적성이 인정되지 않으면 안 되는데, 우리가 이러한 합목적성을 사유할 수 있고 이해할 수 있기 위해서, 우리는 그러한 자연 사물들과 일반으로 세계를 하나의 지성적 원인(하나의 신)의 산물로서 표상하는 수밖에 없다"(*KU*, 337). 결론적으로 칸트는 자연 목적의 관념론이나 실재론 모두가 자연과 유기체적 존재자를 완전하게 설명하지 못한 것으로 간주하면서 비판적 목적론을 하나의 가능한 대안으로 제시한다.

3. 18세기 생명이론에 대한 칸트의 비판

칸트는 목적론적 판단력의 방법론에서 "목적론은 자연학에 속하는 것인가"라는 물음을 제기하고 있다(*KU*, 365). 자연 산출과 그 원인을 대상으로 하는 목적론은 자연학에 속하는 것인가, 그렇지 않으면 신학에 속하는 것인가? 이러한 물음에 대해서 칸트는 반성적 판단력의 대상이 되는 목적론이 자연의 결과에 관한 객관적 근거를 제시하기 위해서 규정적 원리들을 필요로 하는 자연학과는 전적으로 다른 것이라고 대답한다. 자연 산물을 설명하기 위해서 할 수 있는 데까지는 자연의 기계적 인과성을 소급해 나가는 것이 합리적인 일이지만, 유기체적 존재자를 판정할 경우에 기계적 인과성의 원리는 목적론적 원리아래 포섭되어야 한다는 것이다. 그렇다고 해서 목적론이 신학일 수도 없다. 칸트가 자연 신학을 비판한 이유는 바로 이론적으로 논증 불가능한 명제에 범주적 구성적 특성을 부여하려는 초월적-독단적 경향에 있었다. 그러나 반성적 판단력을 매개로 하는 칸트의 목적론은 통제적인 의미에서 엄격하게 한정되고 있다.

자연 존재자, 특히 생명을 가진 유기체적 존재자가 어떻게 발생하고 전개하는가에 대한 칸트의 논의는 그 당시의 주요한 생물학 이론에 대한 비판으로부터 출발한다. 칸트는 우선 비교 해부학을 이용하여 유기적 자연 존재자들의 체계적 유사성과 기본 구조를 작업하는 일이 중요하다고 평가한다. 이러한 노력은 자연 존재자들의 산출 근거를 추론하기 위하여 고등 동물에서 미생물, 그리고 원초적인 물질에 이르기까지 계속된다. 그러나 이와 같은 천연 물질과 그 힘으로부터 자연의 모든 기술이 기계적 법칙에 의거하여 나오는 것처럼 보이지만, 이 기술만으로 유기체적 존재자를 이해하기는 어렵기 때문에 다른 원리를 생각하게 된 것이다(*KU*, 369). 다른 한편 자연의 고고학자들은 기계적 인과성에 의거하여 가장 오래된 자연 발생과 그 흔적들로부터 피조물들의 유사성을 찾으려고 한다. 개전론자들에 대한 칸트의 비판적 논의는 칸트가 다윈의 진화설을 예고한 것처럼 보이게 하기도 한다.[11] 혼돈 상태에서 나온 지구의 모태로부터 처음에는 보다 덜 합목적적인 형식을 갖춘 생물들이 나오고, 다시 이 생물들에서 다른 생물들이 계속적으로 산출되어 환경과 그 상호관계에 더 잘 적응되는 생물들로 발전되어 간다. 그리고 이 모태 자체는 경화되어 그 소산을 더 이상 변종하지 않는 일정한 종으로 한정시켜 버린다. 그러므로 이 모든 생물들에게 합목적적으로 세워져 있는 유기적 조직은 이러한 보편적 모태 아래에서만 그 자연목적이 포착될 수 있다고 보는 것이다(*KU*, 370f).

1) 기회원인론과 예정설

유기체적 존재자들의 산출에 관한 목적론적 원리는 '기회원인론'(Okkasionalism)이나 '예정설'(Prästabilism)에 기초하여 상정될 수 있다(*KU*, 375).

기회원인론에 의하면 최고의 세계 원인은 생식의 기회가 있을 때마다 그 속에서 혼합되는 물질에 직접적으로 유기적 형성을 부여한다. 시계 제작자와 같은 역할을 수행하는 신은 우연적으로 물체에다가 영혼을 부여한다는 것이다. 기회원인론을 기초한 유물론자 괴링크스(Geulincx)나 말브랑쉬(Malbranche)는 데카르트가 이원론적으로 전제한 심신의 상호작용을 부정하고 제 삼자인 신의 기회적 간섭에 의하여 설명하려고 시도하였다. 말브랑쉬는 배(胚) 속에 있는

---

11) 칸트와 다윈의 관계에 대한 논의는 Langenbeck, W.: *Kant als Vorläufer Darwins*, in: Biolog. Rundschau. Jena 7(1969) S. 214-216; Lehmann, G.: *Kant und der Evolutionismus*, in: Kant-Studien 53, 1961/2, S. 389-410; Lenz, Fritz: *Kant und die Abstammungslehre*, in: Unsere Welt 37, 1945; Schultze, F.: *Kant und Darwin*. Jena 1875 등의 문헌을 참조

'아주 미세한 유기체'(Miniatur-Organismus), 특히 인간의 경우에는
아주 작은 정자 인간이 상자에 보관되어 있다가 투입됨(Einschach-
telung)으로써 계속 산출된다고 주장하였다.[12] 그에 의하면 유기체
적 존재자에 있어서 모든 조직체(신체)는 신이 정신에 붙여 놓은 기
계에 지나지 않는다. 칸트는 만일 우리가 유기체적 존재자의 산출에
있어서 기회원인론을 받아들이면, 그 경우 일체의 자연은 완전히 소
멸할 것이며, 동시에 이러한 종류의 산물들의 가능에 관하여 판단하
는 일체의 이성 사용도 사라질 것이라고 지적한다(KU, 375).

그러나 예정설에 의하면 이 최고의 세계 원인 또는 신은 가장 최
초의 창조물 속에 가능한 생산력이나 산출 조직을 부여하고, 이를
통하여 계속적인 개체 발생이 가능하게 한다. 이 자연 소질에 의하
여 하나의 유기체적 존재자는 자기와 같은 것을 산출하고, 종은 자
기 존재를 보존하며, 또한 개체의 소멸 역시 그 개체의 새로운 산출
에 의하여 연속적으로 보충된다(KU, 375). 예정설에는 자기와 같은
것으로부터 산출된 각 유기체적 존재자를 자기와 같은 것의 추출물
(Zeugung als bloßer Edukte)로 보는 개체적 전성설(individuelle
Präformation) 또는 개전설(Evolutionstheorie)과, 생식을 그 산출물
(Zeugung als Produkte)로 보는 신생설(Epigenesis) 또는 종적 전생
설(genetische Präformation)이 있다. 종적 전생설은 생식자의 생산
능력이 그 종족에게 부여된 내적 합목적적 소질에 의하여 잠재적으
로 미리 형성되면서 그 종적 형식을 미리 규정하기 때문에 내전설
(Involutionstheorie)이라고도 한다(KU, 376).

2) 전성설

---

12) MacLaughlin, Peter: *Kants Kritik der teleologischen Urteilskraft*. Bonn 1989.
S. 14.

18세기에 칸트가 생물학적 현상들에 대한 철학적 관심을 갖기 시작했을 때는 그동안 맹위를 떨쳤던 기계론적 전성설이 차츰 퇴조하는 경향을 보이고 있었다. 칸트 시대의 생물학은 고전적인 전성설 (Präformationstheorie)에 대한 반동적 경향으로 특징지워진다. 전성설을 주장하는 사람들은 모든 생명현상이 창조 이전에 미리부터 배 (胚, Keime) 속에 존재하고, 그것은 기계적 인과성의 법칙에 의하여 전개(Evolution)되거나 상자 속에 비치된 것이 투입됨으로써 개체로 실현된다고 믿었다. 다시 말해서 이들은 모든 생물의 종은 신에 의하여 창조되었으며, 따라서 생명을 가진 모든 유기체적 존재자들은 신에 의한 단 한번의 창조활동에 의하여 특정한 씨앗의 형태로 이미 고정되었다고 주장하였다. 그리하여 전성론자들은 모든 생물의 종적 발생은 특정한 유기체의 완전한 형상을 담고 있는 씨앗으로부터의 출현인 동시에 상자 속에 담긴 최초 씨앗의 완전한 복제라고 생각하였다. 이 씨앗 속에는 완성된 개체의 모습이 축소된 채로 미리 갖추어져 있다는 것이다. 따라서 완전한 종적 특성을 갖춘 씨앗이 암수 어느 쪽에 속하는지에 대한 논란이 제기될 수밖에 없었으며, 정자에 씨앗이 들어 있다는 애니멀큘리즘(Animalkulisten)과 난자에 들어 있다는 오비즘(Ovulisten)이 대립되기도 하였다.

전자는 주로 뢰벤후크(Leeuwenhoek), 하르트쉐커(Hartsoeker), 라이프니츠(Leibniz), 보어하브(Boerhaave)에 의하여 주장되었으며, 정자를 일종의 동물로 간주하고 난자는 이를 위한 영양소로 생각하였다. 1677년에 뢰벤후크가 정자 동물(Samentierchen)에 관한 이론을 발표한 후에, 하르트쉐커는 이 작은 정자 형태의 인간을 '호문쿠루스'(homunkulus)라고 부르기도 하였다. 그리고 후자는 쉬밤머담 (Schwammerdam), 말피기(Malpighi), 발리스니에리(Vallisnieri), 보네트(Bonnet), 할러(Haller), 슈팔란자니(Spallanzani), 그리고 말브랑쉬 (Malebranche) 등에 의하여 지지되었다.[13]

고전적인 전성설 또는 상자이론은 신학적으로 창조설을 절대적으로 지지하는 입장에 있었기 때문에 막강한 힘을 가지고 있었고, 생물학적인 종의 계속성은 신적인 형상인을 기계론적으로 해석함으로써 유지되었다. 따라서 이 시기의 생물학에서는 아리스토텔레스의 4원인설 가운데서 형상인만이 수용되었으며, 자연현상에 대한 설명을 위해서 작용인이나 목적인이 들어설 수 있는 여지가 전혀 없었다.

17세기 중엽의 기계론에서는 유기체를 자동 기계의 운동과 같은 기계적 인과성으로 설명하였으나, 어떻게 물질로부터 배자가 유기화되고, 또한 운동하는 물질이 어떻게 복잡한 유기적 조직체를 만들 수 있는가라는 문제에 부딪치면서 무너지기 시작하였다.

전성설이 몰락한 구체적 사유로서는, 첫째로 지리학이나 우주론의 학문적 발전과 더불어 전성설에서 말하는 배자가 우주보다 더 먼저 있다는 전제는 잘못된 것으로 인식되기 시작하였다. 만일 배자가 먼저 있다면 신이 나중에 동물과 식물을 창조한 것은 기존의 세계에 대한 특별한 간섭이 되고, 이것은 이신론(Deismus)에 있어서 기적을 의미한다. 또한 지구와 태양계가 성립되기 이전에 유기체 조직이 존재한다면 이신론의 체계와 합치되지 않으며, 자연 과정에 대한 설명을 초자연적으로 환원함으로써 학문의 종말을 가져온 셈이 된다. 우주론적으로 지구가 태양으로부터 분리되어 생물이 살 수 있는 환경으로 되기까지 무수한 시간이 소요되었다면 창조 이전부터 주어진 씨앗들은 도대체 어디에서 보관되고 있다가 드러나게 되는가라는 의문이 생기기도 한다.

둘째로, 1700년경 레이(John Ray)가 유기체는 일반적 종의 생식 능력에 의하여 확정된다고 함으로써 유개념의 기준을 마련하였다.

---

13) Löw, Reinhard: *Philosophie des Lebendigen*. Frankfurt 1979, S. 101f.

그런데 전성설에 의하면 배자는 수컷이나 암컷의 어느 한 편의 성에 의하여 결정되기 때문에, 잡종의 출현에 대하여 설명할 방법이 없게 된다. 당나귀와 같이 새끼를 낳을 수 없는 잡종이 창조 이전에 미리부터 주어진 것이라면 그것은 동일한 종을 산출할 수 있어야 한다. 그러나 이러한 잡종은 결코 새끼를 낳을 수 없으며, 특별한 종들 사이에서 태어난 것이다.

셋째로, 전성설은 자연 과학의 발달로 인하여 일반적으로 다른 학문 영역에 적용되는 원자론과 모순되는 것으로 알려졌다. 원자론에서는 물질의 분할 가능성에 한계가 있다고 보지만, 전성설론자들은 원리적으로 물질의 무한 분할이 가능하다고 주장한다.

넷째로, 1700년부터 뢰벤훅(Leeuwenhoek)이 해파리가 재생산 능력을 가지고 있다는 사실을 연구하면서 기계적 인과성으로 설명을 시도하는 전성설 대신에 생식과 재생산 능력을 보다 중시하는 신생설이 복권되기 시작하였다. 이로부터 생물학에서는 아리스토텔레스주의의 르네상스가 일어났다. 칸트에서 생물학에 대한 관심은 전성설에 기초한 원자론적 범생설(Pangenesis)과 아리스토텔레스적인 신생설 사이의 대립을 극복하려는데 집중되고 있다.[14]

개전설(Evolutionstheorie)은 각 개체를 자연의 형성력에서 제외하여 직접 창조자의 손으로부터 이끌어 내려는 시도로서 전성설을 약간 수정한 형태의 발전 이론이다. 전성설에 의하면 각각의 유기체는 배자 속에 미리 존재하여 이것이 기계적인 발전 과정에 의하여 단순히 양적으로 성장하고 확대 전개된 것에 지나지 않는다. 이러한 배자는 창조 이전에 신에 의하여 미리 주어져 있다. 그러나 개전설에서는 최고의 지성적 세계 원인이 그때마다의 형식적인 교접 행위에 직접 간여하여 태아를 형성하고, 모태에게는 단지 이 태아의 발

---

14) MacLaughlin, Peter: *Kants Kritik der teleologischen Urteilskraft.* Bonn 1989. S. 9-24: Die Theorie des Organismus um 1750.

육과 영양만을 위임한다고 보았다. 유기체가 세계의 시초가 아닌 세계 역사의 과정 속에서 발생한다는 점에서 개전설은 기계론적 전성설과 구분된다. 그러나 개전론자들은 이러한 유기체의 발생과 발전이 다른 유형의 전성설이라고 할 수 있는 기회원인론의 가설에 의하여 성립된다고 보지 않았다. 그럼에도 불구하고 개전론자들은 초자연적 작용이 세계 도중에 일어난다고 하면서도, 단지 그 유기체의 구성 요소가 신에 의하여 미리 결정된다는 점에서 전생설을 지지하였다. 그러나 만일 개전설이 그때마다의 창조를 인정하는 경우에는, 세계의 시초에 형성된 배자가 오랜 기간 동안 자연 파괴력의 피해를 입지 않고 보존되기 위한 수많은 초자연적 조치들이 무용하게 되는 동시에, 태초에 형성된 무한한 종류의 씨앗들과 그에 해당되는 무한한 수의 존재자들도 헛되게 되므로, 칸트는 결국 개전론자들이 그들의 이론과 모순되는 전생설을 아무 생각없이 지지하였다고 비판한다(*KU*, 377). 또한 칸트는 개전론자들이 자연의 목적이라고 생각할 수 없는 기형에 대해서, 그것을 무목적적 합목적성에 대하여 불쾌감을 주기 위하여 존재하는 합목적적인 것이라고 주장했지만, 잡종의 발생에 대해서는 적절한 설명을 할 수 없었기 때문에 결국 기계적 특성만을 부여하였던 정자에 대하여 합목적적인 형성력을 인정하지 않을 수 없었다고 지적한다(*KU*, 378).

3) 후성설

기계론적 전성설의 모순과 한계를 극복하려는 생물학적 노력이 여러 가지로 시도되었다. 1740년대에 성립된 범생론(Pangenesis-theorie)은 아리스토텔레스주의를 수용 발전시켰던 윌리엄 하비(William Harvey)에 의하여 주도되었으며, 뷔퐁(Buffon)을 비롯한 여러 학자들(Charleton, Maupertuis, Gassendi, Highmore)이 참여하였다. 범생론은 전생설이 배자를 부모 중 한쪽에만 부여한 것을 보완하여 생식과 유전은 난자와 정자가 혼합된 배자(Keim)를 통하여 이루어진다고 주장하였다. 이와 같은 주장은 잡종의 문제를 설명하는 동시에 원자론과도 배치되지 않았으며 지질학적 이론의 영향을 받지 않았다.15) 뷔퐁이 '내적 형식'이라고 불렀던 종이 갖는 유기체적 형식은 씨앗에 담겨있지 않고, 물질적인 유기적 분자들의 힘과 특성 및 그 결합에 의하여 결정되는 것으로 주장되었다. 그리하여 적당한 환경이 주어지면 유기적 분자들의 결합에 의하여 생존 가능한 유기체적 형식이 성립될 수 있다고 보았다. 그러나 범생론 역시 근본적으로 기계론적 설명 방식을 탈피하지 못했기 때문에 생명 현상을 부분에 지나지 않은 물질 입자들이 결합된 부차적인 현상이라고 이해할 수밖에 없었다.

또한 전성설과 개체후성설의 중간입장으로서 라이프니츠를 들 수 있다. 그에 의하면 유기체는 무한하게 작은 기계로까지 분할 소급되며, 이 각각의 모나드는 그 안에서 완전한 목적연관을 이루고 있으므로 어떤 경우에도 우연을 인정할 수 없다고 주장한다(*Löw*, 103f). 라이프니츠는 자연 현상을 기계론적으로 설명하면서도 생명을 가진 존재에 대한 특별한 지위를 거부하지 않았다. 그는 모든 유기체에 대해서 기계론적 설명이 가능하지만 신에 의하여 창조된 자연적인 기계와 인간에 의하여 제작된 기계 사이에는 차이가 있다고 주장하였다. 자연의 기계는 그 무한한 세부 영역까지도 기계적으로 구성되어 있으며, 이 점에 있어서 인간이 만든 기계와는 전적으로 다르다는 것이다. 이처럼 라이프니츠는 세계의 외부 현상을 철저하게 기계론적으로 설명하였으나, 그 각각의 세계(모나드)는 목적론적으로 결

---

15) MacLaughlin, Peter: *Kants Kritik der teleologischen Urteilskraft*. Bonn 1989. S. 20.

합되어 있다고 보았다. 세계 현상에 있어서는 각각의 모나드들이 철저하게 단절된 기계론적 조직체이지만, 각각의 모나드들은 세계 전체와 목적론적 관계를 유지하고 있는 것이다.[16]

개체 후성설(Epigenesistheorie) 또는 신생설은 근원적으로 목적의 인과성에 따라서만 가능한 것으로 표상될 수 있는 사물들에 관해서 자연을 적어도 번식에 관한 한, 단지 개전(Entwicklung)하는 것으로서가 아니라 스스로 드러나 산출(Hervorbringung)하는 것으로 바라본다. 그리하여 생명 현상은 역사 속에 개입하는 신적 원리에 의하여 전개되는 것이 아니고 그 유기체적 존재자들의 내적 원리에 따라 산출된다는 것이다. 다시 말하면 유기체는 영혼이나 생명력의 작용과 더불어 무차별적 포자들로부터 점진적으로 발전한다는 이론이다.

18세기에 성립된 생기론(Vitalismus)에서는 유기체적 존재자의 생명 현상이 단순히 기계학에 기초한 물질의 특성으로 소급될 수 없다고 보고 기계학이 기능할 수 없는, 그러나 어떤 특정한 요소들의 궤도 속에서 활동하는 생명력(Lebenskraft)의 존재를 전제하였다 (Haller). 생기론자들은 기계론적 설명 방식으로 해결되지 않는 생명 현상들에 대해서 뉴턴의 중력이론을 비유로 새로운 해석을 시도하였다. 그들은 보이지 않는 중력 자체에 대해서 그 영향을 관찰함으로써 어떤 힘이 작용하고 있다는 사실을 추론할 수 있었던 것처럼, 역학 체계에서는 아무런 역할도 하지 않지만 유기체의 영역에서 물질의 보다 근본적인 특성을 드러내는 이른바 "생명력"의 개념을 새롭게 도입하였던 것이다. 이것은 입자들의 결합에서 단순히 생기는 것이 아니라 개별적인 입자가 원초적으로 갖고 있는 독특한 존재의 힘이다.

---

16) *Löw*, 88, 99f; Böhme, Gernot: *Klassiker der Naturphilosophie.* München 1989, S. 193f.

　유기체의 영역에서만 현상적으로 나타나는 이러한 힘을 뷔퐁은 '유기적 분자'(organische Moleküle), 할러는 '자극성'(Irritabilität), 그리고 블루멘바하(Blumenbach)는 '형성충동'(Bildungstrieb)이라고 불렀다. 생기론자들은 역학적으로 더 이상 환원할 수 없는 이러한 생명력의 존재를 인정함으로써 기계론과는 구별되고 있다.

　칸트가 그의 저서 『판단력비판』에서 인용하고 있는 블루멘바하(J.F. Blumenbach 1752-1840)는 칸트 시대에 신생설의 대표적인 학자로 알려진 카스파 볼프(Caspar F. Wolff) [17])의 제자였다. 그러나 칸트는 카스파 볼프에 대해서는 전혀 언급하지 않고 블루멘바하를 인용하고 있을 뿐이다. 카스파 볼프에 의하면 유기체에는 물리적인 힘과는 구별되는 어떤 '본질적인 힘'(vis essentialis)이 있다. 이 두 가지 유형의 힘은 비가시적이라는 사실에서는 공통적이지만, 전자에 대한 수학적 형상화는 가능하지만 후자에 대해서는 그렇지 못하다는 사실이다. 그러나 칸트는 유기체에 내재하는 본질적인 힘의 존재를 중력에 대한 유비에서 추론함으로써 물리적 실재성을 부여한 사실에 대해서는 독단적이라고 생각하였다. 또한 볼프가 본질적인 힘의 존재로부터 어떻게 유기체의 합목적적 형식에 도달했는가에 대해서는 충분하게 설명하지 못한 사실에서 칸트는 그에 대한 직접적인 언급을 회피하였던 것처럼 보인다.

　카스파 볼프에 대해서와는 반대로 칸트는 블루멘바하의 주장에 대해서는 상당한 신뢰를 보내고 있다. 블루멘바하는 형성 작용에 대한 자연학적 설명을 유기적 물질로부터 시작하면서 최초의 물질이 기계적 법칙에 의하여 스스로를 만들고, 무생물의 자연적 본성으로부터 생명이 나왔으며, 물질은 합목적성의 형식에 저절로 적응할 수 있었다는 주장들에 대해서 반이성적이라고 단정하면서, 물질에 보

---

17) 그는 전성설의 지지자들이 유기체의 발전을 설명하지 않고 발전 사실을 속인다고 비판하였다(*Löw*, 103).

편적으로 내재하는 기계적 형성력과 구별되는 이른바 유기적 조직
의 근원적인 원리로서 형성충동을 가정하였다. 뉴턴의 중력이론을
빌어서 그는 형성 충동의 타당성 근거를 마련하려고 하였다. 그는
직접적으로 관찰될 수 없는 이러한 숨겨진 성질들이 존재하는 것처
럼, 유기체에는 물체의 조합에서 직접적으로 비롯되지 않은 어떤 힘
이 세포조직에 잠재적으로 기능하고 있다고 가정하였다. 그는 이러
한 힘, 즉 형성 충동이 유기체의 존재를 합목적적인 형식에 도달할
수 있게 한다고 생각하였다. 그러나 칸트는 블루멘바하의 형성충동
이 카스파 볼프의 '본질적인 힘' 보다는 더 적절한 설명을 제공하고
있음에도 불구하고, 그것은 아직도 여전히 신비적이고 초감성적인
요소를 떨쳐버리지 못하고 있다고 생각하였다. 그리하여 칸트는 후
성설 또는 신생설이 그 이전의 생물학 이론보다 진일보 함에도 불
구하고 유기체적 존재자가 그 생명을 얻게 되는 제1의 시초를 규정
하지 못함으로써 자연의 합목적성을 밝히는 데는 실패하였다고 지
적한다(KU, 379).

4) 유기체에 대한 칸트의 입장

칸트는 1756년 이래 자연지리학, 동물학, 그리고 식물학 분야에
대한 많은 강의를 하였다. 생명을 가진 유기체적 존재에 대한 그의
입장은 기계론적 사고와 평행적인 관계를 유지하고 있다.『보편적
자연사』[18]에서 칸트는 태양계의 생성과 전개를 물질의 일반적 법칙
과 특성으로 설명하려고 하였다. 여기에서 그는 유기체는 태양계보
다 더 설명하기 어렵다고 실토한다. 한 포기의 풀과 유충의 산출은
천체의 생성과 운동에 대한 기계론적 설명 이후에 제기될 수 있는

---

18) Kant, I.: *Allgemeine Naturgeschichte und Theorie des Himmels*. 1755, Weischedel-
    Ausgabe Bd. 1, S. 237.

문제였던 것이다.

칸트는 천체이론에서 신의 간섭을 철저하게 배제하였다. 만일 천체가 시간이 경과하면서 형성되었고 유기체가 생존할 수 있는 조건들이 성립되었다면, 물질 자체가 생명을 산출하였거나 또는 신이 이미 성립된 세계에 간섭하여 생명을 창조했을 것이다. 후자의 경우에는 생명 현상은 과학적 설명의 되지 못할 것이다. 그러나 칸트가 다른 천체에 생명을 가진 거주자가 존재할 수 있다(*AN*, 378f)고 주장한 사실에서 볼 때, 그는 생명을 가진 유기체적 존재자가 생존할 수 있는 물리적인 환경이나 조건이 주어질 경우에는 자연발생도 가능하다고 생각하였던 것 같다.

칸트는 1763년에 출판한 『유일 가능한 신 존재 증명』[19]에서 유기체를 학문적인 설명이 필요한 문제로 인식하고 있다. 여기에서 칸트는 "하나의 식물이나 동물의 첫 번째 산출을 보편적인 자연법칙에 의거한 기계적인 산물로 보는 것은 인정될 수 없다"고 주장하였다. 따라서 모든 개체는 신에 의하여 직접 만들어지고, 그 번식은 자연법칙에 위임되었거나(전성설), 그렇지 않으면 어떤 생물만 신에 의하여 만들어지고, 그 나머지는 자연법칙에 따라서 파악할 수 없는 어떤 능력에 의하여 자신과 동일한 것이 산출되었을 것이다(후성설; *EmB*, 680f). 물론 칸트는 전성설은 초자연적 사실들을 전제하고 있기 때문에 후성설적 입장을 선호하였다. 칸트는 전성설과 후성설 가운데서 어떤 것이 옳은가를 규명하기 보다는 가능한 한 초자연적인 사실들에 대해서는 유보적인 입장을 취하는 동시에, 기계적으로 완전하게 설명될 수 없는 감동적 여운을 남겨주고 있는 생명 존재의 신비에 대하여 환기시키고 있다.

『인간의 다양한 종족에 대하여』(1775)에서 칸트는 동물에 있어

---

19) Kant, I.: *Der einzige mögliche Beweisgrund zu einer Demonstration des Daseins Gottes.* Bd. 2, S. 680.

서 유와 종의 분류는 공통적인 번식의 법칙에 기초하고 있으며, 유의 통일성은 동물들의 특정한 다양성에 대하여 일관되게 적용되고 있는 산출하는 능력의 통일성에 있다고 지적하였다. 일찍이 뷔퐁은 비록 외모는 다르더라도 같은 종류의 수많은 새끼들을 낳는 동물은 하나의 특정한 자연적 유, 즉 종에 속한다는 사실과, 그리고 이것은 동물 일반의 자연 유형과는 구분된다는 사실을 밝혔다. 즉 동물의 학명상 분류는 산출에서의 유사성과 근친성이 기반을 두고 있으며, 칸트는 이것을 '지성을 위한 자연체계'라고 불렀다. 그리고 모든 인간 역시 공통적으로 적용되는 산출 능력을 가지고 있기 때문에 하나의 특정한 자연 유형이라고 할 수 있다.

그런데 칸트는 어떻게 통일성을 가진 하나의 유적 존재로부터 전혀 예기치 못한 상이성들이 어떻게 출현하고, 또한 그것들이 다시 유전될 수 있는가에 대하여 의문을 제기하였다.[20] 다시 말하면 유와 종을 결정짓는 유전된 특성이 어떻게 환경에 합목적적으로 적응하고, 또한 그와 같은 합목적적 특성들이 어떤 방식으로 유기체의 형식에 부가되어 유전되는가를 물었던 것이다.

그는 다른 저술에서 이와 같은 유기체의 구조 발생을 역학적으로만 설명할 수 없다고 주장하면서, 유기체에서의 모든 합목적적 변화를 가능하게 하는 '최종원인의 체계'(System von Endursachen)를 가정함으로써 목적론적 사유로의 전환을 시도하였다.[21] 칸트는 여기에서 모든 유기화 작용은 근원적으로 어디에서 비롯되는가를 물었으며, 이 물음은 적어도 물리학에서나 기계론적 설명 방식으로 해결되지 않는다는 사실을 인정하였다. 유기체적 존재자의 유기화가 '근원적 소질'의 점진적 변화로부터 비롯된다 하더라도, 그와 같은

20) Kant, I.: *Von den verschiedenen Rassen der Menschen*. 1755, Bd. 9, S. 11.
21) Kant, I.: *Über den Gebrauch teleologischer Prinzipien in der Philosophie*. Weischedel-Ausgabe Bd. 8, S. 163f.

종자의 유기화는 또한 어떻게 가능한가라는 물음이 여전히 남게 되기 때문이다. 생명을 가진 유기체적 자연 존재자를 어떻게 인식할 것인가의 문제는 칸트에게 주어진 커다란 숙제였던 것이다.

4. 반성적 판단력과 자연의 합목적성

1) 자연목적의 인식근거로서의 반성적 판단력

칸트는 동시대적 생물학자들이 주장하는 여러 학설들을 비판적으로 연구하면서 생명을 가진 유기체적 존재자들의 자연 목적 또는 합목적성을 말할 수 있는 인식 근거가 무엇인가를 작업한다. 그는 유기체를 기계적으로 설명하려는 시도에 대하여 회의적이었다. 그러나 그도 역시 비판이전의 시기와 비판 초기에는 유기체를 물리적으로 접근하였다.[22] 그러다가 『판단력비판』에서는 유기체적 존재자들의 자연 목적을 파악하는 특수한 인식 능력을 작업하는 동시에 이를 바탕으로 우주에 있어서 인간의 위치를 설정하려는 적극적인 시도를 하였다. 칸트는 여기에서 유기체적 존재자가 기계적 인과성 이외의 다른 법칙을 필요로 하는 이른바 자연 목적 또는 합목적성을 가지고 있는가, 그리고 그것은 어떻게 인식될 수 있으며, 그와 같은 인식을 주도하는 능력은 무엇인가를 작업하고 있다.

이와 같은 논의는 그의 『순수이성비판』에서 주로 분석한 순수 이성에 해당되는 규정적 판단력이 기계적 인과성의 원리에 부합되는 존재자를 대상으로 한다는 사실을 출발점으로 하여 인간이 가지고

---

22) Kant, I.: *Allgemeine Naturgeschichte und Theorie des Himmels oder Versuch von der Verfassung und dem mechanischen Ursprunge des ganzen Welt-gebäudes*, nach *Newtonischen Grundsätzen abgehandelt*. 1755; □ : *Kritik der reinen Vernunft*. 1781; □ : *Metaphysische Anfangsgründe der Naturwissenschsft*. 1786.

있는 세 가지 유형의 사유 능력을 분석하고 있다. 그 첫째는 보편을 인식하는 능력, 즉 지성(Verstand)이다. 둘째는 특수를 그러한 보편에 포섭하는 능력, 즉 판단력(Urteilskraft)이다. 셋째는 특수를 원리로부터 도출하는 능력, 즉 이성(Vernunft)이다.

판단력 가운데서도 범주나 도식, 원칙과 같이 보편이 이미 주어져 있을 때 특수를 주어진 보편 아래 포섭하는 것을 '규정적 판단력'(bestimmende Urteilskraft)이라 하고, 특수만이 주어져 있을 때 보편을 상정해서 특수를 거기에 포섭시키는 것을 '반성적 판단력'(reflektierende Urteilskraft)이라고 한다.[23] 규정적 판단력은 범주적 구성적 원리를 가지고 있어서 대상에 대한 경험을 주도하는 인식 능력이다. 자연의 특수로부터 보편에까지 거슬러 올라가야 할 임무를 띠고 있는 반성적 판단력은 경험으로부터는 결코 도출할 수 없는 하나의 원리를 필요로 한다. 지성은 이러한 선천적 원리인 반성적 판단력을 그 자신에게 법칙으로 부여하여 우리가 자연을 통일적으로 이해할 수 있게 한다. 칸트는 반성적 판단력이 우리에게 부여한 선천적 원리를 이렇게 설명한다:

지성이 자연 (단지 자연이라는 보편적 개념에서 본 자연으로서의)에 대하여 지정하는 보편적인 자연 법칙들은 그 근거를 우리들의 지성 속에 가지고 있다. 그런데 [자연의] 특수한 경험적 법칙에는 보편적 자연 법칙에 의해서는 규정되지 않는 것이 남는다. 이렇게 보편적 자연 법칙에 의해서 규정되지 않는 것에 관해서 특수한 경험적

---

23) "판단력 일반은 특수를 보편 아래에 포함된 것으로서 사유하는 능력이다. 보편 (규칙, 원리, 법칙)이 주어져 있는 경우에는, 특수를 이 보편 아래에 포섭하는 판단력은 (판단력이 선험적 판단력으로서 이 보편에의 포섭을 가능케 하는 조건들만을 선천적으로 지시할 경우에도) 규정적이다. 그러나 오직 특수만이 주어져 있고, 판단력이 특수에 대하여 보편을 찾아내야 할 경우에는 판단력은 단지 반성적이다"(*KU*, xxvi).

법칙들은 어떤 하나의 통일에 의하여 고찰되지 않으면 안 된다. 즉 마치 어떤 지성이 (비록 이것은 우리의 지성이 아니지만) 특수한 자연 법칙에 따르는 경험의 체계를 가능케 할 목적으로 우리의 인식능력을 위하여 부여하거나 한 것 같은 그러한 통일에 의하여 고찰되지 않으면 안 된다. [...] (이러한 지성의 이념은 반성적 판단력만이 원리로서 사용하되, 규정을 위해서가 아니라 반성을 위해서 사용하기 때문이다). 오히려 이 반성적 판단력의 능력은 그러한 지성의 이념에 의하여 자연에 대해서가 아니라, 단지 자기 자신에 대해서만 하나의 법칙을 부여하는 것이다(*KU*, XXVIIf).

반성적 판단력이 통찰하려는 것은 목적 개념이다. 칸트는 어떤 하나의 대상에 관한 개념이 그 대상의 실재성의 근거를 포함하고 있는 경우에 이를 '목적'이라고 규정한다. 칸트의 목적론에서 사용되는 목적 개념은 두 가지 유형으로 구분된다. 그것은 바로 기술적인 의미에서 제품의 생산 과정에서 완성품(Produkt)을 기대하는 형상인(causa formalis)과 그 생산품의 활동 작용(Auswirkungen des Produkts)이라는 목적인(causa finalis)으로 구분된다. 예를 들면 집을 짓는 데 있어서 두 가지 유형의 목적 표상이 가능하다. 건축 행위는 집의 형태, 모양, 설계, 생각처럼 집을 만드는데 실질적인 지침이 되고 있으며, 이와 같은 형상인은 집이라는 특정한 대상의 개념에 관련된 것이다. 그러나 집을 짓는 또 다른 목적으로서 집세(Miete)를 생각할 수 있다. 집세는 집이라는 대상의 유용한 활동과 관련된 주관적 동기에서 비롯된 것으로서, 대상 개념에 들어있는 특정한 사용 가능성에 기초한 목적 개념이다. 그것은 일반적 의미에서 '행위의 목적'이다. 칸트가 목적이나 최종원인(Endursache)이라고 말하는 경우에, 일반적으로는 형상인을 의미하지만, 앞에서 그가 정의한 목적 개념은 합목적성을 뜻하는 목적인 개념까지를 포함하고 있어서 분명하게 구별되어 사용된 것은 아니다.

2) 자연의 주관적 합목적성

그렇다면 자연의 이념도 목적의 규칙에 따라서 파악될 수 있는가? 자연 존재자의 존재 목적 또는 합목적성에 대한 인식은 이성 사용의 통제적 원리 하에서 가능하다는 것이 칸트의 기본적인 입장이다. 그는 목적에 의해서만 가능한 어떤 사물과 그 사물이 가진 성질과의 일치를 그 사물들의 형식의 합목적성(Zweckmäßigkeit)이라고 부른다. 판단력의 원리는 다양한 자연 존재자들에게 통일성을 부여할 수 있는 합목적성이다. 자연은 이 합목적성 개념에 의하여 마치 어떤 하나의 지성이 다양한 자연의 경험적 법칙들을 통일하는 근거를 포함하고 있는 것처럼 표상되는 것이다(*KU*, xxviii).

자연의 합목적성은 그러므로 단지 반성적 판단력에만 그 근원을 가지고 있는 하나의 특수한 선천적 개념이다. 왜냐하면 우리는 자연 산물들에 있어서 자연이 목적에 대하여 가지는 관계와 같은 것을 이 자연 산물들에게 귀속시킬 수가 없고, 경험적 법칙들에 따라 부여된 자연에 있어서의 현상들의 결합에 관하여 자연 산물들을 반성하기 위해서만 이 개념을 사용할 수 있을 뿐이기 때문이다(*KU*, xxviii).

이처럼 자연 산물에 대한 우리의 인식 활동을 위하여 가정되는 합목적성은 자연의 주관적 합목적성이다. 자연의 주관적 합목적성은 우리가 특정한 사물을 설명하는 데 있어서 도대체 왜 객관적 합목적성을 설정해야 하는가에 대한 아프리오리한 근거를 가지고 있지도 않으면서, 목적과 관련된 설명을 요구하는 자연 사물이 있다고 전제하는 것을 드러낸다.24)

---

24) "그러나 자연 사물이 차례로 목적에 대한 수단으로 기여하고 있으며, 그 가능성 자체는 단지 이러한 유형의 인과성에 의해서만 충분하게 이해된다는 사실에 대하여 우리는 감각 대상들의 총체 개념이라는 자연의 일반적 이념에 있어서

그렇다면 이론적으로 접근할 수 없는 자연의 합목적성을 인식할 수 있는 근거는 무엇일까? 칸트는 우선 자연의 합목적성 개념이 선험적 원리에 속한다는 사실은 판단력의 격률에서 충분하게 알 수 있다고 말한다. 칸트에 의하면 판단력의 격률은 경험과 관계를 가진다. 그리고 이것은 다양한 특수 법칙들을 통하여 우리로 하여금 자연을 인식할 수 있게 만든다. 예를 들면, "자연은 최단 행로를 취한다(절약의 법칙: lex parsimoniae), 그러나 자연은 그 변화가 계속될 때에도 또 종별적으로 상이한 여러 형식이 병존할 때에도 결코 비약을 하지 않는다(자연에 있어서의 연속의 법칙: lex continui in natura), 그럼에도 불구하고 경험적 법칙들 가운데 나타나는 극히 다양한 자연은 소수의 원리 하에 통일되어 있다(원리는 필요 외에 증가되지 않는다: principia praeter necessitatem non sunt multiplicanda)" 등이다(*KU*, XXXI). 이와 같은 여러 특수한 법칙들은 자연에 어떤 통일적인 특성이 있다는 사실을 감지하게 한다. 그러나 자연에서 발견되는 특수한 법칙들도 그것을 통일적으로 이해할 수 있는 지성의 선천적 원리가 상정되지 않는 한, 그것은 한갓 우연적인 것에 지나지 않게 된다.

그리하여 칸트는 다음과 같이 판단력에 있어서의 선천적 원리를 상정하기에 이른다:

특수한 (경험적) 자연 법칙들에는 인간의 통찰에 대해서 우연적인 것이 있으나, 이 우연적인 것도 다양한 이 자연 법칙들을 결합하여 그 자신 가능한 하나의 경험을 이루는 법칙적 통일을 내포하고 있다. 이러한 법칙적 통일은 우리에게는 물론 구명되지 않지만 그러나 사유될 수는 있는 것이다. 그 결과 우리가 지성의 필연적 의도(요구)에 따라 인식하지만, 그러나 동시에 그 자신 우연적인 것으로서 인식하

근거를 가지지 못한다"(*KU*, 267).

는 [다양한 자연 법칙들의] 하나의 결합에 있어서의 이 법칙적 통일
은, 대상의 (자연의) 합목적성으로서 표상되기 때문에, 가능적 경험
적 법칙들 아래에 있는 사물들에 관해서는 판단력은 단지 반성적이
요, 따라서 이러한 판단력은 경험적 법칙들과의 관계에 있는 자연을
우리들의 인식 능력에 대한 합목적성의 원리에 따라 사유하지 않으
면 안 된다(*KU*, xxxⅢf).

다시 말하면 우리의 주관적인 인식 능력, 특히 지성에게 부여된
선천적 원리에 의하여 자연법칙이나 생명을 가진 자연 존재자들의
존재 이유와 목적이 포착될 수 있는 것이다. 그렇기 때문에 칸트는
그것을 통일적으로 인지할 수 있는 지성의 선천적 원리가 미리 전
제됨이 없이는 어떤 경우에도 자연의 합목적성이 거론될 수 없다는
입장을 취하고 있다. 그리고 이러한 칸트의 생각은 자연에 있어서
인간의 위치를 궁극 목적 또는 창조의 최종 목적이라고 확정하는
결정적인 단초가 되고 있다.
무한하게 다양한 경험적 법칙들을 포함하고 있는 자연은 직관에
주어진 지각 내용과 지성의 개념화 작용에 의한 종합을 통하여 특
정한 경험 내용으로 구성되면서 우리에게 드러나게 된다. 그러므로
자연의 보편적 법칙들을 선천적으로 가지고 있는 지성이 없을 경우
에, 자연은 전혀 경험의 대상이 될 수 없다. 지성은 단지 경험적으
로만 알려질 수 있는 우연적인 자연 사실들의 배후에도 자연의 어
떤 질서가 있다고 생각한다. 이런 규칙들이 없다면 지성은 결코 가
능적 경험 일반의 보편적 유비로부터 특수한 경험으로 나갈 수 없
게 될 것이다. 그러므로 칸트는 "비록 지성이 자연의 질서(대상)에
대하여 선천적으로 어떤 규정도 할 수는 없지만, 그러나 지성은 이
경험적인 법칙들에 의거하여 인식할 수 있는 자연의 질서가 가능하
다고 하는 선천적 원리를, 자연에 관한 모든 반성의 기초로 삼지 않

을 수 없다"고 말함으로써, 자연의 형식적 합목적성이 바로 지성에 선천적으로 주어져 있는 주관적 합목적성의 원리라는 사실을 지적한다(*KU*, xxxv).

자연 목적으로서 사물의 개념은 대상에 대하여 경험 속에 주어진 바를 이성에 의해서만 사유할 수 있는 인과성 아래에 포섭하여, 자연(존재자)을 이 이성의 원리에 따라 판단하기 위한 개념이다. 그러나 자연목적으로서의 사물 개념은 경험에 있어서 주어진 특정한 조건 하에서 가능한 개념이지만 특정한 현상들에 대한 경험으로부터 주어진 개념은 아니기 때문에, 그 객관적 실재성이 통찰될 수도 없고, 또한 독단적으로 정초될 수도 없다. 그러므로 이 개념은 결코 규정적 판단력으로 다루어질 수 없다. 그렇기 때문에 칸트에 의하면 자연 목적으로 간주된 자연의 사물들이 통일적인 체계 속에 이해되기 위해서 어떤 특수한 유형의 인과성, 즉 어떤 특정한 의도나 목적에 부합되는 인과성을 필요로 하는가의 문제는 이론적인 영역에서 논의될 성질의 것이 아니다. 왜냐하면 "자연 목적의 개념은 그 객관적 실재성이 이성에 의하여 증명될 수 있지 않기 때문이다"(*KU*, 330f). 다시 말하면 이 개념은 구성적인 것에 관여하는 규정적 판단력에 대한 것이 아니고, 단지 통제적인 특성을 가지는 지식에만 관여하는 반성적 판단력에 대한 것이다. 동력인적 결합(nexus effec-tivus) 또는 '실재적 원인의 연결'은 구성적인 것이지만, 목적인적 결합(nexus finalis) 또는 '관념적 원인의 연결'은 통제적인 의미를 가지기 때문에 이론적 증명의 대상이 되지 않는 것이다(Vgl. *KU*, 290). 그러므로 유기체적 존재자의 통일성은 지성적으로 인식되거나(erkannt) 설명되지(erklärt) 않고, 오직 판정되거나(beurteilt) 이야기될(erötert) 수 있을 뿐이다.

그러므로 자연은 우리들의 인식 능력에 대한 합목적성의 원리에 따라 지각이 지성에 제공해주는 특수에 대하여 보편을 찾아낸다. 자연의 주관적 합목적성에 대한 우리의 개념은 객체에 관한 개념이 아니고 판단력의 원리에 지나지 않지만, 이 원리에 의하여 자연은 어떤 목적의 유비에 따라 우리의 인식 능력을 고려하고 있다.

3) 자연의 외적 합목적성의 원리

자연의 주관적 합목적성에 대하여 자연의 객관적 합목적성이 상정될 수 있다. 객관적 합목적성도 역시 경험으로부터 도출된 것이 아니라, 어떤 특정한 경험이 우리로 하여금 이 목적의 개념을 목적에 대한 인과적 유비에 의하여 자연으로 몰입하게 하는 방식으로 얻어진다. 객관적 합목적성에는 우선 수학에 있어서 기하학적 도형이나 원추곡선이 가능한 수많은 문제를 풀어 나가는데 도움을 주는 것과 같은 형식적 합목적성(formale Gesetzmäßigkeit)이 있으나, 이것으로 유기체적 존재자의 자연 목적은 결코 파악되지 않는다(*KU*, 62). 또한 자연의 객관적 합목적성에는 질료적 합목적성(materiale Gesetzmäßigkeit)이 있는데, 이것은 다시 외적(äußere) 합목적성 또는 상대적(relative) 합목적성, 그리고 내적(innere) 합목적성으로 구분된다(*KU*, 63).

자연의 외적 또는 상대적 합목적성의 개념은 자연 사물을 인간에 대한 유용성(Nützlichkeit)이나 다른 생물에 대한 유익성(Zuträglich-keit) 개념에 의하여 수단-목적의 관계에서 파악하려는 것이다. 칸트에 의하면 인간의 판단력은 자연을 파악할 수 있고, 그러한 특수한 경험들을 종합하여 자연의 한 체계를 이루게 하면서 우리의 판단력에 꼭 적합한 종별적 형식들을 내포하고 있는 산물들이 가능하다고 기대할 수 있게 한다(*KU*, 267). 이것은 특히 기계적 인과성의 개념과 유리되어 있어서 다른 원리가 없으면 그 자연 사물이 우리에게 지극히 우연적으로 생각되는 경우에 적용된다. 새의 몸체와 그 뼈

속(공동), 운동을 할 수 있는 날개와 방향 설정을 위한 꼬리의 위치 등은 동력인적 결합(nexus efficiens)에서만 보면 우연적인 사실들에 지나지 않는다(*KU*, 269). 그러므로 만일 우리가 자연의 합목적성을 인정하지 않는다면, 생명을 가진 유기체적 존재자의 모든 현상들은 한갓 우연적인 차원에만 머물러 있게 될 것이다.

그러나 우리는 기계적 인과성의 법칙으로 쉽게 포착되지 않은 이와 같은 우연적 사실들을 합목적성의 원리에 의하여 체계적으로 이해할 수 있다. 자연의 합목적성은 반성적 판단력에 의하여 자연의 통일성을 인식하기 위한 주관적 원리에 지나지 않는다. 그것은 특수한 경험 사실들에서 비롯된 구성적 원리가 아니며, 따라서 우리는 자연 목적의 사실을 이론 철학적으로 증명할 수 없다. 그런데 만일 우리가 의도적으로 기계적 법칙에 의하여 운용되는 자연의 근저에 작용하는 또 하나의 원인을 인정하여, 그것을 통제적 원리로서가 아니라 구성적 원리로 받아들이게 된다면, 자연목적의 개념은 반성적 판단력에 속하는 것이 아니라 규정적 판단력에 속하게 될 것이다.

칸트는 자연의 외적 상대적 합목적성 개념을 단초로 하여 자의적으로 부여된 유용성 개념에 바탕을 두고 있는 객관적 합목적성 개념은 자연을 통일적으로 이해할 수 있는 궁극적인 합목적성 개념을 산출하지 못한다는 사실을 제시하려고 한다. 풀은 초식동물의 먹이가 되기 위해 존재한다. 그러나 이것은 초식동물의 존재를 가정한 대답이지만 자연에 대한 어떤 탐구도 초식동물의 존재 당위성을 보여주지 못한다. 유익성에 기초한 합목적성은 사물 자체의 객관적 합목적성이 아니라 상대적인 합목적성, 즉 사물 그 자체에게는 단지 우연적인 합목적성에 불과한 것이다.

자연 존재자의 상대적 합목적성은 우리가 결과를 단지 다른 가능적 자연 존재자의 기술을 위한 재료로 간주함으로써 일어나는 인과 관계 속에서 포착된다. 이것은 하나의 자연 존재자를 다른 자연 존재자에게 합목적적 사용을 위한 수단으로 간주하는 것을 뜻한다. 그리하여 자연의 상대적인 합목적성은 어떤 특정한 자연 존재자가 다른 존재자에 대한 유익성이나, 특히 인간에 대한 유용성으로 이해된다(KU, 279f). 여기에서 칸트는 하천의 예를 들고 있다. 하천은 식물의 성장에 필요한 토양을 운반하여 적절하게 퇴적한다. 바닷물의 흐름도 퇴적 형성에 영향을 미치고 있으며, 특히 인간이 거기에 조력하여 비옥한 토지를 만들 수 있다(KU, 280). 그러나 칸트는 이러한 일들이 인간에게 유용하다고 해서 '자연의 목적'이라고 판정할 수 있겠는가라는 물음을 제기한다. 비록 하천이 비옥한 토지를 제공한다는 유익성만을 이유로 하여 식물에게 필요한 토지를 제공하는 것이 하천의 자연 목적이라고 말할 수는 없다는 것이다. 그리고 만일 모래땅이 가문비나무의 서식에 가장 좋다고 할지라도 태고적의 바다가 육지에서 물러나면서 형성된 독일 북부지방의 모래지대가 가문비나무의 번성을 위한 자연 목적이었는가라는 의문을 제기한다(KU, 281). 칸트는 자연 존재자들 사이에서 관찰되는 목적과 수단의 관계가 자연 체계의 목적 그 자체를 완전하게 기술할 수 없다는 입장을 확인한다.

칸트는 이와 같은 종류의 목적 개념으로는 자연 목적을 통일적으로 포착할 수 없다고 생각한다. 그리고 이처럼 유익성에 기초한 목적 설정은 지극히 우연적일 뿐만 아니라, 인간의 자의적인 착상과 해석에 의하여 다르게 판정될 수도 있는 것이다. 그러므로 이와 같은 자연 존재자의 외적 또는 상대적 합목적성은 자연 존재자의 내적 합목적성과 일치하는 경우에만 자연 목적으로 인정될 수 있는 것이다. 그리하여 자연 존재자의 상대적인 합목적성은 절대적인 의미에서 목적론적 판단의 근거가 되지 못한다(KU, 283).

4) 유기체적 존재자의 내적 합목적성의 원리

칸트는 자연 목적을 유기체적 존재자의 내적 존재 원리 가운데서 결정적으로 작업하게 된다. 칸트는 유기체적 작용 방식의 세 가지 중요한 사례를 나무의 예를 들어서 설명한다. 첫째로 나무는 같은 종류의 다른 나무를 산출한다. 개체들은 서로 다르지만 유(종)는 여기에서 같은 것을 다시 생산한다. 그리고 이것이 바로 칸트의 목적론 사상에 있어서의 아리스토텔레스적 전회를 의미한다. 둘째로 나무는 다른 요소들을 동화작용 함으로써 성장한다. 유기체는 전체적인 유기체의 내부에서 그 존재와 그 기능능력으로써 상호적으로 산출하고 유지하는 존재자인 것이다. 이를 통해서만 이 유기체는 생존하고 유지된다. 셋째로 그와 같은 유기체의 상호적인 유지와 개변은 성장과 마찬가지로 중심적인 조절 원리(Steuerungsprinzip)에 의하여 가능하다. 다시 말하면 자연 존재자의 합목적성은 유기체적 존재자의 내적 합목적성에서 그 결정적인 모습이 찾아질 수 있는 데, 그러한 내적 합목적성은 유기체의 생산 능력(활동)과 성장 기능 및 부분과 전체의 상호적 통일성, 즉 번식, 성장, 조절이라는 세 가지 특성으로 드러나게 된다. 칸트는 자연 목적으로서의 유기체적 존재자의 개념을 다음과 같은 방식으로 상술하고 있다. 즉 자연 산물로서의 유기체적 존재자는 다음과 같은 조건적인 규정을 충족시킴으로써 자연 목적이라고 판정될 수 있는 것이다.

1. 하나의 사물이 (비록 이중적인 의미에서이지만) 그 자체로서 원인이며 결과인 경우에 그 사물은 자연목적으로 존재한다.[25]

---

25) "Ein Ding existiert als Naturzweck, wenn es von sich selbst(obgleich in zwie-fachem Sinne) Ursache und Wirkung ist"(*KU*, 370).

유기체적 존재자의 전체는 그 자체로서 원인이자 결과이다. 칸트는 이 사실을 앞에서 설명한 것처럼 나무에 대한 예로서 설명한다. "첫째로 한 그루의 나무는 기존의 자연 법칙에 따라 나무를 낳는다. 그러나 그 나무가 낳은 나무는 같은 종류에 속한다. 그리하여 그 나무는 유(類)로 보면 자기 자신을 산출한 것이니, 이러한 유 안에서 그 나무는 한편으로 결과이고, 다른 한편으로는 원인으로서 그 자신으로부터 계속하여 산출되는 동시에, 또 그때마다 자기 자신을 산출하면서, 유로서 부단히 존속하는 것이다"(*KU*, 286f). 물론 이것은 "사람이 사람을 낳는다"(anthropos anthropon genna)는 아리스토텔레스의 기본 테제와 같은 것이다. 자연 법칙에 따라 한 그루의 나무는 다른 나무를 낳지만, 산출된 그 나무는 산출하는 나무와 개체에 있어서는 다르지만 동일한 유에 속하는 것이다. 그러므로 나무는 유로 보면 자기 자신을 산출함으로써 한편으로는 원인으로, 다른 한편으로는 결과로 작용하고 있다. "둘째로 한 그루의 나무는 또한 개체로서도 자신을 산출한다. 이러한 종류의 결과를 우리는 성장 (Wachstum)이라고 부르지만, 그러나 이것은 기계적 법칙에 따르는 다른 모든 양적 증대와는 전혀 구별되며, 또 비록 명칭은 다르지만 일종의 생식과 같은 것으로 간주될 수 있다고 해석되지 않으면 안 된다"(*KU*, 286f). 칸트는 여기에서 개체(Individuum)를 '자체 생산' (Selbsterzeugung) 또는 '성장'이라고 부르고 있다. 이는 다른 요소를 혼합하여 그 고유한 생산물을 만드는 동화작용에 의하여 수행된다. 나무와 같은 유기체적 존재자들은 자연의 질료를 분해하여 새롭게 합성하는 독창적인 능력을 가지고 있다. 셋째로 나무의 한 부분은 다른 부분의 유지에 상호 의존한다는 의미에서, 나무 전체와 지체의 상호작용이 특별한 의미를 갖게 된다. 어떤 나뭇잎의 싹을 다른 나무의 가지에 접목(pfropfen)하면, 다른 종의 나무 줄기에 그 싹과 같은 종류의 식물이 나오며, 또 이것은 다른 나무 줄기에 접목해도 마찬가지이다. 또한 나무와 잎 사이의 상호 의존적 보존작용을 들 수 있다. 잎은 나무가 만들어낸 것이기는 하지만 동시에 나무의 생명을 유지하기도 한다. 유기체적 존재자는 손상과 절단의 경우에 이를 보완하는 재생 능력을 가지고 있다. 그리고 어떤 지체의 결손과 장애의 경우에도 그냥 죽지 않고 불구나 기형의 모습으로 생명을 계속 유지하는 특징을 가지고 있다. 이상과 같은 네 가지 특징들은 유기체적 존재자를 단순히 기계적 인과성만으로는 설명하기 어렵다는 결정적 사실로 제시되었다.

> 2-1. 어떤 사물이 자연 목적이기 위해서는 첫째로, 부분들이 (그 존재와 형식으로 보아서) 전체에 대한 관계에 의해서만 가능하다는 사실이 요구된다.[26]

칸트가 자연 목적으로서의 사물인 유기체적 존재자의 첫째 조건으로 제시한 내용은 논리적인 것이다. 그러나 이러한 조건은 시계와 같은 기술에 의한 제품들에도 해당되기 때문에 유기체적 존재자의 충분 조건이 되지 못한다. 그러므로 어떤 사물이 자연 목적으로서의 유기체적 존재자이기 위해서는 다음의 조건이 계속해서 충족되어야 한다.

> 2-2. 어떤 사물이 자연 목적이기 위해서는
>
> 둘째로, 그 사물의 부분들은 상호간에 있어서 그 형식의 원인과 결과가 됨으로써 전체의 통일성과 연결되어 있어야 한다는 사실이 요구된다.[27]

---

26) Zu einem Dinge als Naturzwecke wird nun erstlich erfordert, daß die Teile (ihrem Dasein und der Form nach) nur durch ihre Beziehung auf das Ganze möglich sind(*KU*, 290).

칸트가 자연 목적으로서의 유기체적 존재자의 두 번째 조건으로
제시한 것은 전체의 원인과 결과를 기계제품처럼 그 사물의 외부에
서가 아니고, 그 자체 속에서 찾아야 한다는 것이다. 예를 들면 시
계는 한 부분이 다른 부분을 움직이는 도구이지만 한 부분이 다른
부분을 산출하는 것은 아니며 전체의 통일성을 자체적으로 유지하
지 못한다. 그러나 유기체적 존재자는 단지 기계가 아니다. 이러한
자연의 산물에서 각 부분은 다른 부분이나 전체와의 상호작용에 의
하여 하나의 유기적 기관으로서 존재한다. 그 때문에 이런 자연 산
물은 유기체적 존재자 또는 '자기 자신을 유기화하는 존재자'로서
'자연 목적'이라고 불리워질 수 있게 된다(*KU*, 292).

> 3. 자연의 유기적 산물은 그 안에서 모든 것이 목적이면서 또한
> 교호적으로 수단인 것이다(*KU*, 295f).[28]

칸트는 이 같은 개념 규정을 유기화된 존재의 내적 합목적성을
판정하는 원리로 정의한다. 자연의 유기적 산물은 그 자체적으로 목
적과 수단이 상호적인 관계에 있는 전체이다. 그렇기 때문에 이러한
유기적 산물에 있어서는 아무것도 쓸데없는 것, 무목적적인 것도 없
으며, 또한 맹목적인 자연의 기계적 조직에 돌릴 수 있는 것이라고
는 없다(*KU*, 295f). 이것은 유기체적 존재자의 내적 합목적성을 판
정하는 격률로서 경험적으로 증명 가능한 것은 아니지만, 통제적인
의미를 가진 하나의 선천적 원리가 우리에게 주어져 있다는 사실과
기계적 조직의 질서와는 전혀 다른 질서로 포착해야 할 자연 존재

---

27) [sc. Zu einem Dinge als Naturzwecke wird] zweitens […] erfordert: daß die
   Theile desselben sich dadurch zur Einheit eines Ganzen verbinden, daß sie
   voneinander wechselseitig Ursache und Wirkung ihrer Form sind(*KU*, 291).
28) Ein organisiertes Produkt der Natur ist das, in welchem alles Zweck und
   wechselseitig auch Mittel ist(*KU*, 295f).

자가 있다는 사실을 보여준다.

> 4. 그러므로 유기체적 존재자는 단순히 움직이는 힘을 가진 기
> 계가 아니라 자신 속에 형성하는 힘을 가지고 있다. 더구나
> 그것은 그 힘을 가지지 않은 물질에게 나누어주는(물질을 유
> 기화하는) 힘이고, 그리하여 자신을 번식시키고 성장하는 힘
> 이다. 그리고 이 힘은 운동능력(기계적 조직)만으로는 설명될
> 수 없는 것이다(*KU*, 293).[29]

칸트에 의하면 유기체적 존재자는 무기적 질료들을 자신 속에서
유기화하는 형성 능력을 가지고 있으며, 자신을 성장 번식시키고 형
성하는 힘을 가지고 있다. 이와 같은 유기체적 존재자의 능력은 한
갓 '기술의 유비물'(Analogon der Kunst)이 아니고 '생명의 유비물'
(Analogon des Lebens)이다(ibid.). 이러한 자연 존재자는 그 자체
가 속해 있는 모든 종에 있어서, 그리고 물론 전체적으로는 한결같
은 범형에 따르면서도 사정에 따라 자기 보존상 필요한 적절한 변
경도 가해 가면서 자기 자신을 유기화하고 있다. 그러나 자연의 유
기적 조직은 우리가 알고 있는 그 어떤 인과성과의 유비적 요소도
가지고 있지 않다(*KU*, 294). 유기체적 존재자인 자연 사물의 내적
완전성은 우리에게 알려져 있는 물리적 능력이나 또는 자연의 어떤
능력에 의해서도 사유할 수 없고 설명할 수 없는 것이다. 그것은 인
간의 기술에 의한 유비에 의해서도 사유되거나 설명될 수 없다.[30]

---

29) Ein organisiertes Wesen ist also nicht bloß Maschine, denn die hat lediglich
bewegende Kraft, sondern es besitzt in sich bildende Kraft, und zwar eine
solche, die es den Materien mitteilt, welche sie nicht haben (sie organisiert),
also eine sich fortpflanzende bildende Kraft, welche durch das Bewegungs-
vermögen allein (den Mechanism) nicht erklärt werden kann(*KU*, 293).

30) 칸트는 그의 『유고집』(*Opus Postumum*)에서 목적-수단의 관계에 의거하여 유
기체를 단순한 '이념'(Idee)이나 '허구'(Fiktion)라고 정의한다(*XXI*, 210). 여기

그러므로 자연 목적으로서의 사물의 개념은 지성이나 이성의 구성적 개념이 될 수 없다. 그것은 반성적 판단력에 대한 통제적 개념으로서, 목적 일반에 따르는 우리의 인과성과의 근소한 유비에 의하여 유기체에 대한 탐구를 지도하고, 이 대상들의 최고 근거를 사색하게 한다. 그러므로 유기체적 존재자는 '자연의 목적'으로서만 가능하다고 생각되는 존재자이다.

5. 목적론적 판단력의 변증론과 자연의 최종 목적

1) 목적론적 판단력의 이율배반

칸트는 목적론적 판단력의 분석론에서 기계론과 목적론이라는 이분법적 구분을 통하여 자연목적 개념을 확보하고 유기체를 적절하게 설명하려고 시도하였다. 유기체는 특수한 것으로서 경험의 대상들이기 때문에 다른 현상들과 마찬가지로 범주와 직관의 형식 아래 놓이게 된다. 문제는 모든 유기체를 포괄해야 하는 보편적인 것으로서의 '자연 목적' 개념의 도입으로부터 비롯된다. 그러나 유기체라는 특수한 것이 경험에 주어지는 경우에, 그 특수한 것을 포괄해야 하는 보편자는 없기 때문에, 판단력 스스로 그것을 찾아야 할 규칙

에서 이념은 표상 안에서 전체가 주어지지 않는 조건 계열의 진행을 미리 예견한 종합이라는 의미를 가진다. 『유고집』에서의 유기체 개념은 『판단력비판』에서의 유기체 개념이 상호작용의 관계 및 부분들과 전체의 관계와 그 동시성이 강조되는 것과는 달리 생물체의 발전사라는 관점에서 전성설적인 특성을 함축하고 있다(*Löw*, 148). 칸트에 의하면, "유기체는 전체의 내적 형식이 그 모든 부분들의 합성 개념에 앞서서 [...] 그 운동하는 힘들의 관점에서 앞서 존재하는 물체이다"(*XXI*, 210); "유기체는 전체의 이념이 그 부분들의 가능성에 앞서, 그 운동하는 힘들의 관점에서 앞서 존재하는 물체이다"(*XXI*, 569); "유기체는 그 모든 부분이 그 나머지 모든 전체 존재의 절대적 통일성인 물체이다"(*XXI*, 569).

을 부여한다. 이 경우에 가능한 판단력의 격률은 실제로 18세기의
생물학에 주요 논쟁점을 이루었던 기계론과 발생론의 명제와 일치
한다.

칸트는 현상적으로 대립적이고 모순되는 것처럼 보이는 자연에
대한 두 가지 유형의 판단들을 열거한다. 세계와 자연이 기계적 법
칙에 의하여 완전하게 설명될 수 있다는 주장과 그렇지 않다는 주
장 사이의 대립이 바로 그것이다. 그리고 이러한 대립은 판단력에서
의 규정적 특성과 반성적 특성과 관련되어 있다. 칸트에 의하면 "판
단력은 두 개의 격률에 대한 반성에서 비롯되는데, 그 하나는 한갓
된 지성이 판단력에 대하여 선천적으로 제시하는 격률이고, 다른 하
나는 이성을 활동하게 하는 특수한 경험들을 통하여 하나의 특수한
원리에 따라 물체적 자연과 자연 법칙들을 판정케 하는데서 연유하
는 격률이다"(KU, 314). 판단력의 첫째 격률은 "물질적 사물들과
그 형식들의 모든 산출은 단지 기계적인 법칙들에 따라 판정 가능
해야 한다"31)는 정립 명제이다. 판단력의 두 번째의 격률은 "물질
적 자연의 어떤 산물들은 단지 기계적인 법칙들에 따라 가능적으로
판정될 수 없다(이러한 산물들의 판정은 전혀 다른 인과성의 법칙,
즉 목적인의 법칙을 필요로 한다)"32)는 반정립 명제이다(KU, 314).
이 두 개의 정립 명제와 반정립 명제는 현상적으로 병존할 수 없는
통제적인 원칙들로서 하나의 변증론을 도출한다. 그러나 이것은 겉
으로 보이는 분석적 대립에 지나지 않는다. 왜냐하면 이러한 통제적

---

31) Die erste Maxime derselben ist der Satz: Alle Erzeugung materieller Dinge
   und ihrer Formen muß als mechanischen Gesetzen möglich beurteilt werden
   (KU, 314).
32) Die zweite Maxime ist der Gegensatz: Einige Produkte der materiellen Natur
   können nicht als nach bloß mechanischen Gesetzen möglich beurteilt werden
   (ihre Beurteilung erfordert ein ganz anderes Gesetz der Kausalität, nämlich
   das der Endursachen). KU, 314.

원칙들은 다시 구성적 의미를 가지는 기계론에 대한 두 개의 상이한 명제로 환원될 수 있기 때문이다. 그리하여 칸트는 "물질적 사물의 모든 산출은 단순한 기계적 법칙들에 의하여 가능하다"는 정립과 "물질적 사물의 약간의 산출은 단순한 기계적 법칙에 의하여 불가능하다"는 반정립이라는 구성적 명제로 환원한다.[33] 그리고 이것은 더 이상 판단력의 이율배반이 아니고 18세기의 생물학에 실제로 나타난 대립 관계이다.

그러므로 칸트에 의하면 정립 명제는 실제로 전혀 모순을 내포하고 있지 않다. 물질적 자연에 있어서의 모든 존재자나 자연의 산물들은 기계적인 법칙들에 의거하여 판정되지 않으면 안 된다. 모든 것은 기계적으로 판정되어야 한다. 그러나 어떤 것은 그렇게 판정될 수 없다. 여기에서의 대립은 기계론과 목적론 사이의 이율배반이 아니고 기계론에 대한 두 개의 상이한 명제 사이의 대립, 즉 기계적 해석의 일반적 필연성과 그 불가능성 사이의 대립이다. 이것은 지성이 가지고 있는 범주적 작용에 의하여 얻어지는 판단들로서 규정적 성격을 가지고 있다. 이론적 인식은 실제로 기계적 법칙에 의거한 범주적 판단 작용에 의하여 성립한다. 그러나 칸트에 의하면 이상과 같은 정립 명제만으로는 모든 유형의 자연 존재자가 그 완전한 의미에 있어서 판정되기는 어렵다고 생각한다. 물론 기계적 법칙만으로 자연 존재자를 완전하게 판정할 수 없다는 어떤 증거도 자연 속에서 찾을 수 없다는 사실을 칸트 자신도 인정하고 있다. 그럼에도 불구하고 칸트는 자연 속에서 정립 명제는 어떤 특정한 자연 형식의 경우, 즉 유기체적 존재자에 있어서 자연의 기계적 법칙에 따른 설명과는 전혀 다른 하나의 원리인 목적인의 원리가 요구되는 사실

---

33) Satz: Alle Erzeugung materieller Dinge ist nach bloß mechanischen Gesetzen möglich.Gegensatz: Einige Erzeugung derselben *ist* nach bloß mechanischen Gesetzen *nicht möglich*(ibid.).

과 전적으로 대립되지는 않는다고 주장한다(*KU*, 315f). 다시 말하면 반정립 명제인 목적인의 원리에 의하여 정립 명제인 기계적 인과성의 원리가 폐기되는 것이 아니라는 것이다. 규정적 판단력의 격률은 유용하지만 필수적인 것은 아니다(nicht entbehrlich). 자연 목적으로 파악되는 유기체에 있어서 반성적 판단력의 격률은 근본적으로 필연적(wesentlich notwendig)이다. 실재적인 이율배반은 규정적 판단력의 격률이 필연적인 경우에만 성립된다. 그리고 판단력의 격률이 구성적인 의미로 받아들여지는 경우에도 이율배반은 성립되지 않는다.

칸트는 생명의 발생 이론과 관련하여 자연의 합목적성을 무의도적으로 파악하는 합목적성의 관념론과 의도적으로 파악하는 실재론의 대립으로 정리하고 있다. 칸트에 의하면 이 두 가지 이론은 독단적 구성적 주장들로서 합목적성의 객관적 실재성을 한번도 보증할 수 없다. 이 두 주장들은 칸트 시기까지 똑같이 옳은 것으로 받아들여졌고, 반성적 판단력의 통제적 격률 사이의 가능한 논쟁으로 이행하였다. 여기에서 칸트는 유기체와, 전체로서의 자연을 목적론적 관점에서 다시 정리한다. 유기체는 경험적으로 주어진다. 그리고 우리는 유기적 자연 존재자가 자연의 한갓 기계적 조직에 의하여 산출될 수 없다는 사실을 증명하지 못한다. 우리는 사물을 경험적으로만 인식하고 있기 때문에 우연적으로 보이는 특수한 자연 법칙들의 무한한 다양성을 그 내적인 제1근거에서 보아 통찰할 수도 없고 자연을 가능하게 하는 충족한 내적 원리에 도달할 수도 없기 때문이다. 그러므로 우리의 이성은 자연의 생산 능력이 "단지 자연의 기계적 기능만을 필요로 하는지", 그렇지 않으면 "물질적 자연이나 그 가상적 기체 안에는 결코 포함되어 있을 수 없는 전혀 다른 종류의 근원적인 인과성이 그 근저에 있는가"를 알 수가 없는 것이다(*KU*, 317).

칸트는 '지성의 특성'을 근거하여 판단력의 이율배반을 해소하려고 한다. 모든 것을 기계적으로 판정해야 하는 규정적 판단력의 일반적 필연성과, 유기체를 설명하는 데 있어서 그 현실적 불가능성의 문제는 객관적 자연이 아닌 주관적 자연과 관련된다는 것이다. 지성은 모든 현상들을 기계적으로 설명하려는 특성을 가지고 있다. 이 특성에 의하여 지성은 모든 자연 산물을 단순한 기계적 법칙으로 판정해야 하지만(müssen), 자연은 항상 그렇게 설명되지 않는 사실에서 모순이 발생한다. 이 두 격률 사이의 모순은 이 필연성과 불가능성이 객관적이라는 전제 하에 생긴다. 기계적으로 설명함에 있어서 우리의 주관적 무능함과 특정한 사물을 기계적으로 설명할 수 없는 우리의 무능력은 우리가 모든 것을 설명할 수 있어야 한다(können müssen)고 전제하는 경우에만 모순된다. 경험의 모든 대상들이 기계적으로 환원하는 지성에 의하여 설명될 수 있어야 한다는 이런 전제가 없어진다면 두 개의 격률은 모두 참이 되고 이율배반은 해소된다. 칸트에 의하면 기계적 설명은 그것이 가능하다면 언제나 옳다. 그러나 목적을 가지고 수행하는 지성에게 어떤 객관적 실재성도 주어지지 않는 경우에 기계적으로 아직 환원되지 않은 것은 마치(als ob) 그것을 그렇게 질서 지운 것처럼 고찰한다. 기계론과 자연 합목적성의 일치가 불가능한 것이 아니라, 그것은 상대적인 인식 능력을 가진 우리들 인간에게만 불가능한 것이다. 그러나 반성적 판단력은 물론 규정적이고 구성적인 의미에서는 아니지만 자연에 합목적성의 체계가 존재하고 있다는 사실을 우리에게 알려준다. 반성적 판단력은 우리에게 기계적 인과성과는 전적으로 다른 목적론적 인과성이 유기적 자연 존재자들의 통일적인 이해를 가능하게 한다고 말해 준다. 반성적 판단력에 의하여 목적론적으로 판정된 현상들은 새로 발견된 경험 법칙에 의하여 기계적으로 설명될 수 있으며, 이런 경우에 이전의 설명에 들어 있는 목적론적 요소는 불필요하게 되고 기계적인 요소는 불변적으로 타당하게 된다. 목적론적 설명방식은 기계적 설명이 불충분한 경우에만 작용하며, 그러한 전제들이 사라지면 그런 유형의 설명도 필요 없게 된다.

그리하여 목적론적 판단력의 변증론에서 제기된 이율배반은 칸트에 의하여 다음과 같이 해소된다: 유기적 존재자들의 기계적 산출 원리는 규정적 판단력의 대상이고, 그 목적론적 산출 원리는 우리가 그 체계적 연관을 해명할 수 없는 특수한 법칙에 따라 형성하는 자연에 관해서 반성적 판단력의 대상에 속한다는 것이다. 자연의 기계적 조직은 어떤 유기체적 존재자의 가능을 생각하기에 충분하지 않고, 오히려 의도적으로 작용하는 원인에 근원적으로 종속되지 않으면 안 된다. 자연의 산물의 기계적 조직은 의도적으로 작용하는 원인의 도구이지만, 자연은 그 기계적 법칙에 있어서 의도적으로 작용하는 원인의 목적에 종속되어 있는 것이다. 그리하여 유기체적 존재자들은 기계적 법칙에 따르는 자연 산물 이상으로서 자연의 목적을 가지고 있는 것이다(*KU*, 375).

2) 자연의 최종 목적과 인간중심주의

외적 합목적성은 땅, 물, 공기와 같은 무기적 존재자들에게도 적용될 수 있다. 그러나 유기체적 존재자들은 자신의 가능을 위해서 내적 합목적성을 가지고 있으며, 그것은 자연 목적을 이룬다. 그렇기 때문에 칸트에 의하면, 기계적 조직에서 나오는 결과만이 인식되는 사물들에 관해서는 "그것은 무엇을 위해서 존재하는가?"라고 물을 수 없지만, 내적 합목적성을 가진 유기체적 존재자에게는 그런 물음을 던질 수 있다는 것이다(*KU*, 380). 그리고 이런 물음에 대하여 칸트는 두 가지로 대답될 수 있다고 본다. 첫째로 "그 사물의 현존재와 그 사물의 산출은 의도에 따라 작용하는 원인과 전혀 관계가 없다"(*KU*, 381). 이것은 자연의 기계적 조직에서 기원되는 경우에 해당된다. 둘째로 "그 사물(하나의 우연적 자연 존재자로서)의 현존재에는 어떤 하나의 의도적 근거가 있다." 이것은 유기적 사물의 경우에 해당된다. 유기체적 존재자의 경우에는 다시 두 가지 대답이 가능하다. 첫째로 "그와 같은 자연 존재자가 존재하는 목적은 그 자신 속에 있다. 다시 말하면 그런 자연존재자는 단지 목적일 뿐만 아니라 궁극 목적이기도 하다"(*KU*, 381)는 주장이다. 또한 "이런 궁극 목적은 이 자연 존재자의 밖에 있는 다른 자연 존재자 안에 있다, 즉 이 자연 존재자는 합목적적으로 존재하지만 궁극 목적으로서가 아니라 필연적으로 동시에 수단으로서 존재하는 것이다"라고 주장할 수도 있다(*KU*, 382).

그러나 칸트에 의하면 자연 속에 우리가 창조의 궁극 목적이라는 특권을 요구할 수 있는 사물적 존재자가 없다. 자연 사물은 궁극 목적일 수 없다는 것이다. 식물계가 가지고 있는 유기적 조직을 감안하게 될 경우 그 존재 목적을 묻게 된다. 그리고 우리는 식물들이 그것을 먹고사는 동물들을 위해서 존재한다고 대답할 수 있다. 여기에서 다시 "그렇다면 무엇을 위해서 이러한 초식동물들은 존재하는가?"라는 물음이 다시 제기된다. 그리고 그것은 육식동물을 위한 것이고, 그것은 다시 인간을 위해서 존재한다고 말할 수 있게 된다. 인간의 지성은 모든 생물들을 다양하게 사용하도록 한다. 그렇기 때문에 칸트는 오직 인간만이 지구상에 있어서 창조의 궁극 목적이라고 단정한다(*KU*, 383). 인간은 목적을 이해하고, 자신의 이성에 의하여 합목적적으로 형성된 사물들의 집합을 목적의 체계로 만들 수 있는 유일한 지상 존재자이기 때문이다. 칸트에 의하면 린네는 그 반대로 설명하였다. "초식동물은 식물계의 많은 종이 질식할 정도로 식물계가 무성하게 자라는 것을 조절하기 위하여 존재하고, 육식동물은 초식동물의 탐식을 제한하기 위하여 존재하며, 마지막으로 인간은 육식동물을 수렵하고 감소시킴으로써 자연의 산출력과 파괴력 사이에 일정한 균형을 유지하기 위하여 존재한다"(*KU*, 383). 린네의 이론에 의하면, 칸트는 인간이 어떤 경우에는 목적으로 인정될 수 있지만, 다른 경우에는 수단으로 전락할 수도 있다고 지적한다.

우리가 합목적적으로 구성된 유기체적 존재자(생물)의 외적 상호관계에 있어서 객관적 합목적성을 원리로 채택한다면, 여기에서 목적인에 따르는 모든 자연계의 하나의 체계를 생각할 수 있다. 그러나 이런 생각은 자연에서의 경험과 모순된다. 그와 같은 자연의 목적 체계는 자연의 최종 목적을 인간이라고 상정함으로써 가능하게 된다. 그러나 자연은 인간을 많은 동물들 가운데 한 종류에 속하는 것으로 간주할 뿐만 아니라, 자연이 가지고 있는 엄청난 파괴력과 산출력으로부터 인간을 제외시켜 주지 않고, 자연의 기계적 조직에 종속시키고 있다. 자연 존재자들의 살아가는 터전과 생활 환경, 그리고 서식처라는 관점에서 보더라도 인간은 다른 생물들에 의존하고 있으며, 다른 생물들을 보편적으로 지배하는 자연의 기계적 조직이 인정되는 경우에는 인간도 자연의 기계적 조직의 지배 하에 들어가게 된다. 그러므로 인간은 자연의 최종 목적일 수 없으며, 같은 근거에서 모든 유기적 사물 존재자들의 집합이 목적의 체계일 수도 없다는 사실이 입증된다. 그리고 자연 목적이라고 생각되었던 자연 산물조차도 자연의 기계적 조직 이외의 다른 기원을 가지지 않는다는 사실이 증명된 것이다(*KU*, 386).

자연의 최종 목적으로서 인간의 목적이라고 규정될 수 있는 두 가지의 가능성은 바로 '행복'(Glückseligkeit)과 '문화'(Kultur)이다. 모든 자연적 욕구를 통하여 실현되는 행복은 결코 인간의 목적이 될 수 없다. 왜냐하면 그와 같은 자연적 욕구에 대한 추구는 인간의 수준을 자연 상태로 저하시키는 동시에 자연 역시 인간에게 특별한 대우를 하지 않기 때문이다. 자연은 인간에게 행복을 보장하기보다는 오히려 악질과 기근, 수해와 냉해와 같은 온갖 재해를 동원하여 공격하고 있다(*KU*, 389). 그리고 비록 자연이 인간의 행복을 증진하는데 기여한다 할지라도, 인류는 그 내면적 본성에 의하여 압제와 전쟁과 같은 만행을 저지르면서 스스로의 행복을 저해하게 된다. 그러므로 이제 칸트에서 인간의 목적으로 간주할 수 있는 유일한 가능성은 문화이다.

문화는 "임의적인 목적 일반에 대하여 이성적 존재가 유용성을 산출"(Hervorbringung der Tauglichkeit eines vernünftigen Wesens zu beliebigen Zwecken überhaupt)하는 형식적 규정이다(*KU*, 391). 이 유용성은 자신의 목적을 실현하기 위하여 자연을 자유롭게 목적 일반의 격률에 맞도록 수단으로 사용하는 것을 말한다. 그러므로 문화는 자연을 목적론적 체계로 파악 가능하게 하는 결정적 계기가 된다. 그러나 칸트에 의하면 모든 문화가 인간의 목적이 되는 것은 아니고 욕망과 폭력의 (전제)로부터 오는 문화는 배제된다.

궁극 목적이란 "자신의 가능 조건으로서 다른 어떤 것도 필요로 하지 않는 목적"이다(*KU*, 396). 자연의 합목적성에 대하여 자연의 기계적 조직이 설명 근거로 상정된 경우에는 세계 사물의 존재 목적을 물을 수 없다. 그러나 이 세계에 있어서의 목적 결합을 실재적인 것으로 생각하고, 여기에 의도적으로 작용하는 원인의 인과성을 상정하는 경우에는 그 유기체적 존재자들의 존재 목적을 생각할 수 있게 된다. 칸트에 의하면 이 세계에서 목적론적 인과성을 가진 유일한 종류의 존재자들은 인간이다. "세계의 사물들은 그 현존에 있어서 의존적 존재자이므로, 목적에 따라 활동하는 어떤 지고한 원인을 필요로 한다면 인간은 창조의 궁극 목적이다. 인간이 없으면 상호 종속적인 목적들의 연쇄가 완결되지 못할 것이기 때문이다. 인간에 있어서만, 그리고 도덕성의 주체로서의 인간에게서만 목적에 관한 무조건적인 입법은 성립하며, 이 무조건적 입법만이 인간으로 하여금 전 자연이 목적론적으로 종속하는 궁극 목적일 수 있게 하는 것이다"(*KU*, 398f). 그리고 칸트는 인간이 자연의 최종 목적이라는 사실은 규정적 판단력에 대한 것은 아니지만 반성적 판단력에 있어서는 설득력을 가진다고 주장한다. 결국 칸트는 인간중심주의적 시각에서 자연 목적을 반성적 판단력으로 구성한 것이다.

6. 칸트 이후: 평가와 전망

칸트의 목적론을 비판적으로 고찰하였던 N. 하르트만은 자연철학에서의 중요한 네 시기를 다음과 같이 구분한다:

첫째로 아리스토텔레스의 자연철학과 스콜라주의적 자연 목적론이 우세한 시기로서 플라톤의 형상이론에서 출발하여 16세기 말까지 지배적이었다.

둘째로 갈릴레이와 뉴턴의 고전물리학 시기로서 14세기에서 17세기에 해당된다. 고전물리학에 입각한 우주론은 칸트의 『보편적 자연사와 천체론』 및 『자연과학의 형이상학적 근거』에서 그 절정에 이른다. 비판기 이전의 칸트는 유기체에 관하여 결코 독단적 입장을 전개하지 않았다. 그리고 『순수이성비판』에서 칸트는 자연 신학을 비판하였지만, 통일적인 자연을 범주적 또는 구성적 주체에 대한 학문대상으로 설정하였다. 그러므로 비판기에 있어서 유기체적 자연 대상은 아직 특수한 위치를 점유하지 못하고 있는 것이다.

셋째로 칸트의 『판단력비판』에서 전개된 유기체 철학의 시기에 반성적 판단력의 분석을 통하여 자연에 대한 관점은 인간학적 전환을 맞게 된다. 칸트는 유기체를 파악하는 데 있어서 기계적 법칙 이외의 다른 목적성의 법칙을 요청하였다. 그는 기계적 인과성을 자연 인식의 구성적 원리로 인정하는 한편, 자연의 목적에 대해서는 발견적, 통제적 원리로 간주하였다.

넷째로 관념론적 자연 형이상학의 시기는 셸링34)과 헤겔에 의하여 주도되었으며, 특히 헤겔은 칸트의 목적론에 구성적 의미를 부여하였다.35) 여기에서 하르트만은 칸트가 동력학(Dynamik)에서의 물질을 인력과 척력이라는 두 힘의 대립으로 설명하면서 항성 체계에로 우주적 관점을 확장시키는 동시에, 유기적 합목적성을 통하여 자연 철학에서의 새것(Novum)을 획득하는데 성공하였다고 일단 긍정적으로 평가한다. 그러나 하르트만은 칸트가 반성적 판단력을 단초로 하여, 유기적 세계나 또는 세계 전체에 있어서의 자연 목적을 교호적 또는 삼투적으로 설정하는 것과는 반대로, 실재적 세계에서는 인과성(Kausalität)을 일관되게 적용하는 한편 그에 대응하는 의식의 세계에서만 목적성(Finalität)을 인정함으로써 인과성을 가지고 전체 세계를 파악하려고 하였다. 하르트만은 칸트의 목적론보다 더 강력하고 급진적인 인과론적 주장을 통하여, 이 세계는 실재 범주인 보편적 인과성의 연관 속에 놓여 있고, 이와 같은 보편적 인과성은 무심하고 방향성이 없으며 유해하지 않다고 주장한다.36) 그리하여 하르트만은 칸트의 목적론이 가지고 있는 불완전성을 그가 자연과

---

34) 셸링은 자연 변증법에서 기계론과 생기론의 대립을 설정하고 생물은 외부로부터의 화학적 영향에 의하여 유지되는 지속적인 화학적 과정이라는 '생리학적 유물론'(physiologischer Materialismus)과 유기체 내에서 물질의 화학적 힘과 법칙을 지향하는 원인은 물질적인 것일 수 없다는 '생리학적 비물질론' (physiologischer Immaterialismus)의 이율배반을 설정함으로써 칸트의 목적론적 이율배반과 유비적인 관계를 갖고 있다. Schelling, F.W.J.: *Erster Entwurf eines Systems der Naturphilosophie.* 1799.

35) Hartmann, N.: *Philosophie der Natur.* Berlin 1980. 2.Aufl. S. 5; 독일관념론 철학에서 칸트의 『판단력비판』에 대한 수용사적 고찰은 호르스트만이 편집한 『헤겔의 자연철학』(Horstmann, Rolf-Peter u.a. Hrsg.: *Hegels Philosophie der Natur.* Stuttgart 1986)과 풀다가 편집한 『헤겔과 판단력비판』(Fulda, H. -F. u.a. *Hrsg.: Hegel und die "Kritik der Urteilskraft".* Stuttgart 1990)을 참조하라.

36) Löw, 285ff; Hartmann, N.: *Teleologisches Denken.* Berlin 1951, S. 123ff.

정의 실재 범주로 인정하고 있는 인과성(Kausalität)의 연관체계로서 대체하려고 하였던 것이다. 그러나 뢰프는 그가 어디에서 이러한 인과성을 발견하는가라는 물음을 다시 던지고 있다(Löw, 288).

이상과 같이 유기체의 자연 목적은 고전 생물학과 유기체 철학에서 다양하고 심지어는 상반되기조차 한 견해가 발견된다. 그렇기 때문에 칸트의 목적론적 유기체론에 대해서도 상이한 해석이 가능할 수 있다. 칸트의 자연 해석에 논의는 결국 칸트 이전의 생물학적 견해에 대한 상이한 입장의 차이를 다시 한번 확인해 주는 계기가 된다. 왜냐하면 이들은 또다시 칸트의 유기체론을 단순하게 기계적으로 해석하거나 생명현상의 특수한 위치를 인정하는 방향으로 엇갈리게 나타나기 때문이다. 신칸트학파에서는 전반적으로 칸트의 비판적 자연 목적론을 비판적 학문의 인식론적 정초로 보았고 다윈의 진화론과 논쟁적으로 대치시키려고 하였다. 특히 칸트의 목적론에 대하여 최초의 체계적 저술을 하였던 슈타들러(A. Stadler)는 칸트의 목적론이 유기체의 학문적 인식의 원칙들을 제시한다고 보았으며 유기체적-객관적 합목적성과 체계적 합목적성의 연관을 정당한 것으로 파악하였다.[37] 또한 바우흐(B. Bauch)는 『판단력비판』에다 선험철학의 중심적 위치를 부여함으로써, 자연의 일반 법칙을 정립한 『순수이성비판』 이후에 『판단력비판』은 특수한 자연 법칙으로서 자연의 구체적 내용의 논리적 질서를 인식할 수 있는 가능성을 작업하였다고 주장한다.[38] 운거러(E. Ungerer)는 자연의 합목적성

---

37) Düsing, Klaus: *Die Teleologie in Kants Weltbegriff.* Bonn 1968. S. 13; A. Stadler: *Kants Teleologie und ihre erkenntnistheoretische Bedeutung.* Berlin 1874.

38) Düsing 1968, S. 13f. 뒤징은 바우흐의 경우에 자연을 법칙으로 기술하는 순수 지성의 종합적 원칙들과 합목적성의 통제적 원리 사이의 특별한 차이가 유실될 위험이 있다고 지적한다. 바우흐는 선험적 논리학을 세계 질서에 적용하여 최고의 이성 개념을 자연의 일반적 형식과 자연의 구체적 내용을 총괄하는 논리

의 근본유형을 간결하게 서술하면서도 칸트의 자연 목적 개념을 드
리쉬의 생기론적 전체성 생물학의 시각에서 비판하였다.[39] 그러나
칸트의 유기체론에 대한 계속적인 비판에도 불구하고 선험철학적
관점에서 유기체론을 재해석하려는 시도가 윅스퀼(Uexküll)[40]과 한
스 요나스(H. Jonas)[41]에 의하여 이루어졌고, 뒤징(K. Düsing)[42]과
뢰프(R. Löw)[43], 매크로린(P. Maclaughlin)[44] 등에 의하여 목적론

적 질서의 총체 개념으로서의 세계 원인으로 상정한다. 그러나 칸트의 경우에
세계 원인으로서의 최고 지성의 이념은 자연의 합목적성, 즉 반성적 판단력의
근거로서만 사유되었다. 뒤징에 의하면 바우흐는 결국 칸트의 목적론을 신칸트
학파적 시각에서만 파악하였다는 것이다; B. Bauch: *Immanuel Kant.* 2. Aufl.
Berlin und Leipzig 1921.

39) Düsing, S.14; E. Ungerer: *Die Teleologie Kants und ihre Bedeutung für die
Logik der Biologie.* Berlin 1922. 드리쉬는 그의 논문 「칸트와 전체」(*Kant und
das Ganze,* in: Kant-Studien 29, 1924, S. 365-376)에서 자연 목적론을 전체성
(Ganzheit)의 개념으로 대체하려고 시도했고 유기체의 특성을 '전체성' 개념으
로 파악하는 데서의 문제점들은 바우만의 저서『유기적 합목적성의 문제』(*Das
Problem der organischen Zweckmäßigkeit.* Bonn 1965)에서 논의되고 있다. 그
는 자연 목적론에 대한 전체성 생물학적 비판을 수정하지만 유기체를 인식하는
데 있어서 칸트의 목적론 개념에 완전히 동조하지는 않는다.

40) Uexküll, Jakob von: *Theoretische Biologie.* Berlin 1920; *Der Sinn des Lebens.*
Stuttgart 1977.

41) Jonas, Hans: *Das Prinzip Verantwortung. Versuch einer Ethik für die techno-
logische Zivilisation.* Frankfurt 1979; *Theorie des Organismus und Sonderart
des Menschen,* in: *Philosophische Untersuchungen und metaphysische Vermu-
tungen.* Frankfurt und Leipzig 1922.

42) Düsing, Klaus: *Die Teleologie in Kants Weltbegriff.* Bonn 1968; *Teleologie
und natürlicher Weltbegriff,* in: *Neue Hefte für Philosophie.* Nr.20, 1981; *Die
Idee des Lebens in Hegels Logik,* in: Horstmann, Rolf-Peter u.a. (Hrsg.):
Hegels Philosophie der Natur. Stuttgart 1986; *Vorbemerkungen zum Kolloquium über
Teleologie und Kosmologie,* in: Henrich, D. u.a.(Hrsg.): *Metaphysik nach Kant?*
Stuttgart 1988; *Naturteleologie und Metaphysik bei Kant und Hegel,* in:
Fulda, H.-F. u.a.(Hrsg.): *Hegel und die "Kritik der Urteilskraft".* Stuttgart
1990.

43) Löw, Reinhard: *Philosophie des Lebendigen. Der Begriff des Organischen bei
Kant,* sein *Grund und seine Aktualität.* Frankfurt 1980.

을 적극적으로 해석하려는 경향도 나타나기 시작하였다. 그러나 자연 과학이 급격하게 발달한 18세기와 19세기에 등장하기 시작한 반목적론주의(Antiteleologismus)는 20세기에 이르러서 그 절정에 달하게 되었다. 생물학의 영역에서도 하나의 법칙에 의하여 세계 전체를 설명하려는 시도가 계속되면서 목적론 사상은 철저하게 부정되었다. 그리하여 피텐드릭(C.S. Pittendrigh)[45]은 전통적인 목적론 개념에 대한 집중적인 비판을 피하기 위하여 1958년에 '목적활동성'(Teleonomie)이라는 용어를 생물학에 처음 사용하였고, 마이어(E. Mayr)[46]는 이 개념을 일반적으로 수용하였다. 이 목적 활동성이라는 용어는 현상적으로 합목적적이고 목표를 지향하는 특성이나 태도를 유기체의 근본특성으로 나타내기 위하여 창안된 것이다.[47]

이와 같은 논의 상황 속에서 우리는 지난 1987년 독일 슈투트가르트에서 열린 헤겔 학회 중 제8분과의 주제 <목적론과 우주론>에 대하여 총론적으로 예비 설명을 한 뒤징의 견해에 주목할 필요가 있다.[48] 그는 먼저 목적론의 문제가 네 개의 주요 영역에서 거론될 수 있다고 보았다. 첫째로 존재론에서 목적론이 거론될 수 있으며, 아리스토텔레스와 헤겔 철학에서 단적으로 드러난다. 여기에서는

---

44) McLaughlin, Peter: *Kants Kritik der teleologischen Urteilskraft.* Bonn 1989.
45) Pittendrigh, C. S.: *Adaption, Natural Selection and Behaviour,* in: Behaviour and Evolution, ed. A. Roe, G. G. Simpison, New Haven 1958.
46) Mayr, E.: *Cause and Effect in Biology,* in: Science 134 (1961) S. 1501-1506; □ : *Teleological and Teleonomic a new Analysis,* in: Boston Studies in the Philosophy of Science 14(1974) S. 91-117; deutsche Fassung: *Evolution und die Vielfalt des Lebens.* Berlin 1979.
47) Hassenstein, B.: *Biologische Teleonomie,* in: Neue Hefte für Philosophie. Nr. 20, 1981, S. 60ff; Spaemann, R.: *Teleologie und Teleonomie,* in: D. Henrich, u.a. (Hrsg.): *Metaphysik nach Kant?* Stuttgart 1988.
48) Düsing, K.: *Vorbemerkungen zum Kolloquium über Teleologie und Kosmologie,* in: *Metaphysik nach Kant?* Stuttgarter Hegel-Kongreß 1987. Stuttgart 1988. S. 541-544.

목적론이 합목적성 연관의 표상인가, 존재자의 완성의 표상인가라
는 물음이 가장 결정적이다. 그것은 바로 목적론을 형상인(causa
formalis)으로 볼 것인가 목적인(causa finalis)으로 볼 것인가의 문
제일 것이다. 둘째로 살아 있는 자연의 영역에서 목적론은 거론될
수 있으며, 특히 생물학과 과학 이론에서 결코 포기될 수 없는 개념
이다. 단백질의 조절 기능은 목적활동적(teleonom)이라고 생각할
수 있다. 그리고 진화론에는 은폐된 목적론적(kryptoteleologisch)
개념이 들어 있다. 이미 라이프니츠와 칸트, 그리고 헤겔은 무기물
과 기계적 자연 속에서 목적론적 구조를 발견하려고 하였다. 셋째로
인간의 영혼이나 정신의 영역에서 목적 개념이 정초될 수 있다. 특
히 인간의 행위를 결정하는 것은 그의 의지와 목적이다. 상호적인
사회 행위와 사회 제도의 목적론은 의지의 목적과 유사한 구조를
가지고 있다. 넷째로 목적론은 세계 전체에 확장될 수 있다. 목적론
은 넓은 의미에서 개방적 세계의 이해 지평을 형성하는 기획의 구
조로서 간주될 수 있으며, 그처럼 이해된 세계 속에서 인간 존재는
의미 있게 될 수 있다. 뒤징은 물론 이러한 문제영역에서 목적론에
대한 반론이 예상될 수 있지만, 반론에 대한 반론도 충분히 가능하
다는 입장을 취한다. 결국 목적론에 대하여 어떤 태도를 취할 것인
가의 문제는, 칸트가 직시한 바와 같이, 자연에 대한 기계적 설명이
불가능하다는 것을 이론적으로 증명할 수도 없고, 그렇다고 하여 유
기체의 생명 현상을 기계적 설명만으로 충분하게 설명할 수 있다고
적극적으로 주장할 수도 없는 아포리아에 직면하게 한다. 이런 의미
에서 반성적 판단력에 의한 자연목적의 파악 가능성을 시사하고 있
는 칸트의 인간 중심적 세계 이해는 결국 그 이후에 성립되는 철학
적 인간학, 삶의 철학, 기초적 존재론, 그리고 문화철학 등을 가능하
게 하는 단초가 되고 있다. 세계 속에서 유일하게 목적을 가지고 있
으며 또한 동시에 자연 목적을 포착할 수 있는 존재자인 현존재는

존재 이해를 가지고 있는 세계 개방적 존재이면서 세계내존재인 것
이다. 칸트의『판단력비판』에서의 목적론 비판은 이 세계와 우주에
있어서 인간의 위치를 설정하는 의미심장한 논의였던 것이다.

3. 칸트와 진화론

1. 칸트와 생물학

아리스토텔레스의 형이상학과 칸트의 인식론, 그리고 후설의 현상학에 이어서 이제 현대의 생물학은 제1철학으로서의 입지를 강화하려고 시도한다.1) 이와 같은 시도는 '생물학에서의 뉴턴'으로 평가되고 있는 다윈의 진화론으로부터 직접적으로 영향을 받고 있는 진화적 인식론자들에 의하여 주도적으로 이루어지고 있다. 진화적 인식론의 출발점은 다윈이지만, 이들의 주요 논점은 칸트와의 연관 속에서 발굴된 것이다. 왜냐하면 생물학을 제1철학으로 정초하기 위하여 그들은 칸트의 이성비판에 대한 보완과 수정을 도모했기 때문이다. 생물학적 진화설을 과학이론으로 신뢰하고 있는 그들은 칸트가 주장하는 바, 이성 또는 지성에 선천적으로 주어져 있는 선험적인 기능이 진화의 산물이며, 따라서 칸트의 논의가 의미 있게 되기위해서는 인식의 생물학적 조건이 밝혀져야 한다고 강조한다. 이와 같은 배경에서 필자는 주어진 논제를 선험철학과 생물학적 진화론

---

1) Wuketits, F.M.: *Herausforderungen durch die moderne Biologie*, in: Philosophische Rundschau 30, H.1/2, 1983. Irrgang, Bernhard: *Biologie als Erste Philosophie? Überlegungen zur Voraussetzungsproblematik und zum Theoriestatus einer Evolutionären Erkenntnistheorie*, in: Philosophische Rundschau 33, H. 1/2, 1986.

의 관계, 특히 선험적 인식론과 진화적 인식론 사이의 논쟁을 중심
으로 접근해 가기로 하겠다.

칸트는 19세기와 20세기의 생물학에서 자주 인용되는 철학자다.
그러나 생물학의 인식론적 기초에 대한 논의와 관련하여 칸트의 생
물학적 이해에 대한 평가는 매우 다양하다. 에른스트 헤켈(Ernst
Haeckel)은 칸트철학을 '순수 사변적 형이상학'이라고 격하하는 동
시에 "그의 비판적 인식이론은 생리학적 계통발생적 기초가 잘못되
었다"고 비판적으로 평가하였다.[2] 그와 반대로 율리우스 라인케
(Julius Reincke)는 칸트의 『판단력비판』이야말로 칸트가 모든 생물
학자들을 세심하게 섭렵한 결과물이라고 평가한다.[3] 그리고 종종
찰스 다윈의 선구자로서의 칸트가 논의되기도 하지만,[4] 다윈 자신
은 칸트의 『실천이성비판』을 짧게 언급했을 뿐이었다.[5] 그리하여
어떤 학자들은 비록 오늘날의 관점에서 칸트의 사상이 생물학과 친
화성을 가지고 있다 하더라도 엄밀한 의미에서 칸트 자신을 진화론
의 선구자로 보기에는 곤란하다는 입장도 표명하고 있다.[6] 특히 진
화적 인식론자 중의 한 사람인 부케티츠는 칸트의 이론이 다윈의

2) Haeckel, E.: *Die Lebenswunder. Gemeinverständliche Studien über Biologische
Philosophie*. Stuttgart 1905, S. 11.
3) Reincke, J.: *Einleitung in die theoretische Biologie*. Berlin 1911, S. 87.
4) Langenbeck, W.: *Kant als Vorläufer Darwins*, in: Biologische Rundschau 7,
Jena 1969, S. 214-216. Lehmann, G.: *Kant und der Evolutionismus. Zur The-
matik der Kantforschung Paul Menzers*, in: Kant-Studien 53, 1961/2, S. 389-
410. Lenz, Fritz: *Kant und die Abstammungslehre*, in: Unsere Welt 37, 1945.
Schultze, F.: *Kant und Darwin*. Jena 1875.
5) Darwin, Charles: *The Descent of Man*. London 1874; dt.-Ausgabe von H.
Schmidt, *Die Abstammung des Menschen*. Stuttgart 1966, S. 122.
6) Lovejoy, A.O.: *Kant and Evolution*, in: B. Glass, O. Temkin, W. Straus (eds.):
Forerunners of Darwin 1745-1859, Baltimore 1959, pp. 173-206. Zimmer-
mann, W.: *Evolution. Geschichte ihrer Probleme und Erkenntnisse*, Freiburg/
München 1953.

자연도태설과 관련이 없으며, 오히려 자연에서의 합목적성에 대한 칸트의 이론은 기계적으로 진행되는 도태 원리와 반대적인 위치에 있다고 지적한다.[7]

칸트의 선험철학은 이제 좋든 싫든 간에 상관없이 진화적 인식론과의 논쟁을 통하여 다시 생물학과 조우하게 된다. 이와 같은 만남은 사실상 필연적인 것이다. 그것은 칸트가 생물학이나 생물학적 진화론을 선호하였다는 이유에서가 아니라, 칸트철학에서 전제되고 있는 사실들에 대한 최후정초적 논거가 바로 진화적 인식론에 의하여 수행되고 있으며, 바로 이 점에서 칸트철학과 진화적 인식론의 관계 설정이 가장 긴급한 철학적 논의의 주제로 부각될 수밖에 없었기 때문이다. 여기에서 가장 중요한 문제는 진화적 인식론에서 칸트철학이 어떤 의미로 다루어지고 있으며, 특히 칸트철학에서의 '선천적인 것'(das Apriori)이 발생적인 계통사에서의 '후천적인 것'(das Aposteriori)과 동일시될 수 있는가라는 물음에 있다.

진화적 인식론은 생물학적 진화론의 결과로서 인간의 인식과 사고작용에 대한 진화 이론이며, 우리 자신이 갖고 있는 이성과 반이성의 계통사적 근거를 포착하려는 구상이다. 다윈이 인간을 유기체의 진화에 편입시킨 이후로 생물학적 진화론에서는 인간의 모든 인식과 사고작용 역시 생물학적 진화 과정으로 환원될 수 있다고 간주되었다. 특히 리들(R. Riedl)은 이제 우리의 인식과 사고, 즉 우리의 이성은 계통발생적인 측면에서 상대화됨으로써 "우리가 우리의 이성에 대해서 이성적으로 말할 수 있는 관점"을 얻게 되었다고 말한다.[8] 진화적 인식론의 경험주의적 정초를 이루어낸 로렌츠의 『거

---

7) Wuketits, Franz M.: *Hat die Biologie Kant missverstanden? Evolutionäre Erkenntnistheorie und Kantianismus*, in: Lütterfelds, Wilhelm(Hrsg.): *Transzendentale oder Evolutionäre Erkenntnistheorie?* Darmstadt 1987, S. 34.

8) Riedl R.: *Biologie der Erkenntnis. Die stammgeschichtlichen Grundlagen der*

울의 배후: 인간 인식의 자연사』(1973)[9]나 리들의『인식의 생물학』
(1979)[10]에 의하면 인간의 이성은 결코 그 자체에 의해서 정초된
것이 아니다. 따라서 진화적 인식론자들은 우리가 우리 자신에 대해
서 이성이라고 체험하는 것이 어떻게, 즉 어떤 조건 아래서 계통사
적으로 성립될 수 있는가를 물어야 한다고 주장한다. 그리하여 '인
식의 생물학'으로서의 진화적 인식론은 인지 메카니즘 일반, 즉 인
식의 생물학적 계통발생적 선행조건을 연구한다. 이와 같은 인지기
제는 곧 넓은 의미에서 인식, 즉 감관에 의한 정보의 수용과 뇌와
신경조직에 의한 정보의 가공에 이르게 하고 인간적인 이성 인식의
기초를 설명하는 생물학적 기제의 재구성을 의미한다.[11]

그리하여 선험적 인식론과 진화적 인식론의 관계를 어떻게 설정
해야 하는가에 대한 물음은 모든 가능한 학문에서 생물학의 위상을
근본적으로 결정하게 되는 가장 긴급한 철학적 물음으로 제기되고
있다. 칸트가 제시한 객관적으로 타당한 경험 가능성의 조건들이 진
화적 인식론자들이 말하는 것처럼 새로운 가능성 조건에 대한 탐구
를 요구하고 있다면 제1철학의 영예가 생물학에로 돌려져야 할지도
모른다. 이와 같은 물음을 단초로 하여 필자는 이제 칸트철학에서의
생물학적 문제들을 살펴보고, 진화론적 논의를 통하여 칸트철학이
생물학적으로 변형되는 과정과 콘라드 로렌츠 이후의 진화적 인식
론, 그리고 피아제의 발생적 인식론에서 선험철학과 진화론의 근본
관계가 어떻게 설정되고 변형되고 있는가를 고찰하고자 한다.

Vernunft. Berlin, Hamburg 1980, S. 14.
 9) Lorenz, K.: Die Rückseite des Spiegels. Versuch einer Naturgeschichte menschlichen Erkennens. München/Zürich (1973).
10) Riedl, R.: Biologie der Erkenntnis. Die stammgeschichtlichen Grundlagen der Vernunft. Berlin-Hamburg 1981[3] (1979).
11) Wuketits, F.M.: Evolution, Erkenntnis, Ethik. Folgerungen aus der modernen Biologie. Darmstadt 1984, S. 64.

2. 칸트철학에서의 생물학적 문제들

칸트의 선험철학에서 생물학적으로 문제가 될 수 있는 전제들은 크게 세 가지로 생각해 볼 수 있다. 칸트의 첫 번째 생물학적 전제는 이성 개념이다. 그는 독단주의와 회의주의를 동시에 피하면서 객관적 타당성을 가진 경험을 가능하게 하는 조건 중의 하나로서 선험적인 인식능력을 가진 이성의 존재를 전제하고 있다. 그러나 칸트는 선험적인 인식 능력이 생물학적으로 어떻게 성립되었으며, 어떤 근거에서 그것은 객관적 인식을 가능하게 할 수 있는가에 대해서는 묻지 않았다. 칸트의 두 번째 생물학적 전제는 유기체적 자연의 합목적성과 그것을 인지할 수 있는 인간의 반성적 판단력이다. 자연 또는 현상으로서의 세계에 대하여 물리적인 원리 이외의 다른 어떤 것으로 설명될 수 있는가, 그리고 그와 같은 시도를 할 필요가 있는가에 대해서는 아직도 논란의 여지가 있을 것이다. 그러나 칸트는 기계론적 가설을 훼손하지 않으면서 특정한 자연 존재, 즉 유기체의 원리를 보다 효과적으로 설명하기 위해서 목적론적 원리가 도입될 수 있다고 주장하였다. 칸트의 세 번째 생물학적 전제는 자연과 주체의 상호작용과 관련된 진리론의 문제이다. 칸트는 우리가 그 존재를 사유할 수는 있으나 결코 경험적으로 인식할 수 없는 물자체로부터 그것의 현상적 지식이 성립된다고 보았다. 이 경우에 칸트는 객관적으로 타당한 경험을 가능하게 하는 두 가지 조건으로서 직관과 지성의 합성 작용을 제시하고 있다. 그러나 이와 같은 칸트의 주장에는 암묵적으로 독단주의적인 전제들이 수용되고 있음을 알 수 있다. 즉 칸트는 물자체와 직관적 인식 사이에서 진리 대응설을 전제하고 있으며, 직관 대상과 지성적 인식 사이에서는 진리 정합설을 수용하고 있다. 그럼에도 불구하고 칸트는 도대체 왜 우리의 인식이 그렇게 해야만 객관적 타당성을 부여받게 되는가에 대한 충분한 근

거를 대지 못한다. 이제 어떤 의미에서는 독단적일 수도 있는 칸트
의 이 세 가지 생물학적 전제들에 대해서 좀더 상세한 이해를 가진
후에 생물학적 진화론과 진화적 인식론자들은 이 문제들에 대해서
어떻게 대응하고 있는지를 살펴보기로 하겠다.

1) 선험적 이성의 가능성 근거

칸트가 그의 비판서에서 서술하고 있는 이성 존재는 사실상 경험
적 연역을 통하여 확보된 것이 아니다. 그것은 오히려 형이상학적
사유의 산물일 가능성이 많으며 동시에 요청명제로서의 성격도 가
지고 있다. 칸트의 선험철학에서는 직관과 범주라는 선천적 인식구
조가 전제되고 있다.[12] 직관은 물자체와 연관되어 있으며, 그것을
통하여 얻어진 데이터들이 하드웨어에 미리 내장된 프로그램에 의
하여 가공되고 정리되어 객관적으로 타당한 경험 내용이 산출된다.

---

12) 칸트의 선험철학에서의 '선천성'(Apriorität)의 문제는 특히 진화적 인식론과의
논쟁에서 '뜨거운 감자'로 부각되고 있다. 칸트에 의하여 경험 가능성의 조건으
로 제시되고 있는 인식능력의 선천적 기능은 어떤 절차를 통하여 확보된 것일
까? 칸트는 이렇게 말한다. "그런데 인간의 인식에 엄밀한 의미에서 필연적이
고 보편적인, 따라서 선천적이고 순수한 판단이 실제로 존재하고 있다는 사실
을 지적하기는 쉬운 일이다. 만일 학문 가운데서 한 예를 들 경우에 수학의 모
든 명제를 살피면 될 것이다. 만일 그 예를 일반적인 지성 사용에서 찾으려고
한다면 모든 변화는 원인을 가진다는 명제를 보면 될 것이다. 물론 이 후자의
경우에 원인이라는 개념 자체는 결과와 결합되어 있는 필연성의 개념과 보편성
을 가진 엄밀한 규칙의 개념을 포함하고 있으며, 만일에 흄처럼 원인이라는 개
념을 일어난 어떤 사실이 그것보다 선행하는 사실과 자주 동반해서 일어나고,
이로부터 발생하는 (주관적 필연성에 불과한) 표상 연결의 습관에서 도출하려
고 한다면 그 개념을 완전히 잃게 될 것이다. 또한 우리는 선천적 순수 원칙이
우리의 인식 중에 현실적으로 존재한다는 것을 증명하기 위하여 그러한 실례를
들 필요도 없이 이 원칙이 경험 그 자체의 가능성에 필수불가결하고, 따라서 선
천적이라는 사실을 밝힐 수 있을 것이다"(*KdrV*, B4f). 그러나 이성적 사유 능력
의 필연성을 거부한 흄의 회의주의적 주장을 비판하였던 칸트의 선험주의적 입
장은 이제 또 다시 진화론자들에 의하여 그 경험적 정초를 요구 당하고 있다.

이와 같은 칸트의 철학이론은 오늘날 여러 학문 분야에서 공동적으로 연구 개발할 필요성이 높아지고 있는 인지과학의 선행적인 모델로 받아들여질 수도 있을 것이다.

그러나 이를 위해서는 칸트가 아직 충분하게 다루어내지 못한 문제점들을 보완하지 않으면 안 될 것이다. 아직도 논란의 대상이 되고 있는 칸트철학에서의 아포리아는 선험적 연역과 물자체의 문제이다. 물자체와 순수한 자기의식의 문제는 칸트철학에서의 한계 물음에 속한다. 칸트에 의하면 물자체의 존재 근거는 결코 경험적으로 확보될 수 없지만 선험철학의 존립 근거로서 전제되지 않으면 안된다. 또한 동시에 선험적 연역은 이성이 그 자신에게 비판적 기능을 할 수 있도록 자체적으로 보증할 수 있는 자율규제적 장치를 확보하려는 시도였다. 이러한 칸트의 시도는 인식이 외부적 세계의 영향에 의해서 결정되는 것이 아니라 인식 주체의 자율적인 지성 조작에 의하여 이루어진다는 사실을 충분하게 보여준 셈이다.

그러나 칸트는 물자체로부터의 촉발을 감지할 수 있는 직관의 능력과 형식들, 직관을 통하여 수용된 자료들에 논리적인 통일성을 부여하고 개념화할 수 있는 지성의 능력과 범주 형식들, 그리고 우리의 직관에 감각적 지각의 형식을 통해서는 결코 드러나지 않지만 모든 가능한 경험들의 체계를 구축할 수 있도록 규제하고 방향을 제시해주는 이성의 이념화 작용이라는 세 가지 이상의 능력을 구비하고 있는 우리의 인식 능력인 이성이 어떻게 가능하게 되었는가에 대해서는 침묵하고 있다. 칸트가 상정한 이성 개념은 인간이 만일 진화론적 발달 과정의 산물이라고 할 경우에 마땅히 생물학적 논증에 의하여 그 성립과정과 기능이 설명되지 않으면 안 되는 이론 명제이지만, 칸트는 그것을 하나의 단적인 '사실'(Faktum)로서 받아들이고 있다. 이와 같은 칸트의 침묵으로부터 진화적 인식론자들은 이성의 존재 가능성을 위한 조건을 생물학적 진화론적 차원에서 밝히려고 한 것이다.

2) 자연의 합목적성과 반성적 판단력

칸트의 선험철학과 관련된 다른 하나의 생물학적 전제는 생명을 가진 유기체적 존재의 '합목적성'에 대한 견해와 그것을 인지할 수 있는 '반성적 판단력'이다. 칸트는 그 이전의 생물학에서 논쟁점이 되었던 기계론과 생기론, 전성설과 후성설의 대립을 목적론적 세계관을 통하여 해소하고자 시도한 바 있다. 그러나 칸트 자신이 인지하고 있었던 것과 마찬가지로 모든 가능한 생명 현상을 물리학적 법칙으로 설명할 수 있는가, 그렇지 않으면 새로운 법칙을 요구해야 하는가의 문제는 이율배반을 구성하고 있다. 또한 동시에 어떤 유기체적 존재가 태생학적으로 그 발생 이전의 포자 속에 완전한 모습으로 존재하는가, 그렇지 않으면 그 발생 이후에 점진적인 발전을 통하여 완성된 개체로 변모하게 되는가의 문제 역시 칸트 시대의 생물학적 아포리아였다.

칸트는 자연의 산출 원리를 자연의 활동 방식 또는 인과성(칸트는 이것을 '기술'이라고 부른다)에 근거하여 자연 목적의 관념론과 실재론으로 구분한다. 자연 목적의 관념론은 무의도적인 자연적 기술(technica naturalis), 즉 자연의 기계적 조직(인과성 또는 숙명성)에 의하여 모든 가능한 자연 존재자를 설명한다. 인과성에 기초한 자연 목적의 관념론은 데모크리토스나 에피쿠로스와 같은 원자론 철학에서 비롯되었으며, 이것은 세계의 모든 존재 현상을 기계적 인과성의 원리에 의하여 설명하려는 시도였다. 숙명성에 기초한 자연 목적의 관념론은 스피노자의 범신론 철학에서 비롯되었으며, 이것은 자연의 모든 존재 현상을 초물리적인 어떤 실체의 우연적 속성으로 환원하려는 시도였다. 이러한 시도들은 결국 자연의 합목적성은 모두 무의도적이라고 보는 동시에 자연에 내재된 목적성을 인정하지 않는다. 칸트는 자연 목적의 관념론만으로 자연의 모든 존재자들, 특히 생명을 가진 유기체적 존재자를 설명하는 데는 한계가 있다고 지적한다.

이와 반대로 자연 목적의 실재론은 의도적인 기술(technica intentionalis), 즉 기계적 인과성 이외의 다른 인과성의 원리(합목적성)에 의하여 어떤 특정한 자연 존재자, 즉 생명을 가진 유기체적 존재자를 설명한다. 자연 목적의 실재론은 의도적인 기술의 주체와 관련하여 물리적 실재론과 초물리적 실재론으로 구분된다. 물리적 실재론은 '물질의 생명'을 가정하거나 생기를 불어넣어 주는 내적 원리를 인정한 물활론자들에 의하여 주장되었으나 칸트는 이 가설이 자연 목적의 가능성을 선천적으로 통찰하지 못할 뿐만 아니라, 물질의 본질적 특성이 무생명성 또는 비활동성이기 때문에 살아있는 물질이라는 개념은 모순에 직면한다는 이유에서 거부한다. 초물리적 실재론은 자연 목적을 우주의 근원적 근거인 초월적 지성 존재자로부터 도출하려는 유신론자들에 의하여 주장되었으나, 칸트는 최고존재자인 신이 모든 자연 존재자들에게 합목적성을 부여한다는 사실은 규정적 판단력의 인식 대상이 아니기 때문에 이론적으로 증명되거나 반박될 수 없다는 이유에서 거부한다.

따라서 칸트에 의하면 자연 목적의 관념론과 실재론은 목적론적 판단력의 변증론에서 현상적으로 이율배반을 구성하게 되지만, 칸트는 규정적 판단력이 아닌 반성적 판단력을 내세움으로써 이율배반을 해소하려고 시도한다. 칸트의 대답은 자연 세계의 모든 현상은 기계론적 원리, 즉 물리적인 법칙에 의하여 설명될 수 있고 또한 설명되어야 하지만, 어떤 특정한 유기체적 존재자들의 영역에서는 보다 더 효과적인 설명 원리, 즉 합목적성의 원리가 요구될 수 있다고 본다. 그리고 이러한 유기체적 자연의 목적 현상을 판독할 수 있는 인식 능력은 반성적 판단력으로서, 이것은 이성 사용의 규제적 원리에 의거하고 있다.

칸트는 반성적 판단력의 대상이 되는 목적론은 자연의 결과에 대한 객관적 근거를 제시하기 위하여 규정적 원리를 요구하고 있는 자연과학과는 전적으로 다르다고 주장한다. 따라서 칸트는 생명을 가진 유기체적 존재자의 발생과 전개에 대한 18세기 당시의 생물학 이론들을 비판적으로 논의하고 있다. 칸트의 근본적인 출발점은 유기체적 존재자의 가능성을 목적론적 원리만으로 설명하는 것은 불충분하다는 것이다. 유기체적 존재자들이 만일 기계적 인과성에 종속되어 있지 않다면 그것은 결코 자연의 산물일 수 없으며, 따라서 생명을 가진 존재자들도 역시 인과적 법칙과 결합되어 있다. 그러나 이와 같은 기계적 인과성의 법칙은 의도적으로 작용하는 원인의 목적에 종속되어 있다.

칸트는 우선 유기체적 존재자들의 내적 합목적성을 설명하고 있는 두 가지 가설, 즉 기회원인론과 예정설을 비판적으로 검토한다.[13] 먼저 괴링크스나 말브랑쉬가 주장한 기회원인론에 의하면 신은 기회가 있을 때마다 어떤 특정한 유기체의 생식 과정에 직접적으로 개입한다. 그러나 칸트는 신의 기회적 간섭을 인정하게 되면 이성이 들어설 여지가 없어질 뿐만 아니라 일체의 자연도 완전하게 사라지게 된다고 지적한다.

그러나 예정설에 의하면 신은 최초의 창조물에 생산력과 산출 조직을 부여함으로써 계속적인 개체발생을 가능하게 한다. 칸트는 예정설을 어떤 것으로부터 나온 그와 똑같은 유기체적 존재자가 그것의 단순한 추출물(Edukte)이라고 보는 '개체적 전성설'(individuelle Präformation) 또는 '개전설'(Evolutionstheorie)과, 각각의 유기체적

---

13) Kant, I.: *Kritik der Urteilskraft.* Berlin und Libau 1790(A); Berlin 1799(B), Abk.: *KU.* 여기서는 B판을 인용한다. 제81절 참조

존재자는 그 종족에게 부여된 내적 합목적적 소질에 의하여 잠재적
으로 형성된 산물(Produkte)로서 출생 이후에 독립된 개체로 발전
된다는 이른바 '종적 전성설'(generische Präformation) 또는 '후성
설'(Epigenesis)로 구분하고 있다. 칸트는 여기에서 그 당시 생물학
에서 중점적으로 논의되었던 전성설과 후성설을 이렇게 구분하였던
것이다.14) 생명을 가진 유기체적 존재자가 어떻게 생성되고, 종적

---

14) 전성설은 모든 사물이 비록 우리에게는 지각되지 않을지라도 그 성장했을 때의
   완전한 모습이 처음부터 배 속에 이미 존재한다는 학설이다. 이 주장에 의하면
   모든 생명현상은 창조 이전에 미리부터 배(Keime) 속에 존재하고 있으며, 이것
   은 기계적 인과성의 법칙에 의하여 성장 발전된다. 따라서 생물에게 가능한 모
   든 발전은 이미 존재하는 성질의 증가나 감소에 의하여 결정된다. 라이프니츠
   (Leibniz 1646-1716), 말피기(Marcello Malpighi 1628-1694), 할러(Albrecht
   von Haller 1708-1777) 등이 주장하였으며, 최근에는 바이스만(August Weis-
   mann 1834-1914)이 보다 체계적으로 발전시켰다. 칸트는 전성설을 어떤 특정
   한 개체가 이미 배 속에서 결정된 상태로 추출된다는 사실에서 "개체적 전성
   설"이라고 불렀으며, 그처럼 완전한 모습을 갖춘 가능적 존재자가 양적 성장과
   발전에 의하여 완성된 개체가 된다는 점에서 '개전론'(Evolutionstheorie)이라고
   불렀으나, 이것은 다윈이 주장한 진화론과는 다르며 오히려 반대적일 수도 있
   는 입장이다. 17세기 중엽부터 생물학계에서 일반적으로 받아들여졌던 전성설
   은 어떻게 물질로부터 배가 유기화되고 복잡한 유기적 조직체를 구성하게 되는
   가를 설명하지 못함으로써 퇴조하기 시작하였다. 이러한 문제들을 해소하기 위
   하여 후성설이 제안되었다. 이것은 창조 이전부터 완성된 모습의 개체가 배 속
   에 존재한다는 극단적인 전성설의 주장을 생물학적인 상식에 맞도록 보완한 것
   이다. 다시 말하면 한 개체의 존재는 신적 원리 대신에 유기체적 존재자들의 내
   적 원리(종의 원리)에 의하여 생산된다는 것이다. 따라서 이 이론은 '종적 전성
   설', '개체 후성설' 또는 '신생설' 등으로 불리워지기도 한다. 칸트 시대에는 카
   스파 볼프(Caspar F. Wolff)와 블루멘바하(J.F. Blumenbach 1752-1840)가 이
   러한 입장을 취했으며, 칸트 역시 이들로부터 영향을 받았다. 그러나 특히 라마
   르크나 다윈에 의해서 유기체가 환경 영향에 의하여 변형될 수 있다는 사실이
   일반화되면서 전성설은 무너지고 말았으며, 후성설에서의 발전 개념이 보다 적
   극적으로 해석되는 진화론이 일반적으로 받아들여지게 되었다. 유전학의 선구
   자인 바이스만은 획득형질의 유전을 주장하는 라마르크나 자연선택에 의한 점
   진적 변이설을 주장한 다윈과는 반대로 오늘날 DNA설의 원형이 되는 '생식질
   의 연속성'(continuity of the germ-plasm)을 제안함으로써 전성설의 복권을 시
   도하였다. 그는 901마리의 쥐꼬리를 잘라서 다섯 세대 동안을 관찰한 결과 모

통일성을 유지하는 동시에 동일한 모습을 가진 개체들을 산출할 수 있는가에 대해서 칸트는 그 당시의 생물학자 블루멘바하의 입장을 수용하고 있다.[15]

생명을 가진 존재자의 고유한 활동이 선험적으로 규정된 특정한 목적에 의하여 이루어지는가, 그렇지 않으면 전혀 우발적인 환경 변화와 그에 대한 적응 과정에 의하여 규정되는가의 문제는 현대의 생물학적 철학에서 가장 심각한 물음으로 부각되고 있다. 한 특정한 개체의 형성과 관련된 생물학적인 종 개념과 변종, 돌연변이와 자연선택, 주체와 객체 사이에서의 자극과 반응 및 상호작용의 문제들은 칸트 이후의 생물학에서 주요한 논쟁점으로 부각되었으며, 결국 이 문제는 칸트의 선험철학을 비판적으로 검사할 것을 요구하게 된 것이다.

3) 자연세계와 인식주체의 일치 근거

칸트의 선험철학에서 제기되는 또 하나의 생물학적인 문제는 인

두 정상적인 꼬리를 가진 개체가 태어나는 것을 보고 획득형질은 유전되지 않는다는 사실을 확인함으로써 고유한 유전인자만이 개체의 종적 특성을 결정한다는 사실을 주장하였다. 그러나 물론 이러한 실험결과가 단적으로 라마르크의 테제를 부정할 수 있다고는 생각되지 않는다. 왜냐하면 인위적인 절단은 쥐의 주체적 사용의지와는 전혀 관계가 없으며, 따라서 생물학적 주체가 환경과의 상호작용을 통하여 획득한 형질이 아니기 때문이다. 그는 계속해서 히드로 충류에 대한 초기관찰을 통하여 동물의 생식세포는 종을 결정하는 데 필수적이고 다음 세대로 보존, 전달되는 어떤 것이 있다는 사실을 확인함으로써, 모든 생물체는 특수한 유전물질을 가지고 있다고 생각하게 되었다. 그의 '생식질'의 개념은 현대 생물학에서 염색체, 유전자, DNA 등으로 바뀌어졌다. 그리하여 현대 생물학에서는 전성설적 요소가 새롭게 변형된 유전학이 주도적인 역할을 수행하고 있다.

15) Blumenbach, Johann Friedrich: *Über den Bildungstrieb und das Zeugungs-geschäft*. 1781.

식주체가 외부세계에 대하여 만든 표상이 어떻게 적합성을 갖게 되는가에 있다. 우리는 어떤 근거에서 우리의 감각적 지각의 방식으로 표상한 것에 대하여 객관적인 인식이라고 말하게 되었는가? 선험적 인식론의 측면에서 볼 경우에 칸트는 이러한 문제 자체를 문제로서 의식하고 있지 않는 것처럼 보인다. 물론 이 문제는 우리가 앞에서 살핀 두 개의 문제들과 직접적으로 관련된 것이다.

칸트의 이성 '비판'은 이성이 그 자신의 능력에 대한 '자유롭고 공개적인 심사'16)를 시도한다는 사실에서 자체적인 모순과 순환논리를 범한다는 어려움을 안고 있다. 칸트철학에서 경험은 우리에게 객관적 실재성을 가진 인식을 부여하지만, 그와 같은 가능한 경험이란 실제로 우리의 특정한 인식, 즉 지성의 원칙들에 의하여 규정된다는 순환성에 빠져 있다. 그러나 지성의 원칙들에 의하여 규정된 경험들이 왜 객관적인 타당성을 갖게 되는가에 대해서는 논의되고 있지 않다.

칸트는 "우리의 모든 인식이 비록 경험과 함께 시작된다 하더라도 모든 인식이 경험으로부터 비롯되는 것은 아니다"(KdrV, B1)라는 선험적 인식론의 근본 명제를 확정하였다. 경험적 인식을 가능하게 하는 조건으로서 선험성의 지평을 설정한 것이다. 다시 말하면 칸트는 우리의 안에 있는 선천적인 인식의 요소들, 즉 순수 직관과 순수 지성 개념(범주)들은 경험과 독립된 것일 뿐만 아니라 경험을 가능하게 하는 조건으로 기능하고 있다는 것이다. 이와 관련하여 칸트는 어떻게 경험과 그 경험의 대상에 관한 개념이 필연적으로 일치한다고 생각할 수 있는가를 묻고 있다. 자연 질서와 범주는 어떻게 일치할 수 있는가? 이 물음은 인식론에 있어서 가장 근본적인 물음일 것이다. 칸트에 의하면 전통적으로 우리에게 세 가지 길이

---

16) Kant, I.: *Kritik der reinen Vernunft*. Riga 1781(A), 1787(B), Abk.: *KdrV*, A XI Anm.

제시되어 있다. 우선 경험이 개념을 가능하게 하거나, 또는 그 반대로 개념이 경험을 가능하게 한다는 두 가지 길과, 창조주에 의하여 일치하도록 예정되었다는 세 번째 가설을 생각할 수 있다(*KdrV*, B167).

우선 경험이 개념을 가능하게 한다는 첫 번째의 주장은 범주가 경험적인 근원을 가지고 있으며, 따라서 선천적인 인식의 요소들 역시 자연발생의 방식으로(eine Art von generatio aequivoca) 성립된다고 본다. 그러나 칸트는 감성적 직관과 범주는 선천적인 것으로서 경험에 의존하는 것이 아니라는 이유에서 이 주장이 잘못되었다고 평가한다. 개념이 경험을 가능하게 한다는 두 번째의 주장은 순수 지성의 범주가 모든 경험을 가능하게 하는 '근거'를 가지고 있다는 이른바 '순수 이성의 신생설 체계'(ein System der Epigenesis der reinen Vernunft)이다. 물론 칸트는 이 주장을 그의 선험적 인식론에서 적극적으로 수용하고 있다. 세 번째의 주장은 창조주가 우리의 실존에 사유의 주관적 소질을 이식하여 자연의 법칙과 일치하게 사용할 수 있도록 예정하였다는 가설이다. 따라서 여기에서 '선천적인 것'은 우리의 인식이 객관적 필연적으로 실재를 구성할 수 있도록 '스스로 생각해 낸 선천적인 제1의 원리'도 아니고 경험으로부터 얻어진 것도 아니다. 칸트는 이처럼 '순수 이성의 전성설 체계'(Präformationssystem der reinen Vernunft)가 제시한 임의적이고 주관적인 필연성 개념으로는 객관적 타당성을 가진 경험을 확보할 수 없다고 비판한다.

칸트는 선천성의 근거에 대한 경험적 주장과 함께 생득적으로 주어진 것이라는 신학적 주장을 모두 부정하면서 원천적으로 획득된 이성의 독자성을 강조하고 있지만, 인간의 지성 안에서 선천적으로 작동하는 능력들이 인간이라는 유기체의 일부이고, 또한 그것은 생득적으로 주어져 있는 '경험적 사실'에 속한다는 것을 간과함으로써 첫 번째 주장을 계승하고 있는 진화적 인식론자들의 공격에 직면하게 된 것이다. 즉 경험 이전에 우리에게 주어져 있는 선천적 인식의 요소들에 대한 계통사적 발생과 현존을 경험적-진화론적으로 연구해야 한다는 요구에 직면하게 되었다. 그리하여 이제 '더 이상 물러설 수 없는 선천적인 것' 또는 '선험성의 최후정초성'(칼-오토 아펠)에 대한 비판적 논의가 대두된 것이다.

칸트의 선험철학이 경험을 가능하게 하는 선험적 요소들에 의하여 성립된다 하더라도, 그와 같은 선험적인 것들이 결국 생물학적 진화의 산물이라고 한다면 칸트에서 경험의 객관적 타당성은 새롭게 이해되어야 할 것이다. 진화적 인식론은 칸트가 상정하고 있는 인식 능력에서의 선천적 요소, 즉 생득적인 능력에 대하여 경험적으로 접근하려고 시도하고 있다. 즉 '생득적인 근거'로서 '선천적인 것'이 생성된 과정에 대하여 그들은 경험적인 방식, 특히 생물학적-진화론적 방법을 통하여 고찰하려고 한 것이다. 이와 같은 연구를 통하여 진화적 인식론자들은 우리가 감각적 지각에 얻은 세계 인식이 객관적일 수 있는 것은 인식주체와 외부세계 사이에서 오랜 상호작용을 통하여 이룩한 생존을 위한 전략적 지혜라는 사실을 강조한다.

이와 같은 진화적 인식론자들의 논의에 대해서 칸트의 선험적 인식론은 별로 할 말이 없을 것 같다. 그러나 칸트는 다른 곳에서 인간의 세계인식이 규정적 판단력 이외에도 반성적 판단력에 의하여 수행되고 있으며, 이와 같은 인간의 합목적적 세계 이해는 인간에게 고유한 '문화'(Kultur)의 창출을 위한 것임을 강조하고 있다(*KU*, 391f). 이와 같은 칸트의 인간중심주의적 세계 이해가 외부세계와의 상호작용을 통하여 세계창조의 최종 목적인 인류문화의 구축을 목표로 설정하고 있다면, 인식 주체와 외부세계의 적합성 여부가 곧 생존의 조건을 결정한다는 진화적 인식론자들의 주장은 결과적으로 동일한 현상에 대한 상이한 설명에 지나지 않는다. 다시 말하면 인식 주체가 외부세계의 존재를 그것과 동일한 것으로 인식하는 근거를 생존과 연관시켜서 설명하는 진화적 인식론자들과 마찬가지로, 칸트주의자들은 그것을 세계 창조의 궁극 목적인 인류의 문화 창달을 위한 합목적적 행위의 소산이라고 설명할 수 있을 것이다. 그러나 이와 같은 논의들은 과학적인 설명의 대상이라기보다는 세계관적인 기술의 측면을 더 많이 함축하고 있다.

3. 진화론의 성립과 칸트주의의 생물학적 전회

칸트철학에서의 생물학적 전제들은 진화론의 성립과 더불어 새로운 비판과 해석의 대상이 될 수밖에 없었다. 칸트의 세 가지 생물학적 문제들, 즉 선험적 순수이성, 자연의 합목적성과 반성적 판단력, 그리고 자연세계와 인식주체의 일치 근거에 대한 물음은 진화론이 성립되기 시작하면서 자연과학적, 특히 생물학적 방법론에 의하여 새롭게 연구되어야 한다는 요구에 직면하게 되었다. 다시 말하면 칸트의 전제들은 더 이상 물러설 수 없는 최후정초적 명제가 아니라 경험적 논증에 의하여 해명되어야 할 과제로 인식되었던 것이다. 따라서 진화론의 성립과 더불어 인식의 생물학적 조건들에 대한 과학적 연구의 필요성이 구체화되기 시작했으며, 이것은 나중에 허버트 스펜서(Herbert Spencer 1820-1903), 헤켈 등을 거치고 콘라드 로렌츠(Konrad Lorenz)에 이르게 되면서 진화적 인식론으로 발전되었다. 칸트철학은 특히 드리쉬와 베르그송, 그리고 피아제에 의한 생물학적 전회를 통하여 진화적 인식론자들과의 새로운 대결을 맞게 된다. 필자는 이제 진화론의 성립과정과 진화적 인식론에서 칸트의 생물학적 문제들이 어떻게 수정되고 변형되는가를 살펴보기로 하겠다.

1) 생물학적 기계론으로서의 진화론

생물학계의 뉴턴이라고 불리워지고 있는 다윈이 진화론을 수립하기 전에는 종은 변하지 않으며 개체적으로 만들어진 것이라는 전성설적인 주장이 일반적이었다. 그러나 뷔퐁(Georges-Louis Leclerc, Comte de Buffon 1707-1788)[17]을 비롯한 극소수의 생물학자들은 종은 생식과 변이에 의하여 진화된다는 사실을 알고 있었다. 특히 라마르크(Lamarck 1744-1829)는 1801년에 최초로 발표한 그의 학설과 1809년과 1815년에 발표한 그의 두 저서에서 인류를 포함한 모든 종이 다른 종으로부터 나온 것이라는 학설을 지지하였다.[18] 자연에서의 모든 변화는 기적적인 어떤 중재에 의해서가 아니라 자연적인 법칙에 의하여 이루어지며, 생물이 갖고 있는 완성을 향한 경향이 진화를 주도하는 원인이라고 믿고서 단세포 생물에서 인류에까지 이르는 진화의 계통수를 만들었다. 그리고 모든 생물의 기관들은 그 사용 정도에 따라서 발달 혹은 퇴보하고, 이처럼 환경에 의하여 획득된 형질들은 생식에 의하여 후대에 전달된다는 이론을 주장하였다. 1828년에 생틸레르(Etienne Geoffroy Saint Hilaire 1772-1844)도 역시 종의 변화가 생활환경이나 주위 상황에 의하여 결정된다는 입장을 조심스럽게 개진하였다. 그는 1850년에 어떤 종에 있어서나 특수한 형질은 동일한 환경에서는 유지되고 고정되지만, 주위의 상태가 변할 경우에는 그 형질도 따라서 변화한다는 사실을 주장하였다.

생물학적 진화론과 다른 맥락이기는 하지만 허버트 스펜서 역시 종의 진화가 환경의 영향에 의하여 이루어진다고 생각하였다. 그는 『제1원리』[19]에서 원인과 결과의 발전 계열을 체계화하면서, 물질적

---

17) Buffon, G.L.L.: *Allgemeine Historie der Natur*. Leipzig 1770-1772.
18) Lamarck, J.B.: *Zoologische Philosophie*. Leipzig 1909.

변화 원리가 식물과 동물, 그리고 인간의 사회적 삶과 종교, 학문, 예술에 이르기까지 보편적 타당성을 갖는다는 사실을 입증하려고 노력하였다. 그 결과 그는 모든 것은 입증할 수 있는 원인을 가지고 있으며, 모든 발전은 동질성에서 이질성으로의 전개와 이행이라는 진화론을 수립하였다. 스펜서는 철학을 보편적인 타당성을 가진 모든 인식의 총합이라고 생각했으나, 칸트에서의 선천적 인식이나 공간과 시간의 분석, 그리고 헤겔의 목적론적 원리를 인정하지 않았기 때문에 선험적인 것을 심리학의 영역에만 배치하고, 직관과 경험에서 비롯되지 않는 형이상학은 부정하였다. 심지어 그는 절대자도 물리학적으로 규정된 힘과 물질의 영구적 존재라고 설명함으로써 물질론적 기계론을 통하여 자연과 사회 현상 모두에 대한 일원론적 설명 체계를 구축하려고 하였다.

앞에서 언급한 라마르크의 학설은 진화론의 가설을 실험적 방법을 통하여 연구한 네덜란드의 유전학자 드 브리스(Hugo de Vries 1848-1935)에 의해서 멘델의 유전법칙과 생물학적 돌연변이설이 실제로 확인되면서 무너지기 시작하였다.[20] 이에 앞서 베이트슨 역시 종의 급격한 변이에 대하여 언급한 바 있다.[21] 드 브리스는 1866년에 달맞이꽃의 야생종이 재배종과 매우 다른 점에 착안하여 실험한 결과 새로운 종의 출현은 다윈이 주장한 것처럼 자연선택에 의하여 서서히 일어나는 것이 아니라 갑자기 일어난다는 사실을 확인하고 이를 '돌연변이'(Mutation)라고 불렀다. 따라서 진화는 새로운 종을 갑작스럽게 출현하게 하는 돌연변이의 연속이라고 설명하

19) Spencer, Herbert: *First Principles*. London 1862.
20) De Vries: *Die Mutationstheorie*. Leipzig 1901-1903; *Species and Varieties*. Chicago 1905.
21) Bateson: *Materials for the study of variations and mutations,* in: American Journal of Science, November 1894.

였다.

다윈(Charles Robert Darwin 1809-1882)은 모든 생물들은 생식 과정을 통하여 양적 확산을 시도하고 있으나 자연선택에 의하여 제한된다는 이론을 발표하였다.22) 그는 동식물의 생활방식에 대한 오랜 관찰을 통하여 식물과 동물의 생활환경에서 유리한 변이는 보존되고 불리한 변이는 절멸되는 경향이 있다는 생각을 갖게 되었고, 따라서 어떤 유기체가 다른 것보다 더 오래 생존하는 것은 그것들이 환경에 보다 더 잘 적응한 결과라고 설명하였다. 그러나 드 브리스와는 반대로 그는 생물의 변이는 자연선택의 결과로서 남게 되는 경미한 요소들의 축적과 생식에 의하여 이루어진다고 생각하였다. 다윈은 라마르크가 말한 획득형질의 유전 가능성을 생식에 의한 변이와 자연선택 및 적응 이론으로 대체한 것이다. 그러나 다윈의 점진적 변이설은 자연선택을 거친 변이적 요소들이 어떻게 보존되고 다음 세대에 새로운 형질로서 전달되는가에 대한 인과적 연쇄를 해결해야 한다. 그 전에는 존재하지 않았던 새로운 형질들이 어떻게 생성되고 다음 세대로 전달될 수 있는가의 문제를 생물학적 기계론의 틀 안에서 설명해야 할 의무가 부과된 것이다. 이러한 문제들은 나중에 유전학의 분야에서 중요한 연구 대상이 되었다. 실제로 다윈 이후의 생물학적 철학에서는 칸트가 합목적성의 원리를 도입함으로써 해소하였다고 믿었던 생물학적 인과성의 문제, 그리고 다윈 자신이 생물학적 기계성의 원리로 세계의 생명 현상을 모두 설명할 수 있다고 믿었던 바로 그 문제들로부터 또 다시 기계론(헤켈)과 생기론(드리쉬)의 논쟁이 재연되었다.

---

22) Darwin, Charles: *Über die Entstehung der Arten durch natürliche Zuchtwahl.* Stuttgart 1899.

2) 기계론과 생기론의 대립, 그리고 칸트주의의 생물학적 전회

다윈의 진화론에서는 기계적인 인과성의 원리 이외에 다른 설명원리를 인정하지 않음으로써 칸트의 생물학적 목적론과 차별화될 수 있었다. 헤켈(Ernst Hackel 1834-1919)은 다윈의 생물학적 개혁을 코페르니쿠스에 의한 우주론적 개혁과 같은 것으로 이해하였다. 헤켈은 칸트가 말하였던 유기체적 산출의 원리까지도 물리적 법칙에 의하여 설명할 수 있는 이른바 '풀포기의 뉴턴'(Newton des Grashalms; *KU*, 338)을 다윈이라고 보았으며, 따라서 칸트가 결코 해결할 수 없다고 생각하였던 문제가 그의 선택이론에 의하여 사실상 해결되었다고 보았다.[23] 헤켈은 칸트의 목적론적 유기체론을 정면으로 비판하는 동시에 다윈의 입장을 발전시켜서 생명현상을 물리학적 법칙에 의하여 일관되게 설명하려는 기계론적 일원론의 체계를 수립하였다.[24] 이성의 내적 자체고찰로부터 외부세계의 존재와 속성을 아프리오리하게 추론한 칸트의 자연과학적 정초 근거가 형이상학적이고 선험적이었다고 한다면, 헤켈의 일원론적 세계관에서 그것은 물리적이고 경험적이었던 것이다.[25]

헤켈은 개체발생이 그 종의 발달사인 계통발생의 여러 발전 단계

23) Haeckel, E.: *Natürliche Schöpfungs-Geschichte*. Berlin 1898(1867/8), S.95; Cassirer, Ernst: *Das Erkenntnisproblem in der Philosophie und Wissenschaft der neueren Zeit*. 4. Band, Darmstadt 1973, S. 167-170.

24) 이처럼 기계론적 인과성만으로 유기체의 생명원리를 설명하려는 시도는 나중에 자크 모노에 의하여 계속된다: "진화의 길은 가장 보수적인 체계인 생물에서 우연적이며 목적론적 기능으로 영향을 미칠 수 있는 그 어떤 것과도 관계가 없는 미시적인 유형의 기초적 사건들에 의하여 열려지게 된다. 개별적이고 근본적으로 예측할 수 없는 이 사건이 일단 DNA 구조에 통합되면, 그것은 기계적으로 믿을 수 있게 복제되고 해석될 수 있다". Monod, Jacques: *Zufall und Notwendigkeit. Philosophische Fragen der modernen Biologie*. München 1996 (Paris 1970), S. 110.

25) Haeckel, E.: *Die Welträthsel*. Stuttgart 1903, S. 165.

를 빠른 속도로 단축해서 반복하지만, 그것은 유전의 생리학적 기능
(생식)과 적응의 생리학적 기능(영양)에 의하여 규정된다는 이론을
수립하였다. 그는 철학에서의 목적인을 부정하고 생명현상을 분자
적 결합으로 설명함으로써 무기물로부터 자연적으로 발생한 이른바
핵이 없는 단순한 원형질(monera)에서 다세포생물에 이르기까지의
진화적 계통을 일원적으로 기술하였다. 생물학자가 사실상 칸트에
대해서 직접적으로 의미 있게 언급한 것은 아마도 헤켈이 처음일
것이다. 그는 칸트의 선험철학적 방법론을 생물학적 차원에서 다음
과 같이 신랄하게 비판하였다:

> 그 이후의 모든 철학을 매우 어렵게 만들었던 칸트의 커다란 잘못
> 은 주로 그의 비판적 인식론에, 칸트의 사후 60년이 되어서야 비로
> 소 다윈에 의하여 발전이론이 고쳐지고, 뇌생리학이 발전됨으로써
> 확보될 수 있었던 생리학적이고 계통발생적 기초가 결여되었다는 사
> 실에서 찾을 수 있다. 칸트는 인간의 영혼과 그 이성의 생득적 특성
> 을 완전하게 주어진 존재라고 생각함으로써 그 역사적 유래를 전혀
> 묻지 않았다. 그는 이 영혼이 계통발생적으로 가장 가까운 포유동물
> 의 영혼에서 발전될 수 있었다는 점에 대해서 전혀 생각해 보지 않
> 았다. 그러나 선천적인 인식에 대한 놀라운 능력은 근원적으로 척추
> 동물인 인간에게 천천히 단계적으로 경험, 즉 후천적인 경험의 종합
> 적인 결합에 적응함으로써 얻어진 뇌 구조의 유전에 의하여 이루어
> 진 것이다. 또한 칸트가 선천적 종합판단이라고 설명한 이른바 절대
> 적으로 확실한 수학과 물리학의 인식도 원천적으로 판단력의 계통적
> 발달에 기인하고, 계통발생적으로 항상 반복되는 경험과 그로부터
> 정초된 후천적인 결론들에로 소급된다.[26)]

헤켈의 칸트 비판은 스펜서와 더불어 진화적 인식론자들의 선험

---

26) Haeckel, E.: Die *Lebenswunder*. Leipzig 1923, S. 7f.

철학 비판의 선구를 이루고 있다. 헤켈은 칸트가 말한 선천적 인식 능력이 근본적으로 인류의 척추동물 조상으로부터의 모든 경험과 후천적 지식의 종합적인 결합에 적응함으로써 천천히 단계적으로 획득된 뇌 구조의 유전에 의하여 성립되었다는 사실을 강조하면서, 칸트가 이성이 성립된 역사적 유래에 대하여 침묵한 사실을 신랄하게 비판하였다. 이와 같은 헤켈의 칸트 비판은 적어도 선천적 능력을 가진 이성 존재의 계통사적 발생 과정에 대한 문제의식이 결여된 사실에 집중되고 있으며, 이와 동일한 비판을 우리는 약 20여년 후에 진화적 인식론자들, 특히 로렌츠와 리들에게서 다시 찾아볼 수 있다. 따라서 헤켈은 스펜서 이후 처음으로 진화론적 성과를 통하여 칸트의 생물학적 입장에 대한 체계적 비판을 시도한 사람으로 기억되고 있다.

헤켈이 유기체적 존재자의 원리를 기계적 인과성의 법칙으로 설명하려는 반면에 한스 드리쉬(Hans Adolf Eduard Driesch 1867-1941)는 생명 존재자에게 독립적인 설명 원리를 도입한다. 드리쉬의 주장은 사실상 헤켈의 비판으로부터 생물학적으로 칸트의 목적론 사상을 보호하는 측면이 있다. 다만 칸트가 목적론을 규제적인 의미로서 인정한 것과는 반대로 드리쉬는 구성적인 의미를 부여한 사실에서 차이점을 보이고 있다. 그는 생명을 물리적-화학적인 현상만으로 설명할 수 없는 '자체발생'(Selbstgeschehen) 또는 '자체조직'(Selbstorganisation)이라고 이해함으로써, 생물학을 '자립적인 기초과학'으로 수립하고자 하였다. 그는 자신이 칸트의 인식비판적 원리를 충실하게 따르고 있다고 믿었으며, 자신의 이론을 스스로 '비판적 관념론'이라고 불렀다.[27] 칸트가 인과성과 합목적성, 기계론과 목적론의 관계를 언급한 것처럼 드리쉬는 자연적 기계성의 원리 이

---

27) Driesch, H.: *Philosophie des Organischen*, Leipzig 1909, Bd. II, S. 204; Cassirer, E.: *Das Erkenntnisproblem*. Darmstadt 1974, Bd. IV, S. 204.

외에 생명을 가진 유기체적 존재자를 위하여 성장을 조절할 수 있는 생기적 인자, 즉 '엔테레케이아'(entelecheia)를 인정함으로써 생기론(Vitalismus)의 주창자가 되었다. 엔테레케이아는 직관적으로 주어지는 것이 아니고 단지 사유에 의해서만 얻어질 수 있는 개념이다. 그러나 그것은 비록 공간적인 것이 아니라 할지라도 공간 안으로 들어와 활동한다. 따라서 그것은 공간 속에서 자연과 관련됨으로써 이 자연의 한 요소가 된다. 이처럼 드리쉬를 통하여 칸트의 목적론적 유기체론은 아리스토텔레스적인 존재론적 의미를 갖게 되고, 칸트가 제시한 주요한 세계관적 물음들이 생물학의 영역에서 새롭게 주목을 받게 되는, 이른바 칸트철학의 생물학적 전회가 시작된다. 드리쉬를 통한 칸트주의의 생물학적 변형은 사실상 헤켈의 칸트 비판과 기계론적 일원론의 수립에 대한 반동으로 성립된 것이었다.

드리쉬의 과학적 생기론은 베르그송(Henri Bergson 1859- 1941)에 의하여 형이상학적 생기론으로 전개된다.[28] 베르그송은 드리쉬보다 더 급진적인 방식으로 칸트주의적 요소들을 수정하고 변형시켰다. 예를 들면 베르그송은 칸트와는 달리 이성으로 생명의 문제를 파악할 수 없다고 보았다. 지성은 근본적으로 무생물적인 것을 지향하고 있으며, 과학을 단초로 하여 물리적 작용의 비밀을 밝히려고 하지만 대상의 주변을 배회할 뿐이기 때문이다. 지성이 기계적 원리로 설명할 수 있는 세계는 고정된 실체의 단편들에 국한된다. 그러나 베르그송에 의하면 우주는 완성된 존재가 아니라 영원히 변화하고 있는 지속이다. 지속이란 과거가 미래를 잠식하면서 확장 전진하는 연속적인 발전을 말한다(*Bergson*, 5). 베르그송은 이와 같은 지속 개념을 단초로 하여 생명의 신비에 접근한다. 그에 의하면 생명은 어떤 발달된 유기체의 매개를 통하여 한 배자에서 다른 배자로

---

28) Bergson, Henri: *Creative Revolution*. London 1922.

옮겨가는 흐름과 같은 것이다. 유기체의 진화는 과거가 현재에 압박을 가하여 이전과는 비교할 수도 없는 새로운 형태를 산출하는 의식의 진화와 비슷하다. 우리의 지성은 진화가 계속되는 과정에서 형성된 것이다. 지성은 생명에 대한 단편적인 투시에 지나지 않으며 시간 밖에 존재하지만, 생명은 과정 중에 있고 지속하는 것으로서 우리의 지성의 한계를 넘어서 있다(Bergson, 49f). 이와 같은 생명의 지속적 특성을 파악할 수 있는 인지기제는 바로 본능이다. 본능은 근본적으로 유기적인 생물존재를 지향하고 있으며, 지속적 존재에 대한 직관적 인식을 통하여 대상의 심층을 파고 들어가서 숙고한다(Bergson, 143-155). 베르그송에 의한 칸트철학의 생물학적 전회는 이른바 칸트에서의 반성적 판단력이 직관능력을 갖춘 본능으로 대체됨으로써 구체화되고 있다.

특히 베르그송은 진화론에서의 적응 개념을 동일한 환경에서 동일한 현상을 반복하는 수동적 적응과 주어진 환경 조건들 가운데서 불리한 것을 배척하고 유리한 것만을 선택하는 적극적인 적응으로 구분하면서, 이 두 가지 요소를 모두 초월하면서도 동시에 포괄하고 있는 '생명의 약동'을 설정하였다. 생명은 창조적으로 진화한다. 극단적인 기계론은 실재성을 유사와 반복으로 밖에 보지 못하고 극단적인 목적론은 자연의 모든 현상이 예정된 계획만을 실현하는 것으로 본다. 그러나 유기체적 존재의 진화의 방향은 전체적으로 결정되지 않은 상태에 있다(Bergson, 47f). 따라서 베르그송은 정향진화설을 부정함으로써 목적론자들의 주장에 동의하지 않는다. 그리고 심지어는 칸트의 목적론적 구상 역시 기계론의 도면을 그대로 둔 채로 다른 색을 칠한 것에 지나지 않았다고 비판한다(Bergson, 383). 그리하여 베르그송은 우리가 만일 기계론과 목적론의 밖으로 나가게 되면 생명이 약동하는 창조적 진화를 보게 된다고 주장한다.

베르그송은 자연의 질서와 지성의 형식이 어떻게 결합되고 일치할 수 있는가에 대한 칸트의 견해를 비판적으로 다루고 있다. 그는 먼저 칸트와 피히테가 지성을 직접적으로 주어져 있는 것으로 설정하면서도 그 생성 기원을 사실적으로 보여주지 못하였다고 비판한다(*Bergson*, 197ff). 칸트의 선험적 감성론은 사실상 우리가 물자체에 대해서는 아무것도 알지 못하고 지각능력을 통하여 굴절된 것밖에 인식하지 못한다는 사실을 보여주었다. 그럼에도 불구하고 칸트는 여기에서 자연세계와 인식주체가 일치할 수 있는 세 가지 가능한 근거들 가운데서 이성의 선천성과 그 자발적 파악 가능성을 강조한 바 있다. 베르그송은 여기에서 칸트가 설정한 세 가지 인식의 가능성을 모두 부정하면서 칸트가 생각하지 못하였던 제4의 대안을 제시한다(*Bergson*, 211ff). 그것은 바로 지성이 정신의 특수한 하나의 기능으로써 본질적으로는 무생물을 향해 있는 것으로 간주하는 데 있다. 사실상 칸트가 제안한 것처럼 물질이 지성의 형식을 결정하지도 않고, 지성이 그 형식을 물질에 강제적으로 부과하지도 않으며, 물질과 지성이 예정조화에 의하여 조절되는 것도 아니다. 베르그송은 여기에서 지성과 물질이 서로 점진적으로 적응함으로써 마침내 하나의 공통형식에 도달한다는 가설을 대안으로 제시한다. 그는 정신의 지적 성격과 사물의 물질적 성격은 동일한 운동의 동일한 반응에 의하여 규정되기 때문에 이러한 적응은 자연스럽게 이루어졌다고 주장한다. 그리하여 베르그송에게 철학은 생성 일반에 대한 통찰이고 진정한 진화론이며 과학의 올바른 연장으로 간주된다. 이와 같은 베르그송의 견해는 생물학적 진화론자나 피아제가 자연세계와 인식주체의 상호작용을 강조하는 사실과 같은 맥락을 이루고 있다.

이상에서 밝힌 것처럼 다윈 이후의 진화론 사상은 헤켈의 기계적 일원론과 드리쉬 및 베르그송의 생기론으로 대립하게 되면서 칸트주의에 대한 생물학적 변형으로 주제화되기에 이른다. 칸트주의의

생물학적 변형은 이제 진화적 인식론과 피아제의 발생적 인식론에
의하여 보다 심화된다.

4. 선험철학과 진화적 인식론

1. 진화적 인식론의 기원

진화적 인식론은 칸트의 인식론을 생물학적 차원에서 해석하고 수정하려는 시도이다. 진화적 인식론의 근본 성격은 칸트에서의 선천성이 계통사적으로는 후천적인 것이라는 콘라드 로렌츠의 테제에 압축되어 있다. 로렌츠는 칸트에서의 선험적인 것을 계통사적으로 상대화하고 있다. 1975년부터 85년까지 약 10년 동안에 로렌츠를 비롯하여 리들(Riedl), 부케티츠(Wuketits), 폴머(Vollmer), 외저(Oeser)와 다른 비엔나 생물학자들은 인간의 인식능력이 생성되는 조건을 계통발생적 연관에서 해명하려는 시도로서 진화적 인식론을 입안하였다.

물론 이러한 작업을 로렌츠가 처음으로 한 것은 아니다. 19세기 중엽에 허버트 스펜서는 선험적인 것에 대한 계통발생적인 의미 변형을 시도한 바 있었다. 그에 의하면 인간의 정신은 아무것도 씌어지지 않은 백지가 아니며, 객관적으로 바라볼 수 있는 두뇌, 즉 경험에 질서를 부여하는 능력을 가지고 있다. 그런데 이러한 능력은 헤아릴 수 없는 이전 세대들의 조직된 경험에 의하여 형성된 것이다. 다시 말하면 지성의 근본사실은 개인에게는 아프리오리하지만, 그와 반대로 개인이 그 마지막 부분으로 형성되는 개별존재의 전체계열에서는 후천적인(a posteriori) 것이다.[1] 물론 여기에서 말하는 아프리오리는 칸트의 선험주의에 한정되지 않고 일반적으로 고대철학에서부터 제기되어 왔던 '생득적 이념'을 뜻한다. 그러나 플라톤이 상정한 것처럼 초자연적 이념의 세계에 속하는 생득적인 이념은 자연과학과 자연철학의 발전과 함께 부정되면서, 19세기 이후의 생물학적 철학에서는 점차적으로 칸트적인 선험성이 중요한 의미를 갖게 된다. 또한 앞에서 살핀 것처럼 진화적 인식론자들의 시도는 부분적으로 이미 헤켈에 의하여 선행적으로 이루어졌다.

로렌츠가 제안한 진화적 인식론은 리들, 부케티츠, 외저, 카스파, 폴머 등의 학자를 통하여 다양한 논의를 제공하였다. 그리하여 진화적 인식론을 선봉에 내세운 오늘날의 생물학은 이제 형이상학과 인식론에 이어서 제1철학으로서의 위상을 부르짖게 된 것이다. 폴머는 본래적인 의미에서의 코페르니쿠스적 전회는 칸트의 선험철학이 아니라 진화적 인식론이며, 리들은 인식론이 이제는 생물학의 부분적인 영역이 되었다고 주장한다. 그러나 물론 진화적 인식론자들의 의견이 모두 일치하는 것은 아니다. 그 모든 다양한 의견들 가운데서도 우리는 특히 선험적 인식론과 진화적 인식론 사이의 논쟁에서 칸트철학에 함축된 생물학적인 문제들이 진화적 인식론자들에 의하여 어떻게 조망되고 있는가를 중점적으로 살피게 될 것이다.

---

1) Gaupp, O.: *Herbert Spencer*. Stuttgart 1923, S. 127.

2. 콘라드 로렌츠의 진화적 인식론

진화적 인식론자들의 주요 논점은 로렌츠가 1941년에 발표한 논문「현대 생물학에서 본 칸트의 선천성 이론」[2]에 그 대부분의 윤곽이 그려져 있다. 칸트의 선천적인 범주들을 유기체의 "기관"으로 파악하면서 계통사적으로 획득된 후천적인 것이라고 해석한 로렌츠의 이 논문은 오늘날까지도 본질적으로 변하지 않은 진화적 인식론의 기초를 서술하고 있다는 평을 받고 있다.[3] 로렌츠의 칸트 논문은 이렇게 시작된다:

> 우리의 모든 직관에 미리부터 고착된 공간과 시간의 형식, 그리고 인과성과 사유작용의 다른 범주들은 칸트에게 확실히 선천적으로 주어져 있는 것으로서, 이것은 우리의 모든 경험 형식을 규정하는 동시에 경험 그 자체를 가능하게 한다. 칸트는 최상의 이성원리의 타당성은 절대적이고, 그것은 현상의 배후에서 자체적으로 존재하는 실재적인 자연의 법칙으로부터 독립적이며 또한 그로부터 생기지 않는다고 생각하였다. 선천적인 직관 형식과 범주들은 결코 추상이나 또는 어떤 다른 방식으로든지 사물 자체와 결부된 법칙과의 연관을 갖지 않는다(*Lorenz 1941-1983*, 82).

이것은 칸트의 인식능력과 그 선천성이 실재적인 사물세계 또는 자연법칙과 독립적이라고 할 경우에 그것이 어떻게 성립될 수 있는

---

2) Lorenz, Karl: *Kants Lehre vom Apriorischen im Lichte gegenwärtiger Philosophie*, in: Blätter für deutsche Philosophie 15, 1941, S. 94-125, danach in: ders., *Das Wirkungsgefüge der Natur und das Schicksal des Menschen.* München 1983. 1941년에 발표된 이 논문을 필자는 1983년 판 저서에서 인용하고, *Lorenz 1941-1983*으로 표기한다.

3) Kaspar, Robert: *Lorenz' Lehre vom Aposteriorischen im Lichte gegenwärtiger Naturwissenschaft*, in: Lütterfelds, W.(Hrsg.): *Transzendentale oder Evolutionäre Erkenntnistheorie?* Darmstadt 1987, S. 65.

가에 대한 비판적 소견이다. 따라서 생물학자로서의 로렌츠는 칸트에 대해서 다음과 같이 반문한다:

　　인간의 뇌와 전적으로 같은 의미에서 유기적인 것은 아니더라도 그 모든 직관형식과 범주를 가진 인간의 이성은 둘러싸여 있는 자연의 법칙과 지속적인 상호작용에 의하여 생성되는 것은 아닌가? [...] 우리의 사유기관의 모든 일반적 합법칙성이 실재적인 외부세계의 그것과 연관되지 않는다는 사실은 도대체 어느 정도까지 그럴듯한 것일까?(*Lorenz 1941-1983*, 82f)

이 물음들 속에는 확실히 자연과학자와 칸트철학 사이의 간격이 노정되어 있다. 이러한 물음에 대하여 로렌츠는 칸트에서의 선척적 형식들은 "계통사적으로 이루어진 중추신경체계의 유전적 분화에 근거하고 있으며, 이러한 조직 분화는 종에 부합되게 얻어지고, 어떤 형식 속에서 사유할 수 있는 유전적 성향을 규정한다"(*Lorenz 1941-1983*, 83)고 보았다. 계통발생 안에서의 인지기능의 역사성이라는 측면에서 볼 때 로렌츠의 테제는 분명히 칸트가 제시한 경험 가능성의 조건에 선행하는 전제들을 문제 삼고 있다. 따라서 그는 칸트의 이성이 외부세계에 대하여 객관적으로 타당한 경험을 산출할 수 있는 근거가 무엇인가를 진화론의 자연선택과 적응이론을 통하여 논증하고 있다.

　　우리의 지성을 기관 기능(Organfunktion)으로 보는 경우에, 그것에 대한 논리적인 근거가 전혀 제시되지 않는다면, 어떻게 그 기능 형식이 실재 세계에 적합한가라는 물음에 대해서 우리는 다음과 같은 대답을 할 수 있다: 모든 개별적 경험에 앞서 확정되어 있는 우리의 직관 형식은 외부 세계에 대하여 말발굽이 그 출생 이전부터 초원지대에 적합하고 물고기의 지느러미가 알에서 깨어나기 전부터 물

에 적합한 것과 동일한 근거에서 적합하다.[4]

로렌츠에 의하면 우리의 세계에서 실재 사물의 현상 형식들을 규정하는 선천성은 간단히 말해서 형성되어진 하나의 '기관'(Organ)이고, 이를 좀더 정확하게 표현하면 '한 기관의 기능'(Funktion eines Organes)이다(*Lorenz 1941-1983*, 85). 따라서 선천적인 것을 '기관'으로 보게 되면 사실상 칸트가 상정하려고 하였던 개념적 의미는 사라질 수도 있다. 실제로 로렌츠는 "자연적 외부세계의 법칙에 대한 계통사적 적응을 통하여 생성된 어떤 것은 비록 그것이 선행적인 경험으로부터의 추상이나 연역과 같은 다른 방식에 의한 것일지라도 확실하게 후천적으로 생겨난 것이다"(*Lorenz 1941-1983*, 83)라고 분명하게 말한다.

이러한 논의를 거쳐서 그는 선천적인 직관과 사유형식을 다른 기관의 적응과 같은 '유전된' 작업가설로 파악한다. 칸트는 물자체와 감성형식 사이의 실재적인 관계, 즉 두 대극 사이의 상호작용과 객체의 영향에 대한 주체의 '적응'에 대한 문제를 간과하였다. 진화론적 이해에 의하면 필연성을 가진 아프리오리한 어떤 사유명제의 절대적 진리성에 대한 믿음이 사라지는 대신에 우리의 모든 경험은 어떤 사실적인 것과 "정합적으로 대응한다"는 사실을 확인하게 된다(*Lorenz 1941-1983*, 96). 그러므로 직관과 사유형식이라는 생득적

---

4) Das Passen des Apriorischen auf die reale Welt ist ebensowenig aus 'Erfahrung' entstanden wie das Passen der Fischflosse auf die Eigenschaften des Wassers. So wie die Form der Flosse 'a priori' gegeben ist, vor jeder individuelen Auseinandersetzung des Jungfisches mit dem Wasser, und so, wie sie diese Auseinandersetzung erst möglich macht, so ist dies auch bei unseren Anschauungsformen und Kategorien in ihrem Verhältnis zu unserer Auseinandersetzung mit der realen Außenwelt durch unsere Erfahrung der Fall (*Lorenz 1941-1983*, 86).

작업가설에 의하여 우리에게 미리 비쳐진 현상세계의 미세한 조각들은 사실상 실재적인 존재가 반영된 모습이다. 이런 사실을 바탕으로 그는 칸트의 물자체 개념에 상정된 불가지론적 의미 규정을 상대화시키면서 실재론적 입장을 취한다.

로렌츠에 의하면 인식, 사유, 의욕과 같은 활동은 그것에 앞서는 지각 활동을 전제하고 있으며, 이러한 지각 활동은 외부 대상에 대한 상을 만들고 외부적 환경의 자극에 적응하는 것보다 선행한다(*Lorenz 1973*, 12). 이와 같은 고차적인 인식능력은 진화로부터 기인하며, 따라서 이러한 계통발생적 사건이 바로 인식의 선행 조건이다. 또한 인식활동이 외부세계에 대한 상을 만드는데 그치지 않고, 전체적인 유기체는 그 자신의 '환경'에 대한 상이다(*Lorenz 1973*, 17). 그리하여 인간의 '인식장치'는 자신이 속한 환경에 적응한 결과로서 주어진 모형이다. 이로써 로렌츠는 생물학적인 적응 표상으로부터 직접 자연적 인식론의 구상을 도출하였다. 로렌츠는 인식론적 주관-객관의 문제와 진화생물학적 적응표상의 문제를 대비시키면서, 외부 세계의 실재를 전제하는 동시에 우리의 인식 기구 역시 현실적으로 실재하는 한 사물이라고 규정한다. 따라서 그는 "우리의 인식기구가 우리에게 외부 현실에 대하여 전달하는 것은 현실적인 어떤 것과 상응한다"(*Lorenz 1973*, 18)고 주장한다. 인간의 인식기구는 외부 세계를 있는 그대로의 물자체에 대한 표상을 만드는 것이 아니라 생물학적으로 생존에 필요한 상을 만든다. 그는 정보수용과 정보가공의 기초 기제는 가장 단순한 유기체에서 인간에 이르기까지 원리적으로 동일하다고 주장한다. 동일한 외부세계는 서로 다른 유기체에 외적인 세계 구조의 객관적 모사 결과와 함께 동일한 적응절차를 강요하기 때문이다. 로렌츠는 이와 같은 자신의 이론을 '개연적 실재론'이라고 부른다.

이와 같은 로렌츠의 테제는 확실히 칸트주의에 대한 도전으로 받아들여지고 있다. 물론 그것은 칸트철학의 생물학적 한계를 보완하여 비판적으로 변형하는 적극적인 측면도 가지고 있으나, 그 반대로 선험철학의 근본지평을 부정함으로써 칸트주의 자체의 위기로까지 몰아갈 수 있다. 따라서 로렌츠의 테제가 칸트주의와 얼마만큼 공존할 수 있는가를 비판적으로 검토할 필요가 있을 것이다.

카스파에 의하면 진화적 인식론은 엄밀한 의미에서 전통철학에서 이해하는 인식론이 아니라 로렌츠가 『인간인식의 자연사 탐구』(1973)에서 지적한 것처럼 '인식의 이론'(Theorie des Erkennens)이라고 지적한다(*Kaspar*, 71). 전통철학, 특히 칸트철학에서 인식론은 객관적인 경험이 어떻게 확보될 수 있는가를 다루고 있다. 그러나 진화적 인식론에서 '인식의 이론'은 인간의 인지능력이 생물학적으로 어떻게 발달되어 왔는가를 다룬다. 다원적 패러다임에서 생득적 인식기능은 자연도태를 통하여 생긴 적응성이 개체에 선천적으로 주어진 지식인 동시에 정보의 가공 및 변환기제이다. 그런데 돌연변이에 의하여 새롭게 분산된 인지 체계는 계통발생에서 인지의 역사성을 유산으로 물려받아 자체조직을 구성하기 때문에 유기체적 계통발생의 법칙과 인지적 진화의 법칙은 근본적으로 같은 모양의 구조를 갖고 있다. 이처럼 자체조직 이론으로서의 진화적 인식론은 특정한 인식론의 차원에 머무르지 않고 "인식 능력의 생성을 자연과학적으로 설명"하려고 시도한다(*Kaspar*, 76).

따라서 진화적 인식론의 과제는 인간의 인식을 생물학적 진화론적으로 부연 설명하거나 정초하는 데 있지 않고, 인간의 인식을 가능하게 한 조건들의 역사를 자연과학적으로 탐색하고 계몽하는 데 있다(*Kaspar*, 77). 이런 의미에서 로렌츠의 시도는 인식의 선천성에 대한 선험적 이론이라는 의미와는 전혀 다른 각도에서 경험을 가능하게 하는 생득적 형식과 그 형식의 계통발생적 생성 과정을 생물학적으로 파악하는 데 있다. 칸트의 선천성이 이러한 경험적 연구의 전제가 되고, 따라서 그것은 순환적인 방식에 의해서만 정초될 수 있다는 일부 철학자들의 진화적 인식론에 대한 반론은, 로렌츠가 1973년에 강조한 것처럼(*Lorenz 1973*, 19), 생득적인 것에 대한 생물학적 개념이 철학자들의 선천성 개념과 다르다는 점에서 비판 대상을 잃게 되고 논점이 흐려진다.

이와 같은 맥락에서 카스파가 칸트의 선천성 일반은 명백하게 진화적 인식론의 대상이 아니라고 주장한 대목을 유의할 필요가 있다 (*Kaspar*, 78). 카스파는 생득적 인식능력을 "계통사적으로 후천적인 것"(stammgeschichtliches Aposteriori)이라고 규정하면서, 이 개념을 칸트적인 개념으로 부르는 것은 '오해'라고 단정한다. 일반적으로 '후천적'이라고 부르는 것은 모든 유기체와 같이 진행과정의 산물로서 진화적 학습과정에서 비롯되며, 경험적 지식획득과 확실한 구조적 유사성을 가진다. 따라서 로렌츠의 후천성은 "사실적 인식의 획득을 가능하게 하는 모든 기능들의 역사적 생성에 대한 인식"으로 이해될 수 있다(*Kaspar*, 78f). 그리하여 카스파는 로렌츠의 시도가 정보가공기제와 자연체계의 자체조직을 발굴하면서 다원적 패러다임을 확장시켰다고 평가한다(*Kaspar*, 79).

그럼에도 불구하고 칸트의 선천성과 로렌츠의 후천성 개념의 구조적 차이에 대한 카스파의 지적은 아직 분명하지 않다. 진화적 인식론자들은 칸트적인 의미에서의 선험적 능력의 형성 과정에 대한 계통발생사적 탐구를 선언하여 사실상 인간이 가지고 있는 모든 가능한 선험적 능력에 대한 자연과학적, 특히 진화론적 논의를 정당화하고 있다. 그러나 칸트의 선험성이 진화적 인식론자들이 강조하는 명제와 어떤 점에서 지평적 차이를 나타내고 있는가에 대해서 주의할 필요가 있다. 그와 같은 지평적 차이의 배제는 곧 칸트의 목적론적 유기체론이 다윈이나 헤켈의 기계적 일원론으로 환원되는 것을 의미하기 때문이다.

3. 리들, 렌쉬, 부케티츠, 외저와 인식의 생물학

리들은 로렌츠와 마찬가지로 생명 자체를 인식 획득의 과정으로, 그리고 진화를 유기체의 계통사적 생성을 통한 인식의 획득 과정으로 파악한다. 그러므로 진화적 인식론은 철학적 인식론의 논의 영역을 초월하여 우리의 이성이 성립하게 된 기능적 선행조건을 자연과학적 방법을 통하여 밝히려는 시도라고 할 수 있다(Riedl 1979-1981, 7). 이와 같은 접근을 통하여 리들은 "범주는 각각의 개인들에게는 확실히 선천적이지만, 동시에 그것은 경험에 의하여 얻어진 그 종의 인식이라는 점에서 후천적이다"라고 주장한다.[5]

진화적 인식론자들은 자연의 모든 산출과정을 자연과학적 방법, 특히 기계적 인과성의 원리에 따라서 설명하려고 한다. 인식기제의 진화 가운데서 우리의 이성에 대해서 아주 객관적으로 말할 수 있는 관점을 확보함으로써 '이성의 수수께끼', 즉 아직 해결되지 않은 인식의 근본 문제를 풀어보려는 것이다(Riedl 1979-1981, 14). 리들에 의하면 '이성적인 세계상'은 생존능력을 저해하지 않고 보유하

---

5) Riedl 1979-1981, 182. 진화적 인식론자들은 칸트의 선천성에 대한 가능 근거 및 조건을 진화론적 원리에 따라서 계통사적으로 접근한다. 따라서 이들의 근본 입장은 경험주의적이다. 진화적 인식론자들의 이 같은 경험주의적 태도를 테낭(Tennant)은 다음과 같이 정리하고 있다. 1. 진화에서의 모든 성공적인 적응과정은 해당되는 생물에게 중요한 환경에 관한 정보의 증대와 상응한다. 2. 전반적으로 진화는 정보를 획득하는 과정이다. 3. 인지구조는 다른 생물학적 구조(그리고 기능)와 마찬가지로 자연선택의 결과로서 발전된다. 4. 생득적 인지구조 및 기제는 결국 문제된 종의 정보전달자(DNA) 속에 발생적으로 고정된다. 5. 의식된 지식으로서 인간의 지식까지를 포함한 모든 인지구조는 근본적으로 자연과학적 연구에 의하여 접근할 수 있다. 6. 인간의 이성인식을 포함한 인간의 의식능력은 진화의 최근 결과이다(Tennant, N.: *Evolutionary Epistemology*, in: Proceedings of the 7th International Wittgenstein Symposium, Wien 1983, pp. 168-173; Wuketits, Franz M.: *Hat die Biologie Kant missverstanden? Evolutionäre Erkenntnistheorie und Kantianismus*, in: Lütterfelds, Wilhelm(Hrsg.): *Transzendentale oder Evolutionäre Erkenntnistheorie?* Darmstadt 1987. S. 39).

는 방향으로 만들어지고, 이성이 가지고 있는 이성적인 능력은 사실과 문제에 적합한 작업과 반응에 있어서 올바른 자료를 찾을 수 있는 정확성에 있다. 그와 같은 객관적 판단을 위해서 우리는 식물과 동물, 그리고 인간의 밖에 있는 어떤 관점이 필요하고, 그 가장 좋은 모델은 물리학에서 찾을 수 있다. 생존, 즉 살아있는 체계의 존립이란 그 자신을 에워싸고 있는 자연법칙에 시행착오를 통하여 발전적으로 모방하는 것이므로(Riedl 1979-1981, 24f), 자연과학이야말로 이러한 과제를 가장 적절하게 수행할 수 있는 것이다. 따라서 모든 우주적 발생의 외부에 있는 관찰지점은 관찰자의 문화적 이데올로기적 입장으로부터 독립적인 객관적 자연과학에 의하여 확보될 수 있고, 그 때문에 자연과학은 '해방된 철학의 아이'(emanzipiertes Kind der Philosophie)가 된다.6) 유기체의 모든 부분들이 그 환경의 모사이고 인식과 세계상의 기구가 유기체의 한 부분이라면, 인식과 세계상의 기구는 그 환경의 모사일 뿐만 아니라 이 환경에 적합한 상을 만들 것이다. 왜냐하면 이것이 바로 그 생물학적 기능이기 때문이다. 그러므로 인식기구에 의하여 산출된 세계상은 이성적이고, 그것은 인간 종족의 생존을 보장해 준다.

그러나 이 같은 진화론적 설명 방식에 의하여 근대적인 이성 개념이 간과하였던 부분들에 대한 조명이 이루어졌을지는 모르겠으나, 단순히 생존을 위한 적응 결과라는 이유만으로 인식의 내용을 정당화하는 것은 일종의 결과론적 설명 모델로서 그 정확성을 신뢰하기가 곤란한 측면이 있다.

렌쉬(Bernhard Rensch)7)역시 모든 선천적 명제를 적응의 산물로

---

6) Riedl, R.: *Evolution und Erkenntnis*. München 1984. S. 243.

7) Rensch, Bernhard: *Biophilosophie auf erkenntnistheoretischer Grundlage. Panpsychischer Identismus*. Stuttgart 1968; □ : *Probleme genereller Determiniertheit allen Geschehens*. Berlin-Hamburg 1988.

설명한다. 그는 변화하는 의식의 흐름에서 결론을 이끌어내는 인간의 능력은 우리 인간에게 생득적이고 계통사적으로 발전된 능력이라고 생각하였다. 또한 그에 의하면 우리의 사고작용은 인간이 존재하기 전에 이미 존재하고 있었던 보편적 논리적인 세계법칙에 맞도록 되어 있다. 렌쉬에 의하면 모든 인식론은 '같은 것', '다른 것', 그리고 '비슷한 것'을 직접적으로 구별할 수 있는 능력을 전제하고 있으며, 이것들은 계통사적으로 낮은 단계에 속하는 동물의 삶에서 커다란 실천적 의미를 지닌, 이른바 최소한 생득적으로 주어져야 하는 인식기능이다(*Rensch 1988*, 11f). 렌쉬가 특정한 사유형식만이 적응을 통하여 고정된 '사유의 자연법칙'으로 나타난다고 보는 반면에, 진화적 인식론자들은 모든 인식기능들이 적응을 통하여 성립된 구조라고 보는 점만이 다를 뿐이다. 이와 같은 적합성으로 인하여 우리는 경험 밖에 있는 현실에 대한 전제들에 근접할 수 있다(*Rensch 1988*, 11). 이런 사실에서 바인가르텐은 렌쉬를 로렌츠와 마찬가지로 '개연적 실재론'의 옹호자라고 평가한다.[8]

칸트에서의 직관형식과 사유작용에 대한 부케티츠의 견해는 진화적 인식론자들의 입장을 가장 잘 대변하고 있다. 부케티츠는 칸트가 말한 '심성의 조건'[9]은 "더 이상 되물을 수 없고 이미 주어져 있는

---

8) Weingarten, Michael: *Organismen □ Objekte oder Subjekte der Evolution? Philosophische Studien zum Paradigmawechsel in der Evolutionsbiologie.* Darmstadt 1993. S.185.

9) 선험논리학은 감성론이 제시하는 것처럼 순수 지성 개념에 질료를 제공하기 위한 선천적인 감성의 다양성을 앞에 두고 있다. 이러한 질료가 없이는 그 지성 개념은 아무런 내용이 없고, 따라서 전적으로 텅 빈 상태로 있을 것이다. 공간과 시간은 선천적인 순수 직관의 다양성을 포함하고 있으며, 그것은 우리가 갖고 있는 심성의 수용성을 위한 조건에 속하며, 그러한 조건 아래서 우리의 심성은 그 개념을 언제나 촉발해야 하는 대상의 표상을 받아들일 수 있다. 그러나 우리가 갖고 있는 사유작용의 자발성은 이 다양한 것들을 일정한 방식으로 통찰하고 수용하고 결합시킴으로써 어떤 인식을 만들어 내기 위하여 요구된다(*KdrV*, B102).

선험적인 것이 아니라 우리의 조상이 계통사 속에서 환경과 대결한 결과"라고 해석하면서, 따라서 인식론의 두 근본 개념인 선천적인 것과 후천적인 것은 진화론의 관점에서 보완될 필요가 있으며, 이 경우에 칸트의 인식론이 진화론적 설명과 대립하는 것인지, 또는 그 반대로 진화론의 관점에서 칸트가 오해되고 있는가에 대해서 살펴볼 필요가 있다고 지적한다(*Wuketits 1987*, 46). 그는 진화적 인식론이 칸트의 선천성을 후천적인 것으로 보는 사실, 즉 생득적 관념이 사유 작용의 계통사에서 발생한다는 사실을 주장하더라도 칸트의 선험주의적 인식론의 내적 일관성을 저해하지는 않는다고 생각하였다(*Wuketits 1987*, 47). 왜냐하면 칸트 스스로 감성과 지성이라는 인식의 두 근간이 "아마도 우리가 알지 못하는 어떤 공통적인 뿌리에서 나온 것"(die vielleicht aus einer gemeischaftlichen, aber uns unbekannten Wurzel entspringen)이라고 말하고 있기 때문이다(*KdrV*, B29). 진화적 인식론의 인식일원론(Erkenntnismonismus)에서 '인식의 두 근간'은 지각한 것과 실재적으로 반영한 것을 종적으로 보존하는 기능을 갖고 있는 인간의 인식장치가 외부세계와의 부단한 대결을 통하여 획득한 하나의 동일한 진화 결과라고 본다. 따라서 부케티츠는 생물학이 칸트를 오해했는가라는 물음에 대해서 그렇지 않다는 입장을 분명히 밝혔다.[10] 그리하여 부케티츠는 진화적 인식론의 목표는 칸트의 이념을 생물학적 차원으로 이행하게 하는 데 있지 않기 때문에 진화적 인식론을 칸트주의의 새로운 형식

---

10) 부케티츠에 의하면, 칸트는 결코 엄격한 의미에서 진화론의 선구자로 볼 수 없다. 또한 그는 다원적인 의미에서 진화론의 선구자도 아니다. 그러므로 칸트의 인식론에서 진화적 인식론의 선구론을 찾으려는 것은 잘못된 일이다. 그러나 인간 지성의 전제와 인간 인식의 생물학적 영역조건을 묻는 진화적 인식론은 칸트의 배후까지를 소급해 나갈 수 있다. 또한 진화적 인식론은 칸트에서 모든 인식에 필수적이고 더 이상 물을 수 없는 전제인 선천적인 것이 요청되는 사실을 정확하게 설명할 수 있다(*Wuketits 1987*, 48).

으로 이해하지 않는다(*Wuketits 1987*, 48). 칸트의 인식론이 근대철학에서 순수한 인식론의 결정체라고 한다면, 진화적 인식론은 칸트 인식론에 대한 대립을 통하여 그 자신의 입장을 비판적으로 갖는다. 결국 이 이론에 의하면 감각적 지각과 지성적 질서는 인간 인식 기구의 자연적 발전에 따르며, 그 자체가 유기적 변화의 결과이기 때문에 이것으로부터 인위적으로 분리될 수 있는 것이 아니다.

로렌츠의 '정보' 개념이 일상적인 언어사용 수준을 넘어서지 않는 반면에 외저(Oeser)는 그것을 '인식론의 기초'로 파악한다.[11] 그는 진화적 인식론의 본래적인 의미가 변이와 선택에서 기인되는 진화 기제를 통하여 인간의 합리적 행위를 설명하는 데 있다고 보고, 이러한 인식 행위에 대한 진화론적 이해만이 도대체 왜 우리의 인식이 현실과 대응하는가라는 인식론의 근본문제와 오랜 난제를 유일하게 풀 수 있는 '경험적' 설명이라고 주장하였다. 이 경우에 인식이란 환경에 대한 생물의 '적응'을 의미하고, 그 반대는 '죽음'과 '오류'를 뜻한다. 그리하여 계통사적 진화의 오랜 과정을 거쳐서 생물학적 체계이론과 정보이론의 일치가 이루어진 것이다.

체계이론의 근본 모델은 체계와 환경이 특히 한계를 구성하여 하나의 체계를 그 환경과 구분할 수 있게 하는 주변요소들에 의하여 확고하게 결합되어 있다는 사실이다. 체계의 표면 한계를 형성하는 주변요소들은 그 공간적 위치가 아니라 환경에 대한 그 관계 때문에 그렇게 규정된다. 그러므로 체계의 주변요소는 체계의 환경에 대해서 최소한 관계를 맺어야 한다. 한 체계의 환경은 '환경 그 자체'가 아니고, 언제나 체계를 위한 환경만이 환경과 연관되어 있는 그 주변요소를 위한 것이다(*Oeser 1976*, 54). 하나의 체계는 외부세계나 환경의 모사가 아니다. 왜냐하면 첫째로 체계와 환경은 어떤 한

---

11) Oeser, E.: *Wissenschaft und Information*. Bd. 2: *Erkenntnis als Informationsprozeß*. Wien-München 1976, S. 7-23.

계를 형성함으로써 구성되고, 둘째로 환경은 언제나 주변요소들에 대해서만 상대적으로 규정될 수 있고, 따라서 환경은 주변요소의 인식에 의하여 외부세계의 단면으로서만 규정될 수 있기 때문이다. 한 체계에 의하여 가능한 교환 관계의 유형은 무엇이 체계의 환경으로서 정의될 수 있는가를 결정한다. 그리고 그와 같은 교환 관계에 있어서 가장 일반적인 것은 정보의 흐름이다. 체계와 환경 사이의 가장 일반적인 관계는 그 둘 사이에서 작동되는 정보의 흐름에 의하여 제시된다. 이러한 정보 흐름의 과정을 일반적으로 의사소통이라고 부른다(*Oeser 1976*, 55). 그리하여 외저는 체계와 환경 사이에서 이루어지는 정보의 유입과 유출을 통하여 갑자기 새롭게 떠오르는 체계성질인 '창발단계'(Emergenzstufen)의 연속을 통하여 진화가 실현된다고 보았다(*Oeser 1976*, 19-50).

외저의 체계, 정보, 출현이론은 다음과 같이 정리될 수 있다. 유전자의 정보획득이나 아메바와 진드기와 같은 저등동물의 본능적 지식획득까지를 포괄하는 인식 개념의 넓은 의미에서 볼 때, 인식은 이미 동물이 외부세계의 모형이 필요해서 그 내면에 그러한 모형을 만들게 되면서 시작된다. 그렇게 되면 인식의 진화는 내적인 모형이 보다 내실 있게 분화되고 안정성을 갖게 되는 발전에 있다. 특히 인간의 두뇌는 생존의 보장을 넘어선 최고기관이다. 인간적인 인식의 새로운 보장은 감관의 영역을 통한 환경과의 직접적인 접촉으로부터가 아니라, 발전된 지각에 구비되어 있는 내적 가공체계의 기능적 정합성으로부터 제시된다(*Oeser 1976*, 15).

그러나 이렇게 확장된 인식 개념과 관련된 인식론적 주체는 칸트적인 의미에서 추상적 구성이 아니고, 성장하는 문화인도 아니다. 인식의 구체적 주체는 특정한 생물학적 종을 나타내는 인간, 즉 계통발생적으로나 개체발생적으로 제약된 생득적인 발전구조에 의하여 규정된 호모 사피엔스이다.[12] 이와 함께 과학은 종적으로 특수한 뇌의 잠재적 기능이며, 그 자체 진화하고 있는 진화산물의 산물로서 '객관적' 인식이다. 이것은 일상적 인식처럼 개인의 생존에 직접적으로 관련된 것이 아니라 그 기제가 사회문화적 과정의 산물인 객관적 인식에 기여한다. 그리하여 외저는 진화적 학문이론을 제2단계의 진화적 인식론이라고 부른다.

외저에 의하면 칸트는 결코 과학적 인식의 정초 가능성을 부정하지 않았다. 그리하여 칸트는 구체적인 인간 개체를 계통발생과 개체발생의 산물로서가 아니라, 그렇게 간단하게 성장된 '문화인간'과 동일시될 수 없는 이른바 선험적 인식주체라는 '규범적 구성'으로 파악하였다(*Oeser 1987*, 52). 실체 개념에서 기능 개념으로 이행하는 신칸트학파적인(Cassirer, Vaihinger 등) 의미에서 선험적 인식주체는 실체적 관계항이 아니고 추상적인 인식의 기능연관만을 서술하고 있다. 즉 칸트의 선천적인 직관형식과 범주는 혼돈상태에 있는 감관의 지각에 질서를 부여하는 기능적 구조 이외의 다른 것이 아니다. 이것은 로렌츠가 말한 것처럼 '순간정보를 평가하는 기제'이며, 칸트 자신이 말한 것처럼 범주가 만일 '생득적 근거'를 가지고 있다면 그 발생적 기초도 있어야 한다. 따라서 칸트의 선험적 범주가 만일 '원천적으로 획득된' 것이라면 그것은 모든 발생적 성향과 마찬가지로 개체발생을 통하여 후성설적으로 형성된다. 인간의 고차적인 행동양식과 지능이 계통발생보다는 오히려 개체발생을 통하여 설명된다는 오늘날 신경생물학의 주장은 진화적 발생적 인식론과 발달심리학(피아제)의 긴밀한 관계를 보여준다. 제1단계의 진화적 인식론의 근본 테제는 우리의 지각과 사유와 행동 구조를 규정하는 '발생적 우선성'(Propensität) 또는 '유전적 성향구조'가 부분적으로 세계의 구조와 일치한다는 것이다. 그와 같은 일치가 이 세상

---

12) Oeser, E.: *Evolutionäre Wissenschaftstheorie*, in: W. Lütterfelds(Hrsg.), *Transzendentale oder evolutionäre Erkenntnistheorie?*, Darmstadt 1987. S. 58.

에서의 생존을 가능하게 하기 때문이다. 우리의 주관적 인식능력이 그것과 잘 부합되는 세계의 부분은 종적으로 특수한 인간의 인지적 적소(Nische)이다. 그것은 중간 차원의 세계로 규정되는 바 '중간세계'(폴머)로서 우리의 자연적 감각기관이 접근할 수 있는 것이다 (*Oeser 1987*, 54).

그리하여 외저에 의하면 진화적 학문이론의 주장은 두-단계-구상의 틀 속에서 해결될 수 있다. 즉 생물학적 인식론의 필요조건인 생득적 인식과 결단의 메카니즘은 생물학적 인식론의 충분조건인 과학적 인식의 획득 및 학습 기제와의 작용 연관 속에서 밝혀지게 된다. 그리고 제1의 발생적-유기체적 진화와 제2의 학문의 진화 및 사회문화적 진화 사이에서 진화 메카니즘의 진화가 이루어지고, 그러한 진화기제 안에서 인과적으로 상호 독립된 진화 과정의 근본요소, 즉 변이와 선택은 언제나 서로 긴밀하게 얽혀 있다(*Oeser 1987*, 60). 제2단계의 진화는 초유기체적인 학문적 진화 또는 사회문화적 진화로서, 외저는 이러한 진화적 학문이론의 구성에 칸트의 선험적 인식론은 필수불가결한 기초가 된다고 주장한다(*Oeser 1987*, 53).

4. 폴머의 진화적 인식론

폴머(Vollmer)에 의하면 철학의 참된 코페르니쿠적 전회는 칸트
의 선험철학이 아니라 진화적 인식론이다. 진화적 인식론은 인식 활
동이 두뇌 작용이고, 또한 그것은 동시에 생물학적 진화의 결과라는
자연주의적 테제로부터 시작되며, 따라서 경험과학과 인식론이 결
합된 형태를 이룬다.13)

선험적 인식론과의 관계설정을 둘러싸고 선천성, 물자체, 철학적
구상의 순환성 등의 문제를 중심으로 진화적 인식론에 대한 여러
가지 반론이 제기되었다. 예를 들면 드리츠키(F.I. Dretske)는 칸트
와의 관계에서 진화적 인식론은 많은 오류를 범하고 있으며, 진화적
인식론은 '인식의 생물학'이라는 자연과학적 분야에 속하기 때문에
철학적 이론이 아닐 뿐만 아니라 그것은 인식론적으로도 적절하지
않다고 비판하였다.14) 칸트를 해석함에 있어서 진화적 인식론의 급
진적인 문제설정은 잘못되었다는 것이다. 혹자는 그와 반대로 칸트
의 이론(물자체의 인식 가능성, 선천성의 상대화)을 수정하는 데 있
어서 진화적 인식론은 인식론적으로 지나치게 소박하거나,15) 원리
적으로 허용될 수 있는 칸트 해석의 범주에서 벗어나 있다고 비판
한다.16)

---

13) Vollmer, Gerhard: *Eine Kopernikanische Wende? Zur Kritik der Evolutionören Er-
    kenntnistheorie*, in: Lütterfelds, Wilhelm(Hrsg.): *Transzendentale oder Evolutionäre
    Erkenntnistheorie?* Darmstadt 1987, S. 81.
14) Dretske, Fred I.: *Perception from an Epistemological Point of View*, in: Jour-
    nal of Philosophy 68, 1971, pp. 585f.
15) Köchler, Hans: *Erkenntnistheorie als biologische Anthropologie?*, in: Georg
    Pfligersdorfer(Hrsg.): *Blickpunkte philosophischer Anthropologie*. Salzburg 1983, S.
    58.
16) Stegmüller, Wolfgang: *Evolutionäre Erkenntnistheorie, Realismus und Wissenschafts-
    theorie*, in: Spaemann, Robert u.a.(Hrsg.): *Evolutionstheorie und menschliches Selbst-*

이와 같은 반론에 대해서 폴머는 진화적 인식론이 인식의 성립, 인식과 실재의 관계, 인지구조와 실재구조의 순응과 일치, 여러 인식단계의 구별과 허용 등과 같은 인식론적 문제들을 해결하기 위하여 노력하고 있으며, 특히 선험적 인식론과는 여러 가지 사실들에서 공통적인 요소를 가지고 있다고 주장한다(*Vollmer 1987*, 94f). 물론 그는 사태의 본질에 있어서 두 이론은 공통성 보다는 차이가 강조되어야 한다는 사실을 인정한다(*Vollmer 1987*, 95). 실제로 1984년에 발표한 칸트 논문에서 그는 선험적 인식론과 진화적 인식론이 서로 모순된다는 주장을 한 바 있다.17) 이러한 대비를 통해서 그는 진화적 인식론이 새로운 인식론적 주장을 하고 있다는 사실을 보여주는 한편, 생물학적 차원에서 선험철학의 진화론적 의미를 분명하게 제시하거나 칸트에 대한 수정을 시도하였다. 그는 진화적 인식론이 칸트를 새롭게 해석하거나 생물학적 장벽을 쌓으려는 것이 아니라 칸트 해석을 넘어서서 독자적인 문제 영역을 개척하고 있음을 강조한다(*Vollmer 1987*, 95f).

폴머에 의하면 진화적 인식론은 타당성의 문제를 해결하지 않는다. 그것은 풀 수 없는 문제이며, 사실적으로 확실한 지식이 존재하지 않는다면 그러한 지식의 가능성도 설명될 필요가 없기 때문이다. 또한 진화적 인식론은 칸트적인 선천성 개념을 사용하지 않는다. 왜냐하면 그것은 한편으로는 필수 불가결한 것이고 다른 한편으로는 허구적인 것이기 때문이다. 칸트의 선천성은 모든 개인적인 경험에 독립적이라는 의미에서는 지지될 수 있지만, 계통발생사적인 관점

---

verständnis. Weinheim 1984. S. 30.

17) Vollmer, Gerhard: *Kant und die Evolutionäre Erkenttnistheorie*, in: Allg. Zs. f. Philos. 2(1984), S. 19-71, danach in: ders., *Was können wir wissen?* Bd. 1. *Die Natur der Erkenntnis. Beiträge zur Evolutionären Erkenntnistheorie*. Stuttgart 1985.

에서 그것은 경험적으로 축적된 진화의 결과이며 따라서 후천적인 것이기 때문이다. 또한 진화적 인식론은 칸트의 범주 개념이 갖고 있는 선험적 기능을 비판한다. 왜냐하면 그것은 경험에서 보편적으로 타당하지 않을 뿐만 아니라 학문적 인식에서도 필연적이지 않기 때문이다. 진화적 인식론은 선천적 종합판단을 포기한다. 왜냐하면 지금까지 그에 대한 어떤 확증적인 사례도 제시되지 않았기 때문이다(*Vollmer 1987*, 96).

물자체의 문제에 대하여 불가지론적 태도를 취한 칸트와 반대로 진화적 인식론자들은 적어도 부분적 개략적으로는 그것이 인식될 수 있다고 주장한다.[18] 그러나 선험철학자는 이러한 실재 자체의 인식에 대한 보편적 주장은 풀리지 않고 해결될 수 없다고 본다. 진화적 인식론자들의 주장은 물리적-생물학적 실재와 현실 그 자체를 반성 없이 동일하게 설정하고 칸트 인식론의 핵심 개념에 대한 범주적 오류에서 기인된다(*Köchler 1983*, 51). 칸트에 의하면 물자체는 '전적으로 내적인 것'이고 '선험적 객체'이며, 직관을 넘어선 것은 아무것도 인식될 수 없기 때문에 그것은 인식 불가능한 것이다 (*KdrV*, B333).

폴머는 물자체 개념이 '현상의 뒤에 숨어있는 현실'이라는 의미에서는 인식될 수 없는 것으로 정의될 수 있다고 인정한다. 그러나 만일 물자체가 인식될 수 없는 것이라는 분석적인 진술을 받아들이게 되면, 그것에 대해서 더 이상 이성적으로 언급할 수 없을 뿐만 아니라 그러한 논의 자체가 철저하게 불필요하게 된다고 지적한다. 우리에게 인식될 수 없는 어떤 것이 존재하는가라는 물음은 인식 불가능한 것에 대한 인식을 전제하기 때문에 대답될 수 없을 뿐만 아니라 모순이라는 것이다. 따라서 물자체라는 표현을 인식 불가능

---

18) Lorenz 1941, 97, 102; Vollmer, Gerhard: *Evolutionäre Erkenntnistheorie.* Stuttgart 1994(1975), S. 189.

한 것이라는 의미로만 정의할 경우에 진화적 인식론은 그것을 포기할 수밖에 없다고 한다(*Vollmer 1987*, 97). 진화적 인식론자들이 뜻하는 물자체는 객관적인 것, 현실, 있는 그대로의 세계, 그리고 인간이 없어지더라도 존재하고 있을 세계를 말한다(*Vollmer 1987*, 98). 물론 이 세계에는 알려지지 않은 많은 것이 존재한다. 그러나 폴머는 경험과학으로 탐구하고 이론적으로 재구성하는 세계의 배후에 또 하나의 인식될 수 없는 현실 자체를 요청할 이유는 없다고 주장하였다. 따라서 선험철학이 비판하고 있기는 하지만 진화적 인식론이 물리적-생물학적 실재와 현실 그 자체를 동일한 것으로 상정하는 것은 쾨히러가 주장하는 것처럼(*Köchler 1983*, 50f) 인식론적으로 반성되지 않은 것도 아니고 그렇다고 필증적인 것도 아니라고 생각하였다(*Vollmer 1987*, 98).

진화적 인식론은 자연과학의 분야에 속하기 때문에 철학적 인식론이 아니며, 따라서 진리의 타당성 문제를 해결하지 못한다는 주장이 있다. 예를 들면 엥겔스는 모든 인식론에서 가장 핵심적인 문제는 타당성의 문제인데, 이것은 진화적 인식론에 의해서는 해결되지 않는다고 단정하였다.[19] 이에 대하여 폴머는 물론 진화적 인식론이 진화생물학의 영역에서 인지구조의 성립과 그 속성을 설명과 기술의 방법으로 다루는 학문이라는 사실을 인정한다. 그럼에도 불구하고 진화적 인식론이 철학적 인식론적 문제를 제기한다는 사실은 많은 학자들에 의하여 지적되고 있다는 것을 상기시키려고 한다.[20]

---

19) Engels, Eve-Marie: *EE □ ein biologischer Ausverkauf der Philosophie?*, in: Zeitschrift für allgemeine Wissenschaftstheorie 14, 1983, S. 159; *Die Evolutionäre Erkenntnistheorie in der Diskussion*, in: Information Philosophie 13/1-2(1: Jan. 1985, 2: Apr. 1985), Teil 2, S. 62.

20) Wittgenstein, L.: *Tractatus Logico-Philosophicus*. 1921, 4.1122; Putnam, Hilary: *Why Reason Can't Be Naturalized*, in: Synthese 52, 1982, p. 6; *Stegmüller 1984*, 12, 20.

폴머는 진화적 인식론이 인식론적 문제를 해결하려고 노력한다는 사실에 대해서 의심하지 않는다(*Vollmer 1987*, 83). 그것은 직관이 어떤 이론에서 진리기준이 될 수 있는가라는 물음에 대하여 중간우주적으로 영향받은 우리의 직관능력은 중간우주적 구조에만 적합하게 파악할 수 있기 때문에 진리 기준이 될 수 없다고 말한다. 뿐만 아니라 그것은 생존의 성과가 진리기준에 기여하는가, 상호주관성은 충분한 객관성 기준인가, 엄밀한 객관성 기준이 있는가 등의 물음에 대하여 부정적으로 대답함으로써 인식의 한계를 문제삼고 있는 점에서 철학적 인식론의 문제를 다루고 있다는 것이다(*Vollmer 1987*, 83f). 진화적 인식론자들은 한결같이 "칸트적인 의미에서 순수 인식론은 인간인식의 자연사에 대한 설명으로서의 진화적 인식론이 해결되는 경우에 그러한 문제설정과 더불어 체계적으로 시작될 수 있다"(로렌츠)고 강조한다.[21] 진화적 인식론은 인식 주체가 개별적인 경험과 독립된(선천적이라는 의미에서) 어떤 구조를 가지고 경험을 구성한다는 사실에서 출발한다. 그것은 인지 능력의 성립과 진화적 적응과정의 사실적 가능성을 설명한다. 또한 동시에 그것은 그처럼 획득된 지식의 정확성을 진화적 성과가 보증한다고 주장한다. 그러므로 여기에서 진리에 대한 진화적 확증은 완성된다 (*Vollmer 1987*, 90).

그런데 선험주의자는 "진화적 인식론이 구속력 있는 인식의 가능성을 위한 선천적 조건에 대한 물음을 인식의 사실적-경험적 조건에 대한 물음으로 환원하면서 선천성에 대한 부적합한 관념론적 파악을 극복하고자 함으로써 그것은 인식의 문제를 그 발생적 연관으

---

21) Oeser, E.: *Die Evolution der wissenschaftlichen Methode*, in: Lorenz und Wuketits (Hrsg.), *Die Evolution des Denkens*. München/Zürich 1983, S. 268; Wuketits, F.M.: *Erkenntnis ohne Illusion*, in: Conceptus 17, 1983, S. 50; Riedl, R.: *Biologie der Erkenntnis*. Hamburg 1980, S. 7.

로 환원하고 진술의 타당성에 대한 특이한 인식론적 물음을 진부하게 만들었다"고 비판한다(*Köchler 1983*, 48) 그리고 어떤 학자들은 이것을 사실로부터 당위를 도출하려는 이른바 '자연주의적 오류의 특수한 형태'로서 '발생적 오류'라고 지적하기도 한다.[22] 이러한 지적에 대해서 폴머는 진화적 인식론이 인식의 발생적 조건에 대한 사실적 문제와 인식의 진리 또는 타당성에 대한 규범적 문제를 결합하려는 시도를 하고 있지만, 그 두 문제를 혼동하거나 같은 것으로 생각하지 않는다고 주장한다(*Vollmer 1987*, 91). 일반적으로 외부세계의 구조에 대한 보다 나은(정확하고 정교하며 객관적인) 이해는 생존에 유리하게 작용하기 때문에 우리는 보다 정교한 세계상을 얻으려고 경합하는 것이 사실이다. 그러나 진화적 인식론은 개연적 실재론이나 비판적 합리주의처럼 참된, 정확한, 객관적 인식의 가능을 위한 논변을 제공하지만 그것을 보증하지는 않는다. 또한 진화적 인식론은 타당성의 문제를 경험과학에 소급함으로써 대답을 찾을 수 있다고 믿지만, 이러한 사실 지식만으로 그 물음에 모두 답변하였다고 주장하지는 않는다(*Vollmer 1987*, 91). 따라서 폴머에 의하면 진화적 인식론은 발생 사실에 대한 타당성 물음에 답하려고 노력하고 있으며, 그 두 문제를 혼동하고 있지는 않다는 것이다(*Vollmer 1987*, 92).

더 나아가서 폴머는 인식론에서 가장 중요한 문제가 타당성에 대한 물음이고, 그것도 "절대적 타당성의 필요 충분한 조건을 제시하는 것"이라고 한다면, 여러 인식론적인 시도에도 불구하고 이 문제가 지금까지도 여전히 해결되지 않고 있기 때문에, 유독 진화적 인식론에게만 타당성의 문제를 해결하지 않았다고 비난하는 것은 정

---

22) Zimmerli, Walter Ch.: *Wissenschaft von der Natur als Wissenschaft vom Menschen*, in: Mitt. d. Vb. dt. Biologen (Beilage zur Naturwissenschaftlichen Rundschau) 280, 1981, S. 1302.

당하지 않다고 비판한다(*Vollmer 1987*, 93). 폴머에 의하면 "실재
세계와 경험의 유일하게 직접적인 (경험적인) 결합은 감각기관과
경험을 통한 것이다."[23] 그러나 지각이나 감각기관은 자연에서의
사건들에 대한 직접적인 모사로 이해될 수 있기 때문에 그는 계속
해서 감각기관과 실재세계 사이에서의 직접적인 결합은 실재세계에
서 주체를 거쳐서 인식, 즉 주관적 인식구조의 진화적 순응에 이른
다고 믿는다(*Vollmer 1975-1981*, 120). 그리하여 "우리의 인식기구
는 진화의 결과이다. 주관적 인식구조는 그것이 진화의 과정에서 실
재세계에 적합하도록 형성되었기 때문에 세계와 부합된다. 그리고
그와 같은 일치만이 생존을 가능하게 하기 때문에 그것은 실재적
구조와 부분적으로 일치한다"(*Vollmer 1975-1981*, 102). 모든 지각
은 실재적 세계구조의 직접적인 모사일 뿐만 아니라 생존에 필수적
인 것이다. 그리고 어떤 지각들이 생존에 필수적이라면 그것은 다른
지각과는 달리 객관적이다. 그처럼 생존에 필수적인 지각의 객관성
은 다윈의 진화론에 의하여 그 타당성이 경험적으로 확실하게 될
수 있다. 우리가 아직 생존하고 있다는 사실로부터 우리는 "충분하
게 순응하고 있으며" 우리의 인식구조는 충분하게 '실재적'이라고
결론지을 수 있다(*Vollmer 1975-1981*, 103f).

지각에 의하여 객관적 또는 생존에 필수적이도록 모사된 세계구
조는 폴머가 이른바 '중간우주'(Mesokosmos)라고 부른 바 있는 세
계의 한 부분과 연관된다. 대우주와 소우주의 구조들은 생물학적으
로 규정된 인간의 환경이 아닐 뿐만 아니라 그러한 구조에 대하여
순응할 필요성도 없기 때문에 지각을 통하여 객관적으로 모사되지
않는다. 이러한 의미에서 칸트가 요청한 선천적인 직관형식인 공간
과 시간은 중간우주의 중간적인 차원에만 적용되고 이 영역에서만

---

23) Vollmer, Gerhard: *Evolutionäre Erkenntnistheorie*. Stuttgart 1981³(1975), S.
   102.

타당성을 갖는다. 여기에는 예를 들면 3차원성과 같은 기초적인 환경조건을 산정하고 있는 인간 인식능력의 구조가 있다. 이 구조는 진화의 산물이고 발생적 장치이고 개체의 인지적 기구로서 넓은 의미에서 유전되거나 생득적인 것이다. 그러므로, 그것은 모든 (개별적) 경험으로부터 독립적일 뿐만 아니라 경험(3차원적 경험) 자체를 비로소 가능하게 한다. 그것은 물론 사유에 필연적인 것은 아니지만 경험 구성적인 것이다. 그러므로 폴머는 이와 같은 의미에서 종합적 선천성이 존재한다고 믿는다.

5. 지성의 진화와 피아제의 발생적 인식론

1. 피아제의 칸트주의

혜켈의 칸트 비판에 대한 비판적 대극으로서 드리쉬와 베르그송의 생기론은 진화적 인식론의 성립과 더불어 망각되어졌고, 진화적 인식론의 선험주의 비판을 통하여 생물학은 이제 제1철학의 위상을 주장할 정도로 상당한 진전을 보였다. 그러나 피아제는 진화적 인식론의 철학적 한계를 비판적으로 지적하면서, 새로운 차원에서 칸트주의의 생물학적 변형을 시도하였다.

피아제는 1967년에 출간된 저서 『생물학과 인식』[1]에서 지능과 인식의 문제를 현대 생물학적 시각에서 다루고 있다. 인지발달의 심리학을 주도하였던 피아제가 내세운 인식론적 핵심 테제는 발달과 정신의 성장은 주체와 그 환경 사이의 활동적 상호작용에 기인한다는 것이다. 피아제는 비록 객관성이 학문, 특히 실험과학의 이상이라고 할지라도 모든 지식은 주체의 활동으로부터 독립적일 수 없다는 사실이 근대적인 인식 비판의 결과로서 밝혀졌다고 생각한다. 대부분의 사람들은 이제 대상에 적확하게 도달할 수 있는 직접적인

---

1) Piaget; J.: *Biologie und Erkenntnis. Über die Beziehungen zwischen organischen Regulationen und kognitiven Prozessen.* Frankfurt 1974(Französische Originalausgabe: *Biologie et connaissance.* Gillimard 1967).

직관이 없다는 사실을 알고서 객관성을 상태가 아닌 하나의 과정으로 받아들이고 있다. 다시 말하면 객관성은 결코 완성될 수 없는 계기적인 접근의 사슬을 전제하고 있다. 특히 오늘날 생물학자들이 유전자, DNA, 도태, 표현형, 종, 개체 등에 대하여 말할 경우에 이러한 개념들은 어떤 특정한 진화적 발생적 배경을 가지고 있다. 피아제에 의하면 물리학을 원형으로 하는 실험과학까지도 대상을 있는 그대로 다루는 것이 아니라 선천적 주관성 또는 논리-수학적 틀 안에서 작업하고 있다. 따라서 그는 모든 학문에서의 객관성 또는 대상의 문제는 인지 조직의 선행 조건에 대한 논의 없이는 결코 다루어질 수 없다고 본다(*Piaget*, 66).

다른 한편 피아제는 표현형적으로 획득된 유기체의 변화가 후손에게 유전된다는 라마르크주의와 점진적인 종의 변화는 돌연변이와 자연도태에 근거한다는 신다윈주의를 종합하려고 노력하였다. 생물학적 진화론의 두 가지 유형, 즉 환경적 결정론과 유전적 결정론에 대한 피아제의 태도는 마치 경험론과 이성론을 대하는 칸트의 선험주의적 전략과 매우 닮아 보인다. 여기에다가 그는 행동주의 심리학자들(J.B. Watson, B.F. Skinner)과 동물행태학자들(K. Lorenz, N. Tinbergen, K. von Frisch)의 견해를 수용하여 나름대로의 발생적 인식론을 수립한다. 이와 같은 배경에서 피아제는 칸트의 선천성, 그리고 로렌츠를 중심으로 한 계통사적 후천성으로 특징지워지는 순수한 인식기능, 즉 '논리-수학적 조작 능력'(피아제)이 유전적인 것인지 경험적인 것인지, 그렇지 않다면 규약 또는 동화에 바탕을 둔 균형화의 산물인가를 밝히는 것이 생물학적 인식론의 근본문제라고 생각하였다(*Piaget*, 69).

2. 유기체의 발달 가설과 지식의 세 가지 유형

1964년 제네바에서 열린 발달 조절 기제에 관한 심포지움에서는 유기체 발달의 세 가지 주요 요소, 즉 유전자에 의한 프로그램과 환경의 영향, 그리고 평형화 또는 자율조정인자를 구분하였다(*Piaget*, 37). 피아제는 이러한 발달 가설을 바탕으로 세 가지 유형의 지식을 구분하고 그에 대한 생물학적 해석을 시도한다.

첫째로 유전자에 의한 프로그램은 전성설이나 생득적 본유적 관념의 존재를 주장하는 합리주의 또는 칸트의 선험주의적 성격을 갖고 있다. 유전공학의 진전과 함께 현대의 생물학자들은 특정한 유전정보를 가진 인자들이 유기체의 특성을 결정한다는 이른바 전성설적 입장으로 회귀하고 있다. 또한 태생학적 전성설은 인지 기능의 개체발생에서도 그대로 적용될 수 있다. 유전론자들은 '정적 평형상태'(homéostasis)에 의한 조절이나 물리적 법칙에 의하여 모든 생명현상을 설명할 수 있다고 생각한다. 인지 기능이 가지고 있는 반사적 또는 본능적 행동양식(reflexhafte oder instinktive Verhaltensweisen)의 측면 역시 전성설적인 유전자 프로그램에 의하여 결정된다(*Piaget*, 2). 피아제는 퀴노(L. Cuénot)의 '결합적 지능'(kombinatorische Intelligenz)을 전성설의 현대적 유형으로 해석한다. 퀴노는 모든 적응을 돌연변이와 자연선택으로 설명하려는 생물학적 기계론을 거부하고, 배 세포에 일종의 '결합적 지능'이 존재한다고 가정함으로써 목적론적 지향성을 강조하였다. 이와 같은 전성설적 입장에서는 일반적으로 유전인자는 우연적으로 발생한 변이에 의하여 이루어진 비연속적 요소들의 총합이 아니라 결코 우연적이지 않은, 따라서 목적론적 성향을 가진 결합의 가능성을 전제하고 있다(*Piaget*, 41). 그러나 피아제는 유전인자에 지능적인 의도 또는 지향성을 부여할 경우에 제기될 수 있는 어려움을 들어서 퀴노의 전성설적 주장을 비판한다. 이 경우에 하나의 세포 속에서 고차적인 두뇌 기능과 발달된 손발의 조작행위가 어떻게 가능한가를 설명해야 할 것이다. 또한 퀴노 자신이 의심한 것처럼 그와 같은 유전세포의 정신소 (Psychoid einer Keimzelle)가 존재하는가에 대해서 물어야 할 것이다. 피아제에 의하면 퀴노의 학설은 지능의 존재를 낮은 단계에서부터 높은 단계에 이르기까지 일반적으로 인정하게 될 경우의 문제점을 안고 있다. 퀴노는 지능을 뇌판의 형태로 가정함으로써 지능이 관념을 갖게 되는 기능적 측면을 무시했으며, 발달 수준이 낮은 유기체에도 인간과 같은 지능이 존재한다는 사실을 인정하면서도 왜 그것이 인간과 다르게 나타나는가를 설명하지 못하고 있다(Piaget, 42f).

둘째로 환경영향설은 근본적으로 라마르크의 획득형질의 유전과 후성설, 그리고 철학적 경험주의를 지향하고 있다. 여기에서 와딩턴 (Waddington)이 제안한 크레오데스(créodes) 개념은 단순한 정적 평형상태와는 구별된다. 이것은 유전인자가 필연적으로 거치는 길을 뜻하는 개념으로서, 유전자가 정적 평형상태에서 이탈하여 다시 복귀하거나 또는 새로운 계통으로 발전되거나 또는 분화되는 현상 (homéorhesis)을 나타내고 있다(Piaget, 20). 그렇다면 이 모델에서는 어떻게 외부 환경에 대한 예상정보의 외연을 얻게 되는가? 라마르크적 설명에 의하면 본능은 유전적으로 고정된 습관이다. 이러한 습관은 환경에 의하여 요구된 동화작용의 결과이며, 그 유전은 한 세대에서 다음 세대로 이어지는 기억을 통하여 이루어진다. 따라서 환경에 대한 본능의 적응은 환경으로부터 인자계통에 전달된 선행적 정보에 기초한 예견 가운데 있다(어떻게 외부 환경에 대한 예상정보의 외연을 얻게 되는가? 라마르크적 설명에 의하면 본능은 유전적으로 고정된 습관이다. 이러한 습관은 환경에 의하여 요구된 동화작용의 결과이며, 그 유전은 한 세대에서 다음 세대로 이어지는 기억을 통하여 이루어진다. 따라서 환경에 대한 본능의 적응은 환경으로부터 인자계통에 전달된 선행적 정보에 기초한 예견 가운데 있다(*Piaget*, 279). 그러나 피아제에 의하면 라마르크는 유기체가 단지 환경의 강제를 수동적으로만 받아들이는 것이 아니라 그 스스로 보존하고 있는 구조에 환경의 압력을 동화시킨다는 사실은 간과하였다(*Piaget*, 281).

셋째로 자율조정체계 이론은 유기체가 단순히 선천적으로 내재된 요소와 후천적으로 획득된 요소의 혼합이 아니라, 그것들 사이의 평형을 찾는 후성적 발전의 체계로 이해한다. 특히 인지적 기능의 본래적인 의미는 행동 차원의 교환과정에 있어서 자율조정 또는 평형화 기관으로서 사용되는 데 있다(*Piaget*, 37). 피아제에 의하면 생물학적 조직은 평형화된 체계이다. 그러나 유기체의 평형은 최상으로 유지되는 경우에도 상대적인 안정성을 보일 뿐이다. 왜냐하면 유전인자는 환경에 대하여 어느 정도 거리감을 가지고 있기 때문이다. 따라서 유기체의 평형은 돌연변이 등에 의하여 방해받을 수도 있다. 후성적 체계는 보다 더 개방적이지만 정적인 평형 상태에 있는 다른 여러 과정들처럼 평형화된다. 또한 생리학적 체계는 훨씬 더 개방적이지만, 그것은 동물군이 진화되고 분화되는 만큼 안정적으로 내적 환경의 정적 평형상태와 더불어 반응한다. 신경체계의 두 가지 중요한 기능 중 하나는 외부의 자극에 개방하여 그 영향들로써 자극에 반응하는 데 있다. 그럼에도 불구하고 그 커져 가는 가변성은 반응의 전체성 가운데서 주목할만한 가변적 평형을 수반한다. 결국 행동은 끊임없이 무한하고 유동적인 환경에 의존하고 있기 때문에 전적으로 그로부터 비롯되는 모든 가능한 불균형에 노출된다. 그리하여 인지적 기제의 자율조정적 기능은 우리가 알고 있는 가장 안정된 평형형태인 지능의 구조에 이르게 되었고, 그 가운데서도 논리-수학적 조작은 인류가 반성적으로 의식하게 된 이래로 필연적인 것으로 되었다는 것이다(*Piaget*, 38).

이상에서 살펴본 세 가지 유형의 발달이론에 기초하여 피아제는 가능한 지식의 유형을 구분하면서 유기체와 환경 사이에서 제기되는 인식의 문제를 다루고 있다(*Piaget*, 53f).

첫째로 유전자, 유전적 적응과 진화기제와 같이 일반적으로 형태를 결정하는 계통적 구조 영역에서 유기체와 환경의 관계가 문제되는 데, 여기서는 유전 기제(본능, 지각)와 연결된 지식이 그 대상이된다. 인식의 유전적 도구, 생득적 인식 또는 유전조작에 의하여 구조화된 지식, 그리고 동물의 본능적 지식이나 인간의 일부 지각구조(색을 보는 것과 공간에서의 2차원적 또는 3차원적 시각)가 여기에속한다(*Piaget*, 276ff). 피아제는 데카르트적인 본유관념이 아닌 칸트적인 선험적 지식이 여기에 속할 수 있다고 본다(*Piaget*, 54). 수의 직관과 관련하여 포앙카레, 심리학의 영역에서는 메츠거(W. Metzger), 동물행태학자 로렌츠(Konrad Lorenz) 등도 이 가설을 지지한다. 본능에 대한 위대한 연구가인 콘라드 로렌츠는 칸트의 선험적 범주를 '유전적으로 생득적인 것'이라고 해석한 바 있다. 로렌츠는 칸트의 위대한, 그리고 근본적으로 새로운 발견은 인간의 사고와지각이 모든 개인적 경험에 앞선 기능적 구조를 가지고 있다는 사실을 주장한 데 있다고 평가하면서, 동물적인 선천성과 인간적인 선험성 사이에 매우 밀접한 기능적 유사성 또는 근원적 유사성을 발굴할 수 있다고 믿었다(*Lorenz 1941*, 100). 물론 유전자 모델은 생물이 환경과 독립된 유전구조를 환경에 부여하고, 환경은 그에 적합하지 않는 것을 제거하거나 적합한 것을 지원한다는 고전적 변이설(klassischer Mutationismus)에 기초하고 있다. 돌연변이설에 의하면본능은 우연적인 변이에 의하여 생기고 자연선택의 과정에서 세련된다(*Piaget*, 281). 그러나 브레러(Bleuler)의 계산에 의하면 척추동물이 지식의 획득을 위하여 계속적인 변이에 의하여 눈을 갖게 되는 데 필요한 확률은 $1/10^{42}$에 불과하여, 돌연변이에 의하여 눈을 갖는다는 설명은 성립되지 않는다(*Piaget*, 281). 피아제 역시 인간의 논리-수학적 인지 기능이 돌연변이설과 자연선택설에 의하여 말의 발굽이나 물고기의 지느러미처럼 형성된다는 설명은 받아들일 수 없다고 비판한다(*Piaget*, 282). 다른 한편으로 생기설이나 목적론적 설명은 유기체와 환경 사이의 예정조화설을 상정하고 있다. 그러나 피아제는 이러한 시도 역시 그것이 어떻게 발달 과정에서 그러한 조화에 이르게 되는가를 인과론적으로 설명하지 않으면 안 된다고 지적한다(*Piaget*, 285).

둘째로 개체발생과 표현형적 변이의 영역에서 유기체와 환경의 관계가 문제되는 데, 여기서는 개별적 학습과 경험으로부터 얻은 지식이 그 대상이 된다(*Piaget*, 53). 환경이 생물에 직접 영향을 주고 그렇게 획득한 형질이 유전된다는 라마르크주의(Lamarckismus)로부터 표현형적 적응이론이 여기에 속한다. 철학적으로는 물리적 경험에 의하여 얻어진 지식이 이러한 유형에 속하며, 그것은 외부 대상 및 그 관계들에 대한 경험으로서 특정한 대상들로부터 추상화된다. 라마르크의 학설은 주관이 객체의 강제력을 받고, 경험의 반복된 결과가 사태의 압력으로 작용하여 주체에 의하여 습관으로 받아들여진다는 고전적 경험주의, 특히 흄의 이론과 유사한 구조를 가지고 있다(*Piaget*, 112). 로크의 관점에서 모든 지식은 경험으로부터 나온다. 영혼은 정신이 단순관념을 수동적으로 받아들이는 백지와 같은 것이며, 정신의 작업은 단순관념들을 어떤 것에 의하여 첨가하지 않고 결합하는 것이다. 그러나 라이프니츠는 모든 경험적인 개념이 감각을 통하여 비롯되는 사실이지만, 그것은 경험에 종속되지 않고 구조를 산출하는 지성 자체(ipse intellectus)에 대해서는 알지 못한다고 비판하였다. 이러한 비판은 흄과 라마르크에게도 유효하다. 이 두 사람에게 환경은 우리에게 무제한적으로 개방되어 있으나, 유기체 또는 주체의 구조화된 활동이 공통적으로 결여되어 있다. 라마르크에서는 전체적인 환경 압력은 유전자적 구조에 동화됨이 없이 무제약적으로 부과된다. 또한 흄에서도 규칙적인 외부적 계기는 등록되지만 인과적 연관성의 이념에 덧붙여지는 필연성은 연상이나 습관의 힘에서 기인하는 착각에 지나지 않은 것으로 파악하여 연역적 구조에 동화되지 않는다(*Piaget*, 112).

셋째로 모든 단계의 조절 기제(유전적, 후성적, 생리학적 등)에 있어서 내부 조직과 외부로부터 오는 것(예를 들면 환경으로부터의 화학적 또는 에너지의 섭취) 사이의 관계가 문제될 수 있는 데, 인식의 조절과 평형화, 그리고 특히 조작적인 논리-수학적 구조의 구성에서 주체와 객체의 관계가 그 대상이 된다. 피아제는 생물학적 관점에서 세 번째 범주가 가장 어려운 문제를 제기한다고 본다(*Piaget*, 274). 그는 이것이 두 번째 범주와 동일한 근원을 가지고 있기는 하지만 유전적이 아니고 경험대상과 더불어 후천적으로 획득되지만 경험적 지식은 아니기 때문이다(*Piaget*, 313). 따라서 피아제는 논리-수학적 인식은 생득적-유전적 인식이나 경험적 인식 그 어느 것으로도 환원될 수 없는 독특한 것이라고 주장한다(*Piaget*, 275).

3. 피아제의 생물학적 진화론 비판

'생물학적 인식의 인식론'은 통시적 개념으로서의 개체발생과 진화의 문제를 다룬다. 진화론 이전의 생물학에서 지배적인 이론이었던 예정조화설(prästabilierte Harmonie)은 생체기관과 지성이 모든 구성적 활동을 배제하는 완성된 세계에 종속되어 있는 것으로 파악한다(*Piaget*, 104). 유기체의 기능적 역할, 환경에의 적응, 후천적으로 획득한 것들은 모태 속에 이미 주어져 있는 이전 정보에 근거하고 있으며 특정한 메카니즘에 의하여 현실화된다는 주장이다. 피아제는 자연에 대한 목적론적 설명은 사실상 기계적, 우연적, 인공지능적 인과계열을 예정조화설의 주장으로 대체한 것이라고 이해한다. 퀴노의 지향성 개념도 이 범주에 넣고 있다.

일찍이 아리스토텔레스는 식물성 영혼, 운동감각적 영혼, 정신적 영혼을 완전성, 즉 시간을 초월한 형상들의 등급에 의하여 구분하였다. 그러나 라마르크와 다윈은 이러한 차이를 시간의 흐름 속에서 파악하였다. 개체발생적 발달과 관련하여 언제나 제기되는 문제는 알이나 정자 속에 유기체가 조그맣게 축소되어 있다가 양적 크기를 갖게 된다고 주장하는 전성설이다. 1759년에 볼프(G.F. Wolff)는 후성설을 채택하여 양적 변화뿐만 아니라 질적 변화를 상정할 수 있었다(*Piaget*, 82). 여기에서 환경과의 부단한 상호작용을 통한 후성적 조절작용에 의하여 이루어진 표현형은 유전자형 속에 전체적으로 예정되어 있지 않는 진화적 산물로 이해된다(*Piaget*, 83).

이와 같은 논의는 정신발생학적 발달에서도 그대로 재현되었으며, 『에밀』이 출간되었던 1762년에 루소는 아동이 성인을 축소한 것이라는 주장에 이의를 제기함으로써 유전적 전달층과 사회교육적 전달층이 존재하는 사실을 일깨웠다. 피아제의 표현에 의하면 유기체적 존재자는 주관과 대상의 상호작용에 의한 자율조정과 평형화를 추구하고, 자신을 선행 구조에 동화함으로써 획득한 구조를 다시 실재에 적용하는 자동적 순환체계인 것이다(*Piaget*, 84).

라마르크주의는 피아제에게 경험주의의 원형으로 인식되고 있다. 라마르크는 생물학적으로 기능주의자이고, 인식론적으로는 경험주의자에 해당된다. 라마르크는 첫째로 개체의 발달과정에서 기관의 사용이 중요한 역할을 하며, 둘째로 그렇게 생겨난 변형, 즉 획득형질은 유전적으로 확정된다고 주장하였다. 생물학계에서는 대체적으로 첫 번째 주장은 인정했지만 두 번째 주장은 인정하지 않았다. 개

체적 표현형(individueller Phänotypus)과 유전적 유전자형(heredi-
tärer Genotypus)의 근본 차이를 주장하는 사람들은 생체기관의 사
용으로 인한 변화는 비유전적인 적응일 뿐이어서 표현형을 어느 정
도 변화시킬 수는 있으나, 후천적으로 획득한 성질들의 고정화는 일
어나지 않는다고 보았다(*Piaget*, 107).

라마르크의 첫 번째 명제와 관련하여 모간(T.H. Morgan)의 최근
후기연구를 통하여 집단유전학(Populationsgenetik)의 진보가 이루
어졌으며, 여기에서 유전자형과 환경 사이의 불가분적 상호작용의
산물로서 이해된 표현형에 대한 관심이 집중되었다(*Piaget*, 107). 각
유전자형 또는 각 집단에는 환경적 특성의 변화에 의하여 이러한
표현형이 산출될 수 있는 하나의 '반응 규칙'(Reaktionsnorm)이 나
타난다. 이것은 라마르크가 단순한 환경의 영향만을 강조한 것과는
반대로 사실상 외적 요인과 유전자 사이의 상호작용을 인정한 것이
다(*Piaget*, 108). 다시 말하면 유기체는 환경이 미확정적인 적응구조
를 통하여 모든 방향으로 분산되게 하는 것이 아니라, 환경을 자체
구조 속에 동화시키면서 적극적으로 반응한다. 생체기관은 학습능
력을 갖고 있으며 외부 정보의 등록은 동화구조와 결합되어 있다.

라마르크의 두 번째 명제, 즉 본래적인 유전적 고정화(획득형질
의 유전)는 보다 복잡한 문제를 유발한다. 라마르크와 돌연변이설
사이에서 제3의 입장을 취하고 있는 신다윈학파의 와딩턴은 '획득
형질의 유전'이라는 말을 다시 사용하고 있다. 그는 온도의 변화로
변형된 초파리의 날개가 몇 세대가 지난 후에는 정상 온도가 유지
되더라도 그 표현형이 원래대로 복귀하지 않고 고정되는 현상에 주
목하면서, 최초에는 환경의 변화와 연관된 x라는 성질의 출현이 그
처음 변화가 취소되어도 계속해서 유전적으로 남아있는 현상, 다시
말하면 "환경의 변화에 의하여 유전자형으로 고정된 표현형의 변
이"(*Piaget*, 109) 사실을 확인하게 된 것이다. 그는 이 현상을 라마

르크적으로 설명하지 않고 '유전적 동화작용'으로 이해하였다. 피아
제는 이러한 현상을 두 가지 방식, 즉 "환경의 영향 속에서의 차별
에 의한 표현형의 선택과 이처럼 변형된 인자구조의 새로운 배분에
근거한 유전인자의 재조직"과 "표현형의 개체적 발달경과에서 일어
나는 환경의 긴장상태에 대한 반응으로서 선택(여기서는 전체의 배
분변화와 구조변경의 의미에서)에 의한 유전인자의 직접적인 재조
직"으로 설명될 수 있다고 본다(*Piaget*, 109). 물론 이것은 동일한
결과에 대한 설명 방식의 차이에 지나지 않는다. 라마르크는 환경이
신체적 특성들을 생식세포 속에 수동적으로 기억(입력)시킨다는 입
장이고, 와딩턴은 자연도태에 따른 적극적 재조직과 새롭게 조직된
통일 속에서의 배분의 변화를 강조한다.

다윈은 『종의 기원』 제6판에서 라마르크의 이론을 자신의 진화
론에 통합하였다. 다윈은 소규모의 돌연변이와 자연에 의한 점진적
인 선택이론을 주장하였다. 그 이후 멘델의 법칙과 돌연변이가 사실
적으로 확인되면서 이른바 신다윈주의(Neodarwinismus) 또는 돌연
변이설(Mutationismus)이 영향력 있는 이론으로 자리잡게 되었다.
고전적인 돌연변이설에서 유전자는 미래 전체를 규정하지만(전성설
적 측면), 때때로 예측할 수 없는 사태로 인하여 갑작스럽게 변형되
기도 하는 작은 입자들의 조합으로 파악되었다(*Piaget*, 118). 이 이
론에 의하면 유전은 내적으로 일어나는 변이에 나타난 불변적인 유
전인자의 틀 안에서만 이루어지고, 이렇게 산출된 변이에 환경이 개
입하여 선택하게 된다. 그러나 환경에 의존하는 표현형의 변이는 유
전되지 않으며 진화에 아무런 영향도 끼치지 않는다. 신다윈주의 또
는 돌연변이설은 환경보다는 생체기관의 내면적 구조변화를 중시함
으로써 하나의 주어진 체계 안에서 내부 인자와 외부 인자의 역할
을 분석하는 데 치중하게 되었고, 그 결과 원자론적 또는 유전학적
방향으로 들어서게 되었다(*Piaget*, 114).

오늘날 고전적 신다원주의는 유전집단과 유전인자가 조직된 계통을 형성하고 있다는 사실이 확인됨으로써 새로운 위협에 직면하게 되었다. 이 새로운 이론에 의하면 유전인자는 유전적 체계 자체의 진화, 즉 일반적 진화 자체의 원인이자 결과인 특수 분화된 진화로부터 비롯된 고유한 조절기능을 갖추고 있다. 따라서 피아제는 만일 유전인자가 그 자체 속에 조절 유전세포와 자율조정체계를 가지고 있다면 신체와 환경의 모든 결합을 단절된 것으로 생각하는 것은 모순일 것이라고 지적한다(*Piaget*, 114). 조절은 그 활동 결과에 대하여 영향을 주는 체계를 지향하고 이루어진 성과에 의하여 다시 교정하는 작용이다. 따라서 유전세포는 움직이지 않는 작은 공이 아니라 환경과의 상호작용을 통하여 얻은 결과들을 자체 조정할 수 있는 체계로 이해된다. 더 나아가서 새로운 연구 결과는 유전인자를 진화의 결과에서 비롯된 조직된 구조라고 파악함으로써, 조직과 진화의 중요성을 간과하고 도달된 정태적 상태만을 강조한 돌연변이설의 한계를 지적한다.

여기에서 피아제는 만일 모든 새로운 변화가 돌연변이에 의하여 발생한 것이라면 그러한 변이된 유전세포를 갖고 있지 않은 조직체 속에서 그것들이 어떻게 보존되고 전달되는가의 문제가 해결되어야 할 것이라고 지적하면서, 라마르크주의와는 달리 우연성과 선택의 인자만을 중시하였던 자연선택적 신다원주의설은 결과적으로 유전인자가 자체조절 기능을 가지고 있으며 그것이 진화 계열의 단계 속에서 점진적으로 이룩된 것이라는 현대 생물학의 성과에 의하여 수정되어야 한다고 제안하였다. 그리하여 피아제는 환경과 생물의 관계를 순환적 상호작용의 변증법적 체계, 또는 구조의 근원적 활동성 및 구조와 환경 사이의 상호 의존성을 동시에 고려하는 인공지능적 인과성의 체계로 해석한다(*Piaget*, 116f).

전통적인 돌연변이설 또는 신다원주의가 유전인자 속에 있는 잠재력과 그 우연적인 변형에 근거한 객체 중심의 전성설적인 설명을 시도하고 있는 반면에, 선험주의(Apriorismus)는 주체를 중심으로 한 전성설적 접근을 시도하고 있다. 피아제는 가장 일반적이고 순수한 형태의 주체 중심적 전성설을 칸트의 선험주의에서 발견한다(*Piaget*, 118). 칸트에서의 주체는 경험 가능성의 조건이 되는 여러 범주와 형식들을 가지고 있다. 주체가 이러한 범주들을 경험에서 발견하거나 의식하게 될 경우에, 주체는 경험을 범주로부터 얻는 것이 아니라 미리 주어져 있는 범주적 구조를 통하여 그것에다가 질서를 부여한다. 칸트는 있는 그대로의 경험적 사실들과는 반대로 이와 같은 주관적 구조는 필연적이라고 규정하였다. 신다윈주의자이면서 동시에 칸트주의자였던 콘라드 로렌츠는 '본능'과 '생득적으로 작동하는 기제'(AAM: angeborene auslösende Mechanismen)의 영역에 선천적 지식이 존재한다고 믿었다(*Piaget*, 119). 이러한 선천적 지식은 획득형질의 유전과는 관계없이 내부적 근원을 가지고 있으며, 따라서 칸트의 선천적 범주와 비교할 수 있는 선천적 형식들이다. 피아제는 여기에서 로렌츠가 돌연변이설을 칸트적인 선험주의에 의하여 설명할 경우에 제기될 수 있는 문제점을 지적하였다(*Piaget*, 119). 가장 큰 어려움은 신칸트학파가 과학적 사고의 영역에서 말하는 필연성 개념이 생물학의 영역에서는 적용될 수 없다는 사실에 있다. 생물학에서의 본능이 가지고 있는 선천성은 논리적 필연성과는 전혀 다른 것이기 때문이다. 본능은 종의 종류에 따라 다르게 나타나며, 따라서 삶의 보존을 위한 기능적 연속성 이외의 어떤 공통점도 찾을 수 없다. 또한 과학적 지식의 영역에서 어떤 수준에서의 추리는 논리적 필연성을 가지고 있으나 인과성, 공간, 시간 등도 역사의 흐름 속에서 변하므로 필연적 구조를 가진 범주는 존재하지 않는다(*Piaget*, 119). 피아제는 바로 이 때문에 로렌츠가 칸트의 선험적 형식은 아프리오리한 것은 사실이지만 필연적인 것은 아니라

고 물러섬으로써 선험주의에서 규약주의(Konventionalismus)로 이
행하였다고 지적한다.

규약주의는 형식적으로 우연적인(내생적이지만 보다 덜 필연적
인) 돌연변이설에 대응하는 이론이다. 포앙카레와 같은 수학자가 규
약주의와 선험주의를 동시에 받아들이는 사실에서 그 두 이론 사이
에는 인식론적 친화성이 있다는 것을 짐작하게 된다. 그는 기하학에
서 군(Gruppe)의 개념이 칸트적인 의미에서의 선천적 종합판단이라
고 생각하였다. 그러나 물리적 공간이 유클리드적인지 그렇지 않은
지, 또는 단순히 합의 또는 규약의 사실인가는 그에게 아직 물음으
로 남아 있었다. 포앙카레는 가능한 규약들 가운데서 특정한 것을
선택하게 되는 근거는 단순히 자의적이지 않고 우연에 의존한다고
보았다. 그에 의하면 이것은 로렌츠의 작업가설과 단순한 규약주의
사이의 입장을 드러내는 이른바 합목적성의 문제에 의하여 규정된
다(*Piaget*, 120). 그것은 루지에(Rougier)가 논리를 다른 선택의 여
지가 없으나 그렇다고 합리적 필연성을 가진 것도 아닌 하나의 강
요된 언어적 규약으로 이해하는 것과 비슷하다(*Piaget*, 120). 그것은
또한 자연이 우연적으로 인간에게 머리카락과 눈의 색깔과 같은 변
화를 준 것과 마찬가지일 것이다. 따라서 우리의 논리와 돌연변이설
그 자체도 의도된 성과를 달성하기 위하여 선택된 우연적인 결합의
산물에 지나지 않는다.

그런데 피아제는 돌연변이설 안에서 전성설과 우연적 변화 사이
에 제기되는 문제, 그리고 절대적인 선험주의에서 순수한 규약주의
에 이르는 인식론적 문제 사이에는 적어도 두 가지 유사성이 있다
고 지적한다. 즉 이 두 가지 문제 해결의 방식은 결코 완전하지 않
으며 동시에 유사한 어려움을 안고 있다는 것이다. 이것은 유기체
또는 주체가 전적으로 환경 또는 객체로부터 분리될 수 없으며, 유
기체가 갖고 있는 중요한 내생적 인자들은 완성되거나 정태적인 구

조가 아니라 조직하고 구성하는 가변적 기능을 가지고 있다는 사실에 근거한다.

이와 같은 사실을 바탕으로 피아제는 인식론의 영역에서 논리-수학적 구조는 주체 속에 완성된 구조로서 미리 존재하거나 객체로부터 도출된 것이 아니라, 그 초기 단계에서부터 그러한 작용을 필수적으로 필요로 하는 주체가 대상과의 상호작용을 통하여 점진적으로 강화하게 된 조직된 자율적 활동 기능의 결과라고 해석한다. 피아제에 의하면 선험주의는 이러한 기능을 처음부터 완성되어 있는 구조로 대체함으로써, 주체와 객체의 상호작용 없이는 그 과정의 마지막에 조절작용을 할 수 있는 구조가 구성될 수 없다는 사실을 간과하는 잘못을 범하였다(*Piaget*, 121). 자의적인 규약과 우연은 이 발달 과정 중에서 돌연변이와 자연선택이라는 시행착오의 방식을 통하여 기능하게 된다.

4. 발생적 인식론의 생물학적 지평

이상과 같은 논의를 통하여 우리는 피아제가 출발점으로 삼고 있는 일반 생물학적인 관점을 확인할 필요가 있다(*Piaget*, 33). 현대의 생물학에 대한 그의 이해가 발생적 인식론의 방향과 지평을 결정할 수밖에 없기 때문이다. 물리화학적 관점에서 생물은 그것을 둘러싸고 있는 물체의 단순한 복제가 아니라 이러한 물체의 동화를 통하여 보존하고 자체적으로 조절하는 조직체이다. 발생학적 관점에서 유전인자는 환경의 영향에 의한 산물이 아니라 환경의 도발에 반응하고, 그 반응 규칙을 가지고 있는 조직화된 체계이다(와딩턴).

태생학적 관점에서 후성적 발달은 필요한 영양소의 선택을 규정하는 내적인 조절과 교환되는 과정을 함축하고 있다. 생리학적 관점에서 조절체계는 환경과의 교환과정을 다시 받아들이지 않고 물길

을 트고 조절하는 부단한 활동을 도모한다. 신경학적 관점에서 신경
체계는 자극을 통한 강요를 허용하는 활동이 아닌 자발적 활동을
보여주고 있으며, 그러한 자극이 조직에 감지되는 경우, 즉 선행하
는 반응도식에 동화될 수 있는 경우에만 자극에 반응한다(*Piaget*,
33). 이와 같은 생물학적 이해로부터 피아제는 외부로부터의 규제
및 적응 등을 강조한 다윈주의와는 반대로 유기체의 자율성과 자체
활동을 강조하게 된 것이다. 그것은 인식이 환경의 복사가 아니라
삶의 자율조정적 조직뿐만 아니라 사물 자체까지도 반영하는 실재
적인 상호작용의 체계라는 사실을 말한다(*Piaget*, 28). 피아제에 의
하면 비록 지각을 통한 인식이라 할지라도 그것은 실재의 단순한
복사가 아니며, 모든 인식은 언제나 선행하는 구조에 동화하는 과정
을 함축하고 있다(*Piaget*, 4).

　　인식은 실제로 주체(신체적 인식 또는 내성적 통찰)로부터 나오는
것도 아니고 객체로부터 나오는 것도 아니며(왜냐하면 지각 자체가
조직의 상당 부분에 해당되기 때문에), 주체와 객체의 상호작용에서
조직의 자발적인 활동과 외부적인 자극을 통하여 비로소 가능하게
된다. 내적인 요인과 외적인 요인이 서로 뗄 수 없을 정도로 (주관적
으로 융합되어) 매우 긴밀하게 작용하는 원초적인 상호작용으로부터
인식은 두 가지 상호 보완적인 방향을 잡게 되면서 항상 행동작용과
행동도식을 유지한다. 왜냐하면 이 두 가지 사실에 의존하지 않고서
는 인식은 현실을 파악할 수도 없고 그 고유한 메카니즘도 분석할
수 없기 때문이다(*Piaget*, 29).

　　그리하여 모든 종류의 인식은 언제나 필연적으로 지각된 것 또는
인식된 것에 어떤 의미를 부여하는, 이른바 동화인자(Assimilations-
faktor)라는 중요한 계기를 가지고 있다. 외부세계가 유기체 속으로
압박해 들어가는 것이 아니라, 유기체가 자신의 활동을 통하여 외부

세계를 그 자신의 환경으로 만드는 것이다. 따라서 이와 같은 유기체의 행동적 태도는 완성되어서 미리 주어져 있는 유기체의 고정된 성질이 아니라 교환을 조절하는 선택과 환경적 영향의 공동 작용이다(*Piaget*, 34). 모든 생체조직은 각 계층에서 자율조정을 전제하고 있으며, 이 인지적 자율조정은 모든 유전적, 형태발생적, 생리적, 신경적 단계에서 발견되는 유기적 자율조정의 일반적 체계를 사용하고, 이것들을 다시 행동 속에서 발견되는 환경과의 교환과정을 통하여 새로운 관계에 적응하게 한다(*Piaget*, 35). 이러한 지능의 조작적 구조는 체계를 불변적 전체성을 유지하는 변환체계이다(*Piaget*, 36). 이와 같은 개념 정의는 살아있는 유기체에도 해당된다. 유기체는 한편으로는 다양한 상호작용(변형)이면서도 다른 한편으로는 어떤 특정한 관계들이 변하지 않고 보존되는 전체의 형식인 것이다(*Piaget*, 33). 이로써 피아제는 적응, 외부로부터의 규제 등을 강조한 다윈주의와는 반대로 유기체의 자율성과 자체활동을 강조하였다.

콘라드 로렌츠와 같은 생물행동학자들은 수학적 사고작용을 포함한 고차적인 인식의 문제를 생물학, 특히 유기체론과 관련된 계통발생적, 개체발생적 차원에서 새롭게 접근할 것을 제안하였다.2) 그러나 피아제는 로렌츠의 테제에 비판적인 태도를 취한다. 인식의 성립에 대한 물음은 유전된 인식 능력에 대한 물음과 동일하지 않다. 그 대답은 호모사피엔스의 계통사적 적응 과정에서 찾을 수 없다. 만일 인간의 논리-수학적 사고작용이 동물에서의 본능처럼 생득적이고 유전적이라면 그것은 인간 종에게만 적용될 것이고, 따라서 그와 같은 사유작용의 타당성은 보편적이거나 강제적이지 못할 것이다.3) 또한 동시에 논리-수학적 능력이 생득적인 것이라면 그것은 어린아

---

2) Lorenz, K.: *Über die Entstehung von Mannigfaltigkeit*, in: Die Naturwissenschaften 52, 1965, S. 321.
3) Kesserling, Th.: *Jean Piaget*. München 1988, S. 69.

이나 어른에게서 똑같은 정도로 나타나야 할 것이다. 그런데 논리-수학적 사고능력은 출생의 시점에서는 전혀 나타나지 않다가 성장하면서 비로소 점진적으로 출현한다. 따라서 이제 참된 인식의 가능성에 대한 물음은 인식이 어떻게 성립하는가를 함께 살피지 않고서는 결코 파악될 수 없게 되었다. 그리하여 피아제에게는 "어떻게 객관적 인식이 가능한가"라는 물음이 아니라, "어떻게 객관적 인식은 실제적으로 가능하게 되는가, 그리고 그것은 어떻게 일어나며, 또한 새로운 것에 의하여 항상 다시 일어나는가"라는 물음이 인식론적 근본물음이 되었다.[4]

로렌츠는 논리학과 수학을 포함한 칸트의 선험적인 모든 것을 형태학이나 본능의 유전적-생득적 기제에 속한다고 보았다(*Piaget*, 321). 로렌츠는 선험적인 인식을 생명의 유전발생적 기제에 결합함으로써 그의 가설을 정초하고 있다. 여기에서 나타나는 칸트와 로렌츠의 차이점은 두 가지로 압축될 수 있다. 첫째로 로렌츠는 직관적 경험과 아프리오리한 구조에 근거하여 인식될 수 있는 현상과 전혀 탐구될 수 없는 지성계 또는 물자체 사이의 철저한 구별을 받아들이지 않았다. 진화론자로서의 로렌츠는 박테리아에서 인간에 이르기까지 인식능력의 발달은 진전을 이루었으며 그 과정에서 인간은 조금이나마 예지계에 접근하였다고 생각한다. 이로써 로렌츠는 현상과 물자체에 대한 칸트의 엄격하고 정적인 대립을 점진적인 접근의 이념으로 대체하였다. 특히 이러한 점진적 접근이 경험의 부가적 축적에 의해서가 아니라 유전적 인지기구의 완성, 즉 선험적인 것 자체의 상승적 진화에 근거한다는 사실은 피아제의 입장을 강화하는 데 결정적으로 중요한 의미를 갖는다. 아프리오리한 구조는 발달되고 완성된다. 계속해서 로렌츠는 구조적 아프리오리를 믿는 대신

---

4) Piaget; J.: *Psychologie et épistémologie*. Paris 1970, pp. 7-15.

에 동물의 선천적 요소, 즉 본능이 인간의 선천적인 것, 즉 인지구조의 필연적 선험성(피아제의 경우에는 논리-수학적 구조)을 보다 잘 이해할 수 있게 한다고 말한다(*Piaget*, 321).

둘째로 로렌츠는 칸트의 이론을 생물학적으로 변형시키는 과정에서 아프리오리한 관계의 필연성을 포기하게 된다. 만일 모든 경험적 인식의 선행 조건으로서 그리고 본능이나 선천적인 근본구조의 형식 속에서 유전적으로 고정된 조건이 되는 선천적인 것이 다른 생물학적 특징들과 마찬가지로 진화하여 종에서 종으로 변형되면서 오늘날의 인간에게 다행스러운 어떤 인지적 돌연변이의 기대 속에서 특정한 인간형태로 고정되었다고 한다면, 선천적인 것이 가져야할 가장 중요한 가치들, 즉 유일성과 보편성과 함께 필연성까지도 잃게 될 것이다. 그리하여 로렌츠는 선천적인 것은 생득적이고 모든 경험이나 환경과의 접촉에 앞서 있다는 사실만을 받아들인다(innate working hypothesis; *Piaget*, 322).

따라서 그는 유전적 특성을 유지하기 위하여 선천적인 것에 담지된 논리-수학적 필연성을 포기함으로써, 그 두 가지 사실이 양립될 수 없다는 점을 분명히 하였다. 이와 관련하여 렌쉬(B. Rensch)는 논리-수학적 지식은 연속적인 자연도태를 통하여 '정신 외부의 세계'(extramentale Welt)에 대한 적응의 결과라고 해석한다(*Piaget*, 322). 렌쉬에 의하면 한편으로 논리의 법칙은 물리적 세계뿐만 아니라 사고활동을 지배한다. 다른 한편으로 계통발생의 과정에서 사유과정은 존재법칙에 반하는 작용을 일으키지 않도록 인과성의 법칙과 같이 세계의 법칙에 순응한다. 그러나 피아제는 렌쉬의 논리적 법칙이 보편적이라면 그것은 어린아이에게서도 발견되어야 하지만 실제로 그것은 나중에서야 점진적으로 구성된다는 사실에서 비판적인 태도를 유지하였다(*Piaget*, 323).

이와 같은 로렌츠 비판에도 불구하고 피아제는 신다윈주의와 두 가지 점에서 일치한다. 첫째로 유전형적 변화와 표현형적 변화와 관련하여, 유기체가 환경과의 상호작용을 통하여 일으키는 표현형적 변화는 유전적으로 규정된 제약된 범위에서만 가능하다는 사실이다. 이러한 변화는 유전체계를 깨뜨릴 수 없고, 따라서 유전되지 않는다. 둘째로 종의 변형(유전형적 변화)을 일으키는 최종적 원인은 변이에 있다는 사실이다. 피아제는 여기에서 어떤 변이가 일회적으로 그치지 않고 반복적으로 일어나서 유기체의 조절 체계를 구축하게 되기까지의 과정을 설명하기 위해서 유전형에 의하여 표현형이 복제된다는 가설을 세운다. 그는 표현형의 복제(Phänokopie)라는 새로운 개념을 도입하여 우연적인 변이와 선택의 인자들을 유기체의 활동으로 보완하려고 하였다.5)

라마르크-다윈적 경험주의와 칸트의 선험주의의 대결을 비판적으로 지양하려는 피아제의 시도에 신다윈주의자인 와딩턴의 새로운 대안은 결정적인 의미를 갖는다. 오늘날 생물과 환경의 문제는 인공지능의 문제로부터 제기된 사고방식과 전통적인 원자적 전성설적 돌연변이설 사이의 논쟁으로 새로운 국면을 맞고 있다. 전성설에서 우연적 변이에 이르기까지의 순수 내생적 변화와 그 후속적 자연도태, 그리고 환경의 영향과 자동적인 유전 고정화는 이제 더 이상 양자택일의 문제가 아니다(Piaget, 121). 특히 와딩턴은 인공지능적 인과성에 근거하여 제3의 대안(Tertium)을 모색하고 있다. 인공지능 이론은 정보와 조절 또는 자체통제라는 두 가지 핵심 개념에 기초하고 있다. 1960년에 슈말하우젠(Schmalhausen)은 인공지능적으로 조명한 진화 과정에 대한 연구에서 자체조절에 대하여 강조한 바 있다. 그러나 그는 환경과 유기체의 관계 및 진화의 가장 중요한 인자를 '정보 개념'으로 파악하는 한편 발달에 대한 환경의 영향을 단

---

5) Piaget, J.: *Biologische Anpassung und Psychologie der Intelligenz*. Stuttgart 1975. S. 11,73.

순한 '잡음' 정도로 파악함으로써 체계적인 원자론으로 기울어졌다.[6] 이와 반대로 와딩턴은 처음으로 진화의 계통 속에서 각각의 고유한 조절작용을 가지고 있으나 규칙순환에 의하여 필연적으로 결합되어 있는 네 가지 유형의 하부체계, 즉 유전체계(das genetische System), 후성체계(das epigenetische System), 환경의 이용(die Nutzung der Umwelt), 자연선택의 영향(das Wirken der natürlichen Selektion)을 구별하였다(*Piaget*, 122).

자체적으로 조절하도록 조직된 총체성인 유전체계는 피드백 경로를 통하여 후성체계와 결합되어 있다. 유전체계는 후성체계의 원천이고 그 전체적인 발달 과정의 방향을 제시하지만, 후성체계는 유전체계에 대하여 반응한다. 이것은 이미 정상적인 발달에서 일어나지만, 그러나 개체발생 과정에서 이 발달의 특정한 부분들은 환경으로 인한 강화와 장애에 의하여 활성화되거나 저해 받을 수 있다. 후성체계는 환경의 이용을 규정하지만, 환경이 필연적으로 표현형의 형성에 개입하기 때문에 그것은 부분적으로 환경에 의존한다. 표현형 역시 환경에 의존하는 만큼 환경의 이용을 조절한다. 왜냐하면 유기체는 환경을 이용함으로써 동시에 환경을 선택하고 형성하기 때문이다. 결과적으로 자연선택은 환경자극에 대한 유전형의 반응을 설명되는 표현형에만 영향을 미치게 된다. 자연선택은 모든 것이 아니면 아무것도 아닌 것이라는 원리에 의하여 이루어지는 것이 아니라 집단변화와 유전인자 구성의 새로운 조직, 그리고 나중에는 유전인자에 이르게 되기 때문에, 이것은 다음 세대의 과정에서의 유전적인 새결합(이것은 단순한 돌연변이보다 더 큰 의미를 갖는다)으로 반응

---

6) Schmalhausen, I.I.: *Factors of Evolution*. Philadelphia 1949; *Evolution and Cybernetics*, in: Evolution 14, 1960, S. 509-524. *Piaget*, 122. 이 문제에 대한 새로운 논의는 Leinfellner, Werner: *Kants subjektiver Apriorismus der ersten Fassung der Kritik der reinen Vernunft und die heutige Gehirnphysiologie*, in: Lütterfelds, Wilhelm(Hrsg.), *Transzendentale oder Evolutionäre Erkenntnistheorie?* Darmstadt 1987.

하게 되고, 이 전체의 순환과정은 계속된다(*Piaget*, 122f).

라마르크주의가 유전세포를 획득형질을 통한 신체적 변화의 등록 장치로 설명하고, 돌연변이설이 유전세포를 전성과 우연한 변종의 유일한 원천으로 이해하는 데 비하여, 와딩턴은 유전자를 환경이 제 공하는 정보를 활용하여 다시 환경에 적극적으로 반응할 수 있는 활동적 재조직 체계라고 이해한다

피아제는 와딩턴에게서 주관주의와 객관주의 극단을 넘어선 제3 의 대안으로서 유기체와 환경의 상호작용을 중시하는 '관계적 총체 성'의 개념을 확보하고, 다른 한편으로 헉스리의 '발전' 개념을 바탕 으로 한 진화적 종합이론에서 '역사주의'적 의미를 포착한다(*Piaget*, 121ff). 그리하여 인식의 형성 과정은 주체나 객체에 관련된 모든 특성을 취하는 점진적인 조직의 과정이다. 그것은 주체와 객체의 역 할을 똑같은 기능적 총체성 안에서 통일하는 평형화와 자율조정 기 제를 향하는 것으로 설명되면서 역사주의의 의미를 부여할 수 있게 된다(*Piaget*, 127).

그리하여 우리는 생물학적 조직과 인지 기능의 관계에 대한 피아 제의 가설을 다음과 같이 정리할 수 있다. 현대적인 이해에 의하면 모든 인식은 과거에 유전형과 전혀 다른 것으로 이해되었던 표현형 보다는 오히려 유전인자와 환경 사이의 상호작용에서 비롯되고 유 전형의 반응 규칙과 연관된 표현형적 변형과 비교할 수 있다. 피아 제는 "어떠한 인식, 그리고 역시 지각을 통하여 이루어지는 인식이 라 할지라도 그것은 언제나 그 이전의 구조에 동화하는 과정을 포 함하고 있기 때문에 실재의 단순한 복사가 아니"라고 강조한다 (*Piaget*, 4). 인지 기능이 가장 분화된 유기적 자율조정 과정의 결과 라는 사실은 이미 모태에서부터 나타나고 결정과 감응의 단계를 거 쳐 신경조직체로 분화되면서 모든 기관을 조절하는 데서도 확인할

수 있다(*Piaget*, 28, 30-32). 이러한 신경계통은 그 활동이 자극으로 부터 강요되는 것은 아니다. 그와 반대로 신경계통은 자발적 활동으로 어떤 것을 감지할 경우에, 그리고 그것을 미리 주어진 반응도식에 동화시킬 수 있는 한에서만 비로소 자극에 반응하게 된다(*Piaget*, 33). 신경계통은 여러 생리적 기관들을 통합 조정하는 내적 조절과 환경과의 교환 조절이라는 이중적인 기능작용을 갖고 있는 것이다. "인지 과정은 그 주요 메카니즘을 반영하는 유기체의 자율 조정의 결과인 동시에 외부와의 상호작용을 조절하는 가장 분화된 기관이며, 이것은 인간으로 하여금 인지적 과정을 전 우주에까지 확장하게 한다"(*Piaget*, 27). 피아제에 의하면 인식은 변형할 수 없는 사건들을 수동적으로 등록하는 것이 아니라 인식주체를 통해서 실재를 적극적으로 변형하는 것이다. 따라서 그는 "삶은 본질적으로 자율조정"이라고 규정하였던 것이다(*Piaget*, 27).

6. 선험철학과 진화론의 지평융합적 근거

선험철학과 진화론은 어떤 공통적인 지평을 이루고 있으며, 선험적 인식론과 진화적 인식론은 어떤 관계 속에 있는가? 이 물음은 오늘날 제1철학의 보좌를 찬탈하려는 생물학적 도전을 비판적으로 심사할 수 있는 출발점이 된다.

그렇다면 진화적 인식론자들이 말하는 것처럼 선험철학적 인지기능이 자연과학, 특히 생물학적-진화론적 분석의 대상이 되어야 한다는 사실은 무엇을 의미하는가? 그리고 이 경우에 진화적 인식론자들이 말하는 인간의 지성과 칸트의 선험적 인식기능은 동일한 것인가? 또한 칸트가 말하는 인식능력의 선천성은 미리 완성된 체계로서 주어지는가, 그렇지 않으면 기능형식의 가능성은 주어져 있지만 그 실현은 점진적으로 나타나는 발생적 체계인가? 이 세계는 어떻게 구성되었으며, 우리는 그것에 대해서 무엇을, 어떻게, 그리고 얼마만큼 인식할 수 있는가? 이와 관련하여 칸트가 설정한 물자체 개념은 불필요한 것인가, 그렇지 않으면 현대적 관점에서 새롭게 해석할 수 있는 여지를 가진 개념인가?

필자는 이제 이러한 물음들을 단초로 하여 칸트의 세 가지 생물학적 문제들, 즉 선험적 이성의 가능성 근거, 자연의 합목적성과 반성적 판단력, 자연세계와 인식주체의 일치근거에 대한 진화적 인식론자들의 비판과 대안을 정리하면서 몇 가지 의견을 개진하도록 하겠다.

첫째로 선험적 이성의 가능성 근거와 관련하여 진화적 인식론자들은 칸트가 원천적으로 획득한 것이라고 주장하였던 지성 개념을 계통발생적으로 진화된 인지기능이라고 파악하였다(로렌츠). 그러나 진화의 결과로서 주어진 현재 상태의 인간적 지성에 대한 계보학적 이해와 생물학적 조건이 칸트가 언급한 이성의 선천성 구조와 어떤 관계에 있는가는 비판적인 논의의 대상이 된다. 왜냐하면 진화적 인식론자들의 시도는 분명히 인식론의 문제라기보다는 자연과학적 문제이기 때문이다. 실제로 칸트의 선천성은 진화적 인식론의 대상이 될 수 없다는 카스파의 입장이나, 진화적 인식론은 칸트의 문제설정을 넘어선 독자적인 문제영역을 개척한 것이라는 폴머의 입장은 두 이론 사이의 괴리를 말해주고 있다. 다만 진화적 인식론을 학문이론과 사회문화적 진화의 차원으로까지 전개하려고 시도한 외저의 경우에는 칸트의 인식론이 진화적 학문이론의 구성에 필수적인 기초가 된다는 사실이 강조된다.

그러나 진화적 인식론자의 주장이 타당성을 갖기 위해서는 진화론적 가설 자체의 과학적 근거 또는 최후정초적 근거가 확보되지 않으면 안 될 것이다. 그런데 진화론은 물론 일반적으로 많은 지지를 받고 있음에도 불구하고 아직도 여전히 그 이론의 타당성과 진리성에 대한 논란이 그치지 않고 있는 하나의 경험적 가설이다. 진화론이 생명 현상의 발생과 전개에 대한 과학으로 정립되기 위해서는 모든 가능한 세계 생명의 인과적 사슬을 하나도 빠짐없이 설명할 수 있어야 할 것이다. 진화적 인식론에 대한 회슬레(Vittorio Hösle)의 비판 가운데서 가장 특기할만한 사실은 진화론의 이데올로기성에 있다. 그는 진화론이 가장 성과 있는 현대의 학문이론에 속하기는 하지만, 최근에 이 문제를 다루는 자연과학자들은 학문적 성격보다는 이데올로기적 성격을 더 많이 띠고 있다고 비판하였다.[1] 뢰프와 스패만 역시 진화론의 이데올로기적 근거를 비판함으로써 진화적 인식론의 정당성에 대한 의문을 제기한다. 다원적 진화 생물학자들이 진화론을 '사실'로서 인정한 반면에, 뢰프는 진화론 그 자체는 반박될 수 없는가를 물었던 것이다.[2] 보다 확실한 인식의 가능 조건과 근거를 찾기 위하여 진화적 인식론자들은 칸트의 선천성에 대한 계통사적 연구를 제안했지만, 그와 같은 제안은 또 다시 진화론이라는 경험적 가설에 대한 최후정초성의 요구에 직면하게 된 것이다. 또한 동시에 진화적 인식론이 자연과학의 분야에 속하는 것이 사실이라면 그것은 한스 알버트가 제시한 뮌히하우젠-트릴렘마에 저촉됨으로써 진화론 자체의 정당화에 급급하게 될 것이다. 이와 같은 이유에서 진화적 인식론자들의 주장은 진화설의 학문적 객관성과 정당성이 확보된 이후에만 의미 있게 될 것이다.

　진화적 인식론자들의 성과를 그대로 인정할 경우에도 그들의 연구대상인 지성의 선천적 기능과 칸트가 제시한 이성 개념의 선천적 기능에는 분명한 차이가 있다. 칸트에서의 이성 개념은 인식 주체의 자율적인 지성조작을 대변하는 개념으로서 이론적-사변적 인지기능과 도덕적-실천적 결정기능, 그리고 미감적-반성적 판단기능을 포괄하는 인간의 전체적인 인식 능력이며, 미래시간을 포함한 모든 인간, 즉 초시간적인 인간존재가 공통적으로 가지고 있는 보편적인 인지기제인 동시에 모든 가능한 경험적 인식에 대하여 지도 이념으로서 기능한다. 칸트의 이성비판은 객관적인 경험 가능성이 어떻게 확보될 수 있는가에 대한 논의이고, 따라서 칸트에서의 이성은 모든

---

1) Hösle, Vittorio: *Tragweite und Grenzen der evolutionären Erkenntnistheorie*, in: Zeitschrift für allgemeine Wissenschaftstheorie, Bd.XIX, S. 356f.
2) Löw, R.: *Evolution und Erkenntnis - Tragweite und Grenzen der evolutionären Erkenntnistheorie in philosophischer Absicht*, in: K. Lorenz u. F.M. Wuketits (Hrsg.), *Die Evolution des Denkens*. München 1983, S. 338f.

가능한 논의를 위한 조건명제 또는 선험적 지평으로서 요청된 것이다. 그러나 진화적 인식론자들의 연구에서 분석의 대상이 되고 있는 인지기능은 현재적인 것에 국한된다. 진화적 인식론자들이 연구대상으로 삼고 있는 이성, 즉 인간의 인지기능은 선험적 요청이 아닌 현재적 사실에 국한된다. 진화설은 존재 사실의 발생에 대한 과거적 분석에 한정되고 장차 그것이 어떻게 전개될 것인가에 대해서는 전혀 예측하지 못하기 때문이다.

둘째로 진화적 인식론자들은 대체적으로 자연의 합목적성을 판독할 수 있는 반성적 판단력을 부정하였다. 다윈의 진화론과 헤켈의 일원론은 기계적 인과성의 원리를 생물학 전반에 적용하려는 시도였다. 리들은 진화적 인식론이 생명 현상에 대하여 관찰자의 문화적 이데올로기적 입장으로부터 독립적일 수 있는 객관적 자연과학으로 접근하려는 시도라고 강조하였다. 칸트주의자였던 로렌츠도 역시 모든 경험은 외부 사실과 정합적으로 대응한다는 개연적 실재론의 태도를 취하였으며, 따라서 물리적-과학적으로 인식할 수 없는 물자체의 세계를 인정하지 않았다. 세계의 배후에 경험과학적 탐구와 이론적 재구성이 불가능한 물자체의 세계를 인정하지 않는 것은 폴머에서도 마찬가지였다.

역사적으로 볼 때 생물학적인 세계 이해에서 가장 중요한 논의는 세계존재자를 단순히 기계적 인과성만으로 설명할 수 있는가의 문제였다. 칸트의 목적론적 세계관은 규제적인 이성 사용에만 한정되었음에도 불구하고 다윈 이후에는 주목을 받지 못하였다. 그러나 이것은 다시 드리쉬의 생기론과 베르그송의 창조적 진화설에서 새롭게 변형되었다. 유기체적 원리를 기계론만으로 설명할 수 없다고 주장한 드리쉬는 생명현상을 설명하기 위하여 아리스토텔레스주의에 입각한 존재론적 차원에서의 규정적 원리를 도입하였으나, 베르그송은 생명의 진화란 인간의 지성 능력으로서는 파악할 수 없고 본능에 의해서만 접근 가능한 것이라고 생각하였다. 이들은 모두 칸트가 규제적인 이성사용에서만 인정한 합목적적 세계이해를 규정적인 원리로서 파악한 사실에서 공통점을 가지고 있으며, 이를 통하여 칸트철학의 생물학적 전회가 이루어졌다. 특히 유기체를 자율조정체계로 이해한 피아제는 선천적인 논리-수학적 범주가 칸트에서처럼 완성된 체계로서 미리 주어지는 것이 아니라 환경과의 상호작용을 거쳐서 발생적으로 현실화된다고 주장하였다.

이와 같은 사실에서 볼 때 기계론과 목적론의 문제는 아직도 논쟁의 여지가 있으며, 기계적 인과성을 일반적으로 인정하면서 목적론을 규제적인 이성 사용의 한계 안에서 받아들이는 칸트의 입장은 아직도 건재하다. 칸트주의자인 뢰프는 진화적 인식론에 내재된 모순을 '섬광적 변이'(Fulguration)의 예에서 발견한다. 로렌츠는 이 개념을 이전의 두 자율적인 체계의 조우와 그 한 체계에로의 융합으로부터 이루어지는 완전히 새롭고 더 이상 도출할 수 없는 체계성질과 체계속성의 생성이라고 규정하였다. 이것은 무로부터의 창조와 같은 성질의 개념이다. 뢰프는 이와 같은 새로운 것의 출현이 우연적으로 이루어지는가 그렇지 않으면 아직 알려지지 않은 어떤 인과적 연관성에 의한 것인가에 대해서 모호한 태도를 보이고 있는 진화론의 허점을 비판적으로 지적한다. 따라서 그는 어떤 새로운 체계로의 병합 그 자체가 하나의 인과적 과정이고 그에 대한 인과적 설명이 가능하다면, 이와 같은 섬광적 변이도 우리에게 아직 발견되지는 않았지만 어떤 특정한 인과적 연관성을 가져야 할 것이라고 주장한다(*Löw 1983*, 348). 뢰프의 비판은 다윈주의자와 진화적 인식론자 모두에게 똑같이 적용될 수 있다고 생각한다.

셋째로 칸트의 선험적 인식론에서 설명이 부족하다고 생각될 수 있는 자연세계와 인식주체의 일치근거에 대해서 진화적 인식론자들은 외부환경의 강제와 그에 대한 적응의 결과, 또는 돌연변이와 자연선택에 순응하기 위한 생존적 차원에서의 시행착오적 교정을 거친 정확성, 그리고 생물학적으로 생존에 필요한 표상이라고 주장한다(로렌츠, 리들). 생존을 위하여 환경에 적응해야 하고, 환경과의 성공적인 상호작용을 위해서 정확한 인식이 절대적으로 요구되었다는 것이다. 따라서 외저는 인식이란 환경에 대한 생물의 적응 및 죽음의 문제라고 단정하였다. 이 문제에 대해서 칸트는 덜 비판적이었던 같다. 따라서 그의 인식론에서는 대응설적인 요소와 정합설적인 요소가 혼란스럽게 얽혀 있다. 그러나 규정적 차원의 인식을 벗어나게 되면 진화적 인식론자들이 제시하는 정도의 설명을 칸트에게서 얼마든지 찾을 수 있다. 이론적으로 증명할 수 없으나 보다 합리적인 세계 설명을 위하여 도입되는 목적론의 원리가 바로 그것이다. 따라서 칸트주의자는 자연세계와 인식주체의 일치근거를 생명주체의 합목적성, 다시 말하면 자연주체(블로흐)의 합목적성과 인간주체의 합목적성이 통합되는 지점에서 찾을 수 있다. 이처럼 칸트의 합목적적 인간중심주의적 세계 이해가 외부세계와의 상호작용을 통하여 세계창조의 최종 목적인 인류 문화의 구축을 지향하고 있다면, 인식 주체와 외부세계의 적합성 여부가 곧 생존의 조건을 결정한다는 진화적 인식론자들의 주장은 결과적으로 칸트적인 구상의 한 단면에 지나지 않게 된다.

다른 한편 진화적 인식론자들은 칸트의 물자체 개념을 상대화하거나 부정할 뿐만 아니라, 경험의 객관적 타당성 또는 보편성을 포기함으로써 실재론적 입장을 취한다. 특히 폴머는 인간의 인식은 중간우주적 차원에서의 인식이기 때문에 보편적 타당성을 가질 수 없다고 주장하였다. 이들이 말하는 것처럼 칸트의 지성 개념은 확실히 중간우주적인 범주에 국한된다. 그리고 칸트가 말하는 인식의 객관적 타당성은 우리에게 알려질 수 있는 한에서의 세계 현상, 즉 중간우주적 차원에 존재하는 것들을 대상으로 한 인식에만 적용된다. 그 이상의 것에 대해서는 알 수 없다는 것이 칸트의 생각이고, 이것은 아직도 유효하다. 기술과학의 발달과 인지기능의 확대로 지금까지 우리가 인식하지 못하였던 사실들이 새롭게 우리의 인지구조에 포착될 수도 있다. 그러므로 진화적 인식론자들이 생각한 것처럼 인식할 수 있는 현상세계와 인식할 수 없는 물자체의 세계가 분리되어 있는 것은 아니다. 우리에게 인식되지 않는 미세우주와 거대우주 역시 우리에게 인식되는 중간우주로부터 분리되어 있는 것이 아니고 중첩된 하나의 세계인 것처럼 물자체의 개념도 그렇게 확장 해석될 필요가 있다.

이와 같은 논의에서 볼 때 선험철학과 진화적 인식론은 나름대로의 독자적인 영역을 발전시키면서 상호 비판을 통하여 보완될 수 있는 공통적인 지평을 가지고 있다. 칸트가 모델로서 제시한 인간의 이성체계가 어떻게 발생 진화되었는가를 밝히는 것은 진화론자와 유전학자, 그리고 진화적 인식론자의 고유한 과제이고, 그와 같은 체계가 전성설적으로 주어진 것인가 그렇지 않으면 발생적으로 기능하는가의 문제는 피아제의 인지발달 심리학의 영역으로 이행할 것이지만, 선험철학은 이 모든 문제들이 논의될 수 있는 반성적인 지평 조건으로서 언제나 이미 전제되지 않으면 안 되는 이른바 최후정초적 근거를 작업하고 있다.

7. 한스 요나스의 생태학적 존재윤리

1. 현대 환경철학의 동향

생태학적 위기와 자연 환경에 대한 철학적 반성이 본격화되면서 기술지향주의 대 생태지향주의, 또는 인간중심주의 대 생태중심주의의 논쟁이 한층 더 가속화되었으며,3) 윌리엄 프랑케나(William K. Frankena)는 그와 같은 모든 논쟁점들을 고려하여 환경윤리학적 논의들을 인간중심적, 감각중심적, 생물중심적, 전체론적 접근으로 구분하였다.4) 그러나 비른바허(Dieter Birnbacher)에 의하면 오늘날 생

---

3) 환경윤리의 입장 정립에 대한 국내 학자들의 주요 논의 성과는 다음과 같다: 황경식, 「환경윤리학이란 무엇인가? - 인간중심주의인가 자연중심주의인가 -」, 철학문화연구소 편, 『철학과 현실』, 1994년 여름호, 172-185쪽; 한면희, 「환경철학의 세계관과 윤리」, 철학연구회 편, 『철학연구』, 제35집(1994년 가을호), 327-356쪽; 이종관, 「자연의 적: 인간중심주의? - 목적론적 자연관에 대한 비판과 환경친화적 인간중심주의 윤리학의 가능성 -」, 한국철학회, 『현대사회와 철학교육』, 제9회 한국철학자 연합학술대회 대회보, 1996, 546-562쪽; 구승회, 『에코필로소피; 생태·환경의 위기와 철학의 책임』, 서울: 새길 1955; 한면희, 「자연환경에 대한 도덕적 고려」, 한국철학회, 『철학』, 제46집 (1996년 봄), 283-308쪽; 이진우, 「자연, 보호의 대상인가, 권리의 주체인가」, 『도덕의 담론』, 서울: 문예출판사 1996, 279-317쪽; 고창택, 「환경윤리에서 인간중심주의와 비인간중심주의의 조화 가능성」, 한국국민윤리학회 편, 『환경윤리와 환경교육』, 1996년 동계학술회의 자료집, 7-20쪽; 구승회, 「환경문제의 윤리학적 근거지움. 환경문제가 왜 윤리학적 문제인가?」, 한국국민윤리학회 편, 『환경윤리와 환경교육』, 1996년 동계학술회의 자료집, 25-42쪽.

4) Frankena, William K.: *Ethics and the environment*, in: Kenneth E. Good-

태윤리학은 인간과 자연의 관계에 대한 전통적인 인간중심적 관점으로부터 이탈하여 인간 이외의 생명체와 생명 존재 및 전체 생태계의 고유한 목적과 가치를 인정하고 주체적 지위를 부여하는, 이른바 '자연 윤리학'(Natur-Ethik)을 지향하고 있다. 따라서 생태윤리학에서는 자연의 자체목적 특성과 자체보존 요구가 중심적으로 다루어져야 하기 때문에 처음부터 인간중심으로 본 생태적 에토스는 상상하기가 어렵다고 지적하고 있다.[5] 이러한 사실에서 볼 때 인간중심주의는 그것을 제외한 나머지 세 가지 유형의 생태중심주의와 대립하고 있는 셈이다.

인간중심주의자들은 인간 존재의 내재적 가치만을 인정하여 인간 이외의 다른 모든 자연 존재자들은 인간의 목적 실현을 위한 수단으로 활용될 수 있다고 주장한다. 비록 자연 존재자들이 어떤 목적 활동을 한다고 할지라도 그것은 지극히 제한적이며, 따라서 자연은 오랜 동안 인간의 기술적인 조작의 대상, 즉 도구적인 것으로 이해되었다. 칸트로부터 정초된 인간중심주의는 오늘날 브라이언 노턴(Bryan G. Norton)[6]이나 하그로브(Eugene C. Hargrove)[7], 그리고 독일의 바이에르츠(Kurt Bayertz)[8] 등에 의하여 지지되고 있다. 이와 같은 인간중심주의에 대한 비른바허의 태도는 매우 비판적이다. 그

---

paster/ Kenneth M. Sayre(ed.): *Ethics and Problems of the 21st Century.* Notre Dame 1979.

5) Birnbacher, Dieter: *Mensch und Natur*, in: Kurt Bayertz(Hg.), *Praktische Philosophie. Grundorientierungen angewandter Ethik.* Hamburg 1991, S. 279f.

6) Norton, Bryan G.: *Environmental Ethics and Weak Anthropocentrism*, in: *Environmental Ethics*, vol. 6(1984), p. 131.

7) Hargrove, Eugene C.: *Foundations of Environmental Ethics.* New Jersey 1989; 김형철 역, 『환경윤리학』, 철학과현실사 1994.

8) Bayertz, Kurt: *Naturphilosophie als Ethik. Zur Vereinigung von Natur- und Moralphilosophie im Zeichen der ökologischen Krise,* in: Philosophia Naturalis 24(1987).

는 인간중심주의자들이 자연의 '고유한 가치'(프랑케나)를 인정하고 있기는 하지만, 그것은 자연 그 자체로서의 가치가 아니라 인간에 의하여 대상에 부여된 가치라고 일축한다.9) 따라서 새로운 상황에 서의 가치 판정 및 행위 규제를 위한 새로운 윤리학이 요구되지 않으면 안 된다.10) 그러나 이러한 비판에 대한 책임 역시 무겁다. 자연의 '가치 그 자체'를 인정할 경우에 인간중심주의를 비판하는 사람들은 인간이라는 미감적 주체를 상정하지 않고서 어떻게 그 같은 가치인식이 성립될 수 있는가를 제시해야 할 것이기 때문이다. 그러나 비른바허가 유럽의 윤리학적 전통을 전반적으로 특징지우고 있는 인간중심적 주장의 철학적 연원이 바로 자연을 '현상의 총체'라고 파악하였던 칸트에서 비롯되었다고 지적한 것은 타당하다.11) 인간중심주의자들은 오늘날과 같은 생태학적 위기의 문제나 유기체적 자연존재자의 보존 문제는 지구상에서 특수한 위상을 갖고 있는 인간의 보편적인 규범과 실천적 행위를 통하여 합리적으로 해결할 수 있다는 생각을 갖고서 생태주의자들의 논변을 반박한다.12)

더 나아가서 인간중심적 환경윤리를 지지하고 있는 바이에르츠 (Kurt Bayertz)는 고생물학사적으로 볼 때 환경 위기의 문제가 반드시 인간에 의하여 초래되었던 것은 아니고 자연 자체의 파괴작용에 의하여 이미 다섯 번이나 지구상에서 대규모 멸종사건이 발생하였

---

9) Birnbacher, Dieter: *Mensch und Natur*, in: Kurt Bayertz(Hg.), *Praktische Philosophie. Grundorientierungen angewandter Ethik.* Hamburg 1991, S. 281.
10) Birnbacher, Dieter: *Ökologie, Ethik und neues Handeln*, in: Pragmatik, Bd. III, Hamburg 1989, S. 393-415.
11) Birnbacher, Dieter: *Ökologie, Ethik und neues Handeln*, in: Pragmatik, Bd. III, Hamburg 1989, S. 282.
12) 이종관 교수는 바이에르츠의 논변을 기초로 하여 칸트와 후설의 선험철학적 지평에서 인간중심주의적 생태윤리의 가능성을 조심스럽게 타진하고 있으며, 황경식 교수와 이진우 교수 역시 자연에 대한 생태주의적 태도가 인간중심주의에 기초할 수밖에 없다는 입장을 밝히고 있다.

음을 지적하는 동시에, 특히 자연 그 자체나 또는 자연 존재자들의 목적으로부터 인간의 행위에 대한 정당성 근거가 결코 발견될 수 없다는 사실을 강조함으로써 생태중심주의적 논변을 비판하였다.13)

생태중심주의는 그 대상의 영역에 따라 감각중심주의, 생물중심주의, 전체주의의 순으로 확장되고 있다. 감각중심주의는 감각적 능력을 가진 자연존재자의 내재적 가치를 우선적으로 배려하는 입장으로서, 감각과 감정을 가진 생명 존재의 고통을 최소화하기 위하여 중점적으로 노력하고 있으며, 오늘날 대표적인 학자로는 싱어(Peter Singer)14)와 리건(Tom Regan)15)을 들수 있다. 특히 동물들에게 불필요한 고통과 불안을 주지 않고 학대를 금지하는 동시에, 생명에 대한 연민(쇼펜하우어)과 경외심(슈바이처)을 갖도록 유도함으로써 자연스럽게 생물중심주의로 이행하게 된다. 생물중심주의자들은 생명을 가진 모든 것의 내재적 가치를 인정하는 동시에 생명 존재가 도덕적인 배려의 대상이 되어야 한다고 주장하며, 테일러(Paul W. Taylor)16), 롤스톤(Holmes Rolstone III)17) 등의 학자들이 이러한 입장을 강화하고 있다. 그러나 생물중심주의자들은 생명을 가진 존재의 내재적 가치에 대한 서열화를 인정해야 할 것인지(예를 들면 먹이사슬에서 공격자의 정당성 문제), 그렇다면 그것은 어떤 기준에 의하여 어떻게 가능한지를 밝혀야 하는 문제를 안고 있다. 전체론자

13) Bayertz, Kurt: *Naturphilosophie als Ethik. Zur Vereinigung von Natur- und Moralphilosophie im Zeichen der ökologischen Krise,* in: Philosophia Naturalis 24(1987), S. 167, 170.

14) Singer, Peter: *Animal Liberation.* New York 1975; *Practical Ethics.* Cambridge 1979.

15) Regan, Tom: *The Case for Animal Rights.* London 1983.

16) Taylor, Paul W.: *Respect for Nature. A Theory of Environmental Ethics.* Princeton 1986.

17) Rolstone III, Holmes: *Environmental Ethics. Duties to and Values in the Natural World.* Philadelphia 1988.

들은 생명을 가진 존재자들뿐만 아니라 무기물과 자연에서의 아름
다움, 질서, 다양성, 목적론적 체계 등 자연 전체가 고유한 내재적
가치를 갖는다고 주장한다. '땅의 윤리'(The Land Ethic)를 제안한
레오폴드(Aldo Leopold)[18]와 마이어-아비히(Meyer-Abich)[19] 등의
학자가 여기에 속한다.

일반적으로 생태중심주의자 또는 심층생태주의자들은 지금과 같
이 자연 환경을 훼손한 근본 원인이 근대의 진보사상과 인간의 개
발논리에 있기 때문에 자연에 대한 인간의 일방적인 간섭을 배제하
는 동시에 자연 자체를 존중해야 한다고 주장한다. 특히 생물중심적
환경윤리를 지지하는 테일러(Paul W. Taylor)는 '자연에 대한 존경'
또는 '경외'(Respect for Nature, Ehrfurcht vor der Natur)를 강조하
였다. 그에 의하면 식물과 동물은 지구상의 생명공동체의 구성원으
로서 자체적인 가치를 가지고 있으며, 인간은 그 공동체의 한 구성
원에 지나지 않는다. 생명을 가진 모든 존재자는 자신에게 가장 적
절한 것을 추구하는 삶의 목적론적 중심을 이루고 있으며, 그것들은
상호의존체계를 유지함으로써 자신들의 삶을 유지하고 있다. 이와
같은 사실에서 볼 때 인간이 다른 생명체보다 우월하다고 말할 근
거가 없다는 것이 테일러의 근본 입장이다.[20] 그러나 만일 그의 지
적이 옳다면 지금과 같은 자연적 조건에서 인간이 다른 존재자들에
게 어떤 태도를 취하든지 더 이상 반성할 이유나 필요가 없을 것이

---

18) Leopold, Aldo: *A Sand Country Almanac. With Essays on Conservation from
   Round River*. Oxford 1949.
19) Meyer-Abich, Klaus Michael: *Wissenschaft für die Zukunft. Holistisches Den-
   ken in ökologischer und gesellschaftlicher Verantwortung*. München 1988; □
   : *Aufstand für die Natur. Von der Umwelu zur Mitwelt*. München und Wien
   1990.
20) Taylor, Paul: *Respect for Nature. A Theory of Environmental Ethics*. Prince-
   ton: Princeton University Press, 1989. p. 100; Teutsch, Gotthard M.: *Lexikon
   der Umweltethik*. Göttingen 1985, S. 17, 27.

다. 인간은 다른 존재자들처럼 그의 생명을 유자·보존하는 동시에 최상 수준의 문화적 복지를 향유하기 위한 합목적적 활동을 하고 있으며, 그와 같은 목적지향적 행위는 다른 자연 존재자와의 상호관계 속에서 긴밀하게 이루어지고 있기 때문이다. 그러므로 만일 인간이 다른 자연 존재와 동등한 지위만을 가지고 있고, 그 밖의 어떤 특수한 위상도 가지고 있지 않다면, 인간으로 하여금 자연을 보존하고 생명을 경외하라고 강요할 수 없을 뿐만 아니라, 인간에게는 그럴만한 능력과 의무와 책임도 없을 것이다.

이와 같은 관점에서 1915년부터 '생명에의 외경'(Ehrfurcht vor dem Leben)이라는 생태주의적 윤리학적 개념을 구상하기 시작하였던 슈바이처가 생명 존중의 가능성 근거를 인간의 자비심에서 찾으려고 하였던 사실은 생태중심주의 윤리학설에 대한 하나의 비판적 시사점이 될 수 있을 것이다. 슈바이처가 생명을 가진 것들을 고통으로부터 해방시켜야 한다고 주장한 사실은 분명히 감각중심주의적 요소를 가지고 있다. 그리고 그가 살아있는 모든 것들, 즉 식물, 동물, 인간 존재 사이의 가치등급을 거부함으로써 모든 생명 현상에 대한 '외경의 윤리'를 주장한 것은 생물중심주의의 범주에 해당된다. 더 나아가서 그가 심지어 수정(水晶)에 대해서 존경심을 표시하고, 무한하고 근거를 알 수 없는 의지에 의하여 존재하는 모든 것을 경외한 사실에서 전체론적 요소도 찾아볼 수 있다.[21] 그러나 이 모든 존재의 생명현상에 대하여 자비심을 베풀고 사랑하고 경외해야 할 의무를 가진 주체는 바로 인간이며, 이러한 맥락에서 슈바이처는 인간 존재의 고유한 가치를 인정하였다. 그리하여 슈바이처의 생명

---

21) Birnbacher, Dieter: *Mensch und Natur*, in: Kurt Bayertz(Hg.), *Praktische Philosophie.·Grundorientierungen angewandter Ethik*. Hamburg 1991, S. 283 f; Schweitzer, Albert: *Kultur und Ethik*(1923). München 1990; *Ehrfurcht vor dem Leben*. München 1991(1966).

사상은 인간중심주의의 기초 위에 서 있음을 알 수 있다.

이제 필자의 논점은 확보되었다. 필자의 테제는 환경윤리학의 정초와 관련된 모든 가능한 논의가 칸트의 선험철학적 지평, 즉 그의 목적론적 자연이해와 인간중심주의를 전제할 수밖에 없다는 사실이다.22) 이를 위하여 필자는 생태중심주의를 지향하는 요나스의 담론구조에 내재된 칸트주의적 요소를 지적하는 동시에 칸트철학의 생태주의적 전회가 어떤 방식으로 진행되는가를 살펴보기로 하겠다.

2. 생태학적 위기인식과 새로운 윤리학의 정초

한스 요나스(Hans Jonas; 1903-1993)는 현대 문명이 야기한 생태학적 위기를 극복하기 위하여 전통윤리학의 한계를 지적하는 동시에 과학기술주의와 유토피아주의에 대한 비판을 시도함으로써 미래 세대까지를 고려한 인류 생존의 가능성 조건에 대한 물음을 제기하고 있다. 따라서 요나스 역시 칸트와 마찬가지로 전지구적으로 타당한 보편적인 규범윤리학의 정초를 요구한다.

과학이 그에게 전혀 알려지지 않았던 힘을 부여하고, 또한 경제가 그를 끊임없이 충동함으로써 마침내 사슬에서 풀려난 프로메테우스는 인간에게 재앙이 되지 않도록 그의 권력을 자발적인 통제에 의하여 제어할 수 있는 하나의 윤리학을 요구한다(PV, 7).

그러나 보편적인 규범윤리학으로서의 미래윤리학의 정초는 "어떤 형이상학적 진리도 존재하지 않는다"는 명제와 "존재로부터 당

---

22) 선험화용론자인 볼프강 쿨만은 윤리학에서 인간중심주의는 도저히 극복할 수 없는 어려운 문제라고 지적하고 있다. Kuhlmann, W.: *Anthropozentrismus in der Ethik. Probleme transzendentalphilosophischer Ethikbegründung*, in: ders, *Kant und die Transzendentalpragmatik*. Würzburg 1992. S. 136.

위에 이르는 길은 없다"는 두 가지 명제 사실에 의하여 불가능한 것처럼 보인다. 이미 칼-오토 아펠이 『철학의 변형』23)에서 지적한 것처럼 전자는 회의주의와 분석철학의 전통에서 주장되었고, 후자는 흄과 무어가 주장한 자연주의적 오류를 의미한다. 형이상학적 대상들에 대해서는 과학적 진리가 성립되지 않는다는 이유에서 형이상학적 진리를 부정하는 사람들이 있다. 그러나 요나스는 과학은 물리적 대상을 다루기 때문에 형이상학적 진리를 발견할 수 없으며, 따라서 이로써 형이상학적 진리를 부정할 수는 없다고 주장한다. 그와 반대로 "어떤 형이상학적 진리도 존재하지 않는다"라는 명제를 포함한 모든 가능한 진술들에는 이미 특정한 형이상학적 전제가 함축되어 있다. 또한 동시에 존재로부터 당위가 도출되지 않는다는 주장에 대해서도 요나스는 이들이 존재 개념을 가치 중립적인 것으로 파악했기 때문이라고 진단한다. 가치와 무관한 존재 개념에 대해서 당위가 도출될 수 없다고 주장하는 것은 동어반복에 지나지 않는다. 그리고 가치와 무관한 존재 개념 이외의 다른 존재는 없다고 주장하는 것은 존재 자체의 개념을 지나치게 축소한 면이 있다는 것이다(PV, 92f). 요나스는 존재 안에서 '선'과 '가치'를 정립함으로써 존재와 당위의 간격을 해소하려고 하였다(PV, 153)

요나스의 윤리학적 요구가 칸트의 것과 구분되는 것은 바로 생태주의적 관점이다. 요나스는 『책임의 원리』에서 현재의 상황변화가 인류에게 새로운 차원의 책임성을 요구하고 있다고 주장한다. 다시 말하면 기술문명이 제시한 구원과 번영의 약속, 즉 유토피아적 이상은 이제 더 이상 실현 불가능할 뿐만 아니라 오히려 총체적 파국으로까지 전개될 생태학적 위기의 상황에서 새로운 유형의 윤리학이

---

23) Apel, Karl-Otto: *Transformation der Philosophie*. Frankfurt 1976, Bd. 2, S. 378, 412.

수립되지 않으면 안 된다는 것이다. 자연은 인간의 기술적 간섭에 의하여 회복될 수 없을 정도로 훼손되고 있다. 그 결과 오늘날 인류는 자신의 존재 권리가 박탈될 수 있는 새로운 생존 위기에 직면하게 되었다. 인류의 생존 자체를 위해서라도 이제 자연은 인간이 책임을 가지고 보호하지 않으면 안될 특수한 의미를 부여받게 되었다. 요나스에 의하면 자연에 대한 '새로운 의무'를 현재 인간의 개인적인 행위 동기에 치중하는 칸트적인 심정윤리학으로 다루는 데는 한계가 있으며, 따라서 그것은 미래 인류의 생존조건까지를 배려하는 새로운 책임윤리학의 정초를 통해서만 달성할 수 있다.

요나스는 생태학적 책임의 원리와 관련하여 전통윤리학적 기능의 한계를 비판한다. 그의 비판에 의하면 아리스토텔레스에서 칸트에 이르는 철학적 이성의 윤리학은 현재와 관련된 인간 행위에 타당한 일반화 원칙에만 집착하였기 때문에 오늘날의 상황에서 필연적으로 요구되는 미래 책임의 기능을 수행하지 못하였다. 전통윤리학은 생태학적 위기의 책임 문제와 관련된 불가역적이고 역사적인 인간행위의 미래 연관성, 특히 인간의 조건 자체를 변화시키는 기술적 집단행위의 미래 연관성을 인지하지 못하였다. 그리하여 요나스는 현대의 기술문명 사회에서 제기되는 문제들을 전통윤리학으로 해결하는 것은 불가능하다고 진단한다. 현대의 기술이 산출한 행위 규모와 그 대상 및 결과가 너무나 새롭기 때문에 전통윤리학의 틀로서는 더 이상 파악할 수 없다는 것이다. 전통적인 윤리학의 개념으로서는 문제 자체가 구성되지 않을 뿐만 아니라 문제를 인식한다 하더라도 적절한 해결책을 제시할 수 없기 때문이다. 이러한 사실들은 요나스에게 윤리학적 패러다임의 변화를 초래하는 요인으로 인식되었다.

요나스에 의하면 전통윤리학은 다음과 같은 몇 가지 특징적인 한계를 노정하고 있다. 첫째로 전통윤리학에서는 의학을 제외한 모든 기술(테크네)은 도덕적으로 가치중립적인 것이라고 평가되었다. 따라서 기술이 자연질서를 지속적으로 침해하는 문제를 다루지 않았으며, 기술이 인류의 핵심 목표를 행하여 전진하는 진보라는 의식도 없었다. 그리하여 인간이 외부세계와 교섭하면서 자연 질서를 지속적으로 침해하는 문제는 윤리학의 영역에서 다루어지지 않았다(*PV*, 22). 둘째로 전통윤리학은 인간과 인간의 직접적 교섭 행위에 국한되었으며, 따라서 철저하게 인간중심적이었다(*PV*, 22). 따라서 자연에 대한 인간의 태도표명의 문제는 윤리학적 고려의 대상이 될 수 없었다. 셋째로 행위주체인 인간이라는 실체와 그 본질은 불변적인 것으로 인식되었고, 따라서 기술 적용의 대상으로는 파악되지 않았다(*PV*, 22). 그러나 현대 사회에서 인간은 생명 연장, 행동 규제, 유전자 조작 등의 여러 방식들에 의하여 기술 적용의 대상으로 전락하게 되었다. 넷째로 전통윤리학에서의 인륜성은 행위의 근접 영역에 맞추어져 있으며 '현재 중심적'이었다. 전통윤리학에서 인간이 추구한 선의 완전한 장소는 언제나 현재였으며, 실천을 위한 지침 역시 현재 사실과 결부되고 일상생활에서 반복되는 전형적인 상황들에 한정되었다(*PV*, 25). 따라서 행동의 결과가 미치는 반향은 제한되고 예견과 목표설정 역시 단기적일 수밖에 없었다. 다른 사람에 대한 배려와 선행을 강조하는 모든 유형의 도덕적 명령은 사실상 지금 여기에 살고 있는 사람들을 향한 것이었으며, 따라서 윤리적 세계는 언제나 동시대인으로 구성되어 있었고 현재 중심적이었다(*PV*, 23).

요나스는 이와 같이 인간중심적이고 현재 중심적이라는 특징을 가지고 있는 전통윤리학은 과학기술시대에서 제기되는 문제를 해결하는데 적절하지 않다고 보고, 인간적 삶의 전 지구적 조건이나 미래적 인류의 실존에 대하여 고려하지 않았던 전통윤리학 대신에, 기술적 지식과 권력의 폐해를 예견하고 처방할 수 있는 새로운 책임 윤리학을 요청하고 있다(*PV*, 23).

요나스의 새로운 윤리학은 "인간의 기술적 간섭에 의한 자연 훼손"을 인지하는 것으로부터 출발한다(*PV*, 26ff). 자연이 인간의 기술에 의하여 복구할 수 없을 정도로 손상되었다는 사실은 이제 새로운 윤리학의 반성 대상이 되고 있다. 자연에 대하여 인간이 책임져야 한다는 사실은 전통윤리학에서는 찾아볼 수 없는 새로운 요소임이 분명하다. '인간과 인간의 관계항'들로 이루어진 윤리학은 이제 '인간과 자연의 관계항'들로 새롭게 구성되고 있다. 이와 함께 도덕에서 지식의 새로운 역할도 고려되지 않으면 안 된다. 예견적 지식은 우리의 행위에 힘을 부여하는 기술적 지식보다 나약하기는 하지만, 과도한 권력에 대한 자기통제를 지도할 수 있는 윤리적 측면을 갖고 있다. 과거의 전통윤리는 인간적 삶의 전 지구적 조건과 종의 먼 미래와 실존을 고려할 필요를 아직 느끼지 못하였다(*PV*, 28). 그러나 이제 새로운 도덕은 현재 세대의 생존뿐만 아니라 미래 세대의 생존까지를 고려하는 차원에서 권리와 의무에 대한 새로운 견해를 밝혀야 할 것이다. 이를 위하여 새로운 윤리학은 자연의 도덕적 고유 권한을 확보하지 않으면 안 된다. 전통적인 윤리학은 인간중심적이었고, 따라서 인간의 실천적 행위에만 정향되어 있었다. 그러나 이제 새로운 윤리학은 인간의 선의지뿐만 아니라 인간의 영역을 넘어선 자연 사물의 '목적 그 자체'를 인정하는 동시에, 윤리적 관심을 단순한 행위이론에만 국한하지 않고 윤리학의 원초적 근거를 이루고 있는 존재론과 형이상학의 영역에까지 확장할 필요가 있다(*PV*, 29f).

그런데 이와 같은 일들은 단순한 요구에 의하여 이루어지는 것이 아니다. 새로운 윤리학이 보편적으로 정초될 수 있기 위해서는 그에 대한 필연적인 당위성이 제시되어야 할 것이다. 요나스는 이것을 전 지구적 절멸을 초래할 수도 있는 재앙에 대한 공포감으로부터 도출하려고 한다. '미리 생각되어지는 위험 그 자체', 즉 전 지구적으로 재난이 닥칠 수 있는 미래의 상황과 인류의 몰락에 대한 징조들이, 기술과학의 발달로 형성된 새로운 권력에 대해서 '새로운 의무'를 부과하지 않으면 안 된다는 윤리적 주장을 가능하게 한다는 것이다. 생태학적 위기의 시대에 있어서 파괴적 종말에 대한 위험 인식, 즉 '공포의 발견술'(Heuristik der Furcht)이 전 지구적으로 타당한 보편적인 규범윤리학을 정초하도록 강제하고 있다는 것이다(*PV*, 8). 살인이라는 범죄 행위가 인간 생명의 신성함을 인식하게 하는 것처럼 인간의 왜곡이 빚어낸 재앙을 예견함으로써 생존의 위기를 극복할 수 있는 지혜가 준비될 수 있다. 위험이 알려지지 않은 한 우리는 무엇을 왜 보호해야 하는지를 알지 못한다. 어떤 무엇에 대한 경악이야말로 그것의 위협으로부터 보호할 수 있는 대책을 마련하게 한다. 선의 인식보다는 악의 인식이 우리에게 보다 절실하고 직접적이다. 따라서 요나스는 희망보다는 공포의 문제를 논하는 것이 보다 긴급할 뿐만 아니라 문제 해결을 위해서도 전략적일 수 있다고 생각한다(*PV*, 63f). 미래에 대한 책임의 원칙을 근본적으로 일깨우는 것은 바로 공포의 발견술이다. 비록 악한 역사 현상일지라도 궁극적으로는 선의 진보에 기여한다는 칸트의 '비사교적 사교성'과는 반대로 요나스의 공포의 발견술에서는 역사의 최후 과정에서 출현할 수 있는 궁극적인 악에 대한 공포의 예견이 현재 상태의 도덕적 선행을 강제하고 있는 것이다.

3. 새로운 정언명법과 칸트윤리학의 생태주의적 전회

요나스의 책임윤리학은 보편적인 규범윤리학을 지향하고 있다. 현대의 생태학적 위기문제를 해결하기 위해서는 새로운 윤리학에서 제시하는 도덕적 주장들이 절대적인 구속성을 가져야 하기 때문이다. 따라서 그것은 칸트의 의무윤리학에서처럼 정언명법의 형태로 주어지지 않으면 안 된다. 그리하여 요나스는 칸트의 정언명법과 구분되는 새로운 정언명법을 제안함으로써 현재적인 관심에만 집착하고 있는 전통적인 동시대성의 윤리학으로부터 미래를 예견하는 책임윤리학을 차별화하려고 시도한다(*PV*, 35ff).

요나스에 의하면 칸트의 정언명법은 구체적인 시대 연관 없이 사유된 추상적인 산물이다. 여기에는 어떤 내용적인 규정도 담겨져 있지 않다. 따라서 요나스는 전통윤리학에서 도덕법으로 군림하였던 칸트의 정언명법을 생태주의적 관점에서 정초한 새로운 윤리학에 부합되도록 내용적인 수정을 시도한다. 그리하여 칸트가 "너의 준칙이 일반적 법칙이 되기를 원할 수 있도록 행위하라"고 하였던 옛 명법은 이제 요나스에 의하여 "너의 행위 효과가 지상에서의 진정한 인간적 삶의 지속과 조화될 수 있도록 행위하라"[24)는 새로운 명법으로 변형된다. 칸트가 행위 준칙과 도덕법의 일치를 강조한 것과는 달리 요나스는 현재적 행위와 전체 인류의 생존조건과의 관계 문제를 규정하고 있다. 여기에서 요나스가 제시한 도덕적 실천의 지침은 무내용적인 형식으로부터 탈피하여 미래시간 가운데서의 인류의 생존과 구체적으로 연관되어 있다.

요나스는 계속해서 이 새로운 명법을 여러 가지 형태로 변형한다. 그는 먼저 이것을 "너의 행위 효과가 인간 생명의 미래적인 가능성에 대하여 파괴적이지 않도록 행위하라"(Handle so, daß die Wirkungen deiner Handlung nicht zerstörerisch sind für die künftige Möglichkeit solchen Lebens)는 부정적인 형태의 명제로 변형한다. 현재를 살고 있는 나의 행동이 최소한 도덕적이기 위해서는 그것이 앞으로 미래 시간에 살게 될 후손들의 삶을 저해하고 파괴하지 않는 범위에서 이루어져야 한다는 것이다. 요나스는 이것을 다

---

24) Handle so, daß die Wirkungen deiner Handlung verträglich sind mit der Permanenz echten menschlichen Lebens auf Erden(*PV*, 36).

시 "지상에서 인류의 무한한 존속을 가능하게 하는 제 조건을 위협하지 말라"(Gefährde nicht die Bedingungen für den indefiniten Fortbestand der Menschheit auf Erden)는 명제로 단순화하였다. 여기에서 정형화된 요나스의 책임원리는 사실상 인간중심주의를 지향하고 있다.

또한 그는 새로운 정언명법을 "너의 현재 선택에 있어서 인간의 미래적 통합을 네 의지의 공동대상에 포함시키라"(Schließe in deine gegenwärtige Wahl die zukünftige Integrität des Menschen als Mit-Gegenstand deines Wollens ein)는 적극적인 형태의 명제로 변형하고 있다. 현재에 살고 있는 나의 욕구실현과 행복증진을 위한 선택이 미래 시간에 살게 될 인간들의 그것과 일치하도록 배려하라는 적극적인 주장이다. 이처럼 새로운 명법을 통하여 요나스는 인간의 기술사용에 의한 자연의 훼손과 미래에 살게 될 인류에 대한 배려를 책임윤리학의 차원에서 강조하고 있다. 이와 같은 요나스의 도덕적 주장은 근본적으로 칸트적인 지평 위에 있으며, 칸트주의의 변형과 확장으로 해석될 수 있다. 칸트의 형식주의와 동기주의가 행위 결과와 효과에 대하여 실질적으로 책임을 부과하는 방향으로의 내용수정이 이루어지고 있지만, 규범윤리학의 근본 틀은 그대로 유지되고 있다.

요나스의 새로운 명법에 대한 요청은 칸트의 윤리학적 주장들에 대한 생태주의적 전회를 기도하고 있다. 그 주요한 몇 가지 사실들을 정리하면 다음과 같다. 개인의 도덕적 심정을 강제하는 칸트의 정언명법과는 반대로 요나스의 새로운 명법은 인류 전체의 집단적 정치적 차원에서의 책임에 호소하고 있다. 도덕적 의무를 강조하는 칸트의 도덕법에서는 행위의 현실적 결과가 고려되지 않은 자기 규정(자율)의 주관적 성질에 대한 원칙인 사실에 비하여, 요나스의 새로운 명법에서는 자신의 행위 효과가 인간의 미래적 존속에 일치할

것을 요구하는 객관적인 책임의 원칙 및 다음 세대에 대한 의무가
강조되고 있다. 또한 칸트의 정언명법에서는 영원한 현재를 위한 도
덕성의 질서가 추구되는 데 반하여, 요나스는 칸트에게서 결여되어
있는 시간지평을 도덕성에 추가함으로써 실제적 미래에 대한 예측
을 가능하게 하였고, 이로부터 책임원리의 윤리학적 정초가 이루어
지게 된다(*PV*, 37f).

또한 동시에 요나스는 순수한 형식주의 내지는 동기주의의 한계
를 비판하면서 도덕적인 것의 내용과 감정적 측면, 특히 책임의 감
정을 중시하였다. 요나스에 의하면 유대인의 '신에 대한 두려
움'(Gottesfurcht), 플라톤의 '에로스'(Eros), 아리스토텔레스의 '행
복'(Eudämonie), 기독교의 '사랑'(Liebe), 스피노자의 '신에 대한 지
성적 사랑'(amor dei intellectualis), 샤프츠베리의 '호의'(Wohl-
wollen), 키에르케고르의 '관심'(Interesse), 니체의 '의지의 쾌락'
(Willenslust) 등은 도덕에서 요청되었던 대표적인 감정적 요소들이
다(*PV*, 165). 여기에다가 요나스는 칸트의 '도덕법 앞에서의 경외'
(Ehrfurcht vor dem Gesetze)를 첨가하고 있다(*PV*, 167).

칸트는 이성에 근거하고 있는 보편적인 도덕법칙의 객관성과 도
덕적 자율성을 강조한 형식윤리학의 창시자였다. 그리하여 그는 도
덕적 의무감 이외의 어떤 감정적 촉발도 도덕적 행위의 동기로서
인정하지 않았다. 그런데 요나스는 칸트가 개인의지와 도덕법칙의
일치에 필수적인 역할을 감정에 부여하였던 사실에 대해서 다음과
같이 극찬하고 있다.

　　도덕법이 우리의 의지에 대하여 힘을 갖기 위해서는 이성뿐만 아
　니라 감정도 역시 작용해야 한다는 사실은 칸트의 심오한 통찰이었
　다. 이것은 도덕 문제에 있어서 이성의 무제약적 자율성을 주장하는
　철학자의 통찰력이기 때문에 더욱더 인상적이다. 그에 의하면 이 감

정은 어떤 대상이 불러일으키는 것이 아니라(이 경우에 도덕은 '타율적으로' 될 것이다), 의무와 도덕법의 이념이 우리에게 불러일으키는 감정, 즉 경외의 감정이다(*PV*, 168).

칸트가 말하는 도덕법에 대한 경외의 감정은 어떤 대상적인 것에 타당하는 것이 아니라 자기 자신의 의지(준칙)를 도덕법 그 자체와 일치시키도록 명령하는 보편적인 이성의 원칙과 다른 것이 아니다. 이성 자체가 정념의 원천이 되는 동시에 정념의 궁극적 대상으로 설정되고 있는 것이다. 이와 같은 경외의 감정은 도덕적 주체가 자신의 의지를 보편적 규범에 순응하게 하는 형식적 규정 방식으로 작용한다. 그러나 요나스는 칸트의 도덕법이 감정을 촉발할 수 있는 원칙들의 내용이나 사태 자체에 대한 기술을 부정하게 될 경우에 그것은 자기 자신의 자유를 스스로 제한해야 한다는 이념을 경외함으로써 자유를 스스로 제한해야 하는 모순에 직면하게 되거나, 일반성의 이념을 경외함으로써 개별적인 의욕을 일반화해야 한다는 부조리에 직면하게 된다고 지적한다(*PV*, 168f). 일찌기 막스 셸러가 준칙의 무모순적 일반화 가능성을 강조하는 칸트의 순수 형식주의적 정언명법이 갖고 있는 공허성을 지적한 것과 마찬가지로 요나스는 칸트의 원칙에 질료적 원천을 부가함으로써 형식주의의 한계를 탈피하려고 시도하였다. 이와 같은 가능성을 요나스는 칸트 자신이 "목적 자체로서의 인격의 존엄성에 대한 존경"을 두 번째 형식의 정언명법에 추가한 사실에서 찾으려고 한다(*PV*, 169).

그리하여 요나스는 법칙 자체는 결코 경외의 원인이나 대상이 될 수 없다고 비판한다(*PV*, 170). 그 반대로 완전성이나 또는 완전성의 개별적 현상으로 인식되는 존재는 경외심을 불러일으킬 수 있다. 이와 같은 존재는 우리의 감정을 촉발시킴으로써 그 자체로는 나약하기 이를 데 없는 도덕법을 지원하고, 이 도덕법은 존재자에 내재된 요구를 우리 자신의 고유한 존재로써 충족시키게 한다. 요나스는 지각된 실재들의 정당한 요구에 의하여 움직이는 이러한 의미에서의 타율성은 자율성의 원칙 때문에 회피하거나 부정할 필요가 없다고 주장한다. 감정이란 "실존에 대한 객체의 요구를 우리의 행위를 통하여 지원하고자 하는 마음이 우리의 내면에 우러나오는 것"이기 때문이다(*PV*, 170f). 특히 책임의 감정은 우리로 하여금 이러한 객체를 위하여 행위하게 한다. 후손에 대한 염려는 도덕법의 호소를 필요로 하지 않을 정도로 자발적이고, 객관적인 책임성과 주관적인 책임감정의 일치는 기본적으로 인간이 지켜야 할 본분이다. 이를 통하여 자연은 우리에게 본능에 의하여 보장되지 않은 모든 종들에 대한 책임을 일깨워주고 그에 대한 우리의 감정을 마련해 주었다는 것이다(*PV*, 171).

요나스의 칸트 비판은 규제적 이념과 요청 개념을 유토피아주의에 대한 단초로 해석한 사실에서 극에 달한다. 즉 칸트의 최고선과 역사과정을 낙관주의적 유토피아주의의 일종으로 해석한 것이다. 요나스에 의하면 칸트의 '규제적 이념'은 실제적으로 무한한 접근의 한계 목표로 해석되는 점에서 플라톤의 '선의 이데아'와 같은 개념이다(*PV*, 227). 그러나 물론 접근의 축은 수직에서 수평, 종좌표에서 횡좌표로 변경되었다. 최고선은 도덕적 주체에게 전개되는 무한한 미래의 시간 배열 속에 놓여져 있으며 도덕적 활동을 통하여 그 목표에 근접하게 된다. 플라톤의 도식에서 개인의 내면적 향상으로 묘사되었던 사실이 칸트에서는 외적인 역사 과정에 맡겨져 있다. 그러나 칸트는 역사 과정을 이상의 실현을 위한 충분조건으로 생각할 수는 없었다. 그 가장 근본적인 이유는 시간 자체가 현상의 세계에 속하기 때문이다. 또한 동시에 최고선에서 요구하는 도덕성과 행복의 비례적 결합이 일반적 상태로까지 전개될 수 있는가에 대해서 시간의 인과성으로부터 확실한 대답이 주어질 수 없기 때문이다. 이러한 문제점들을 해소하기 위하여 칸트가 정립한 요청이론에 대해서 요나스는 '유사 종말론적 지평'이라고 격하하고 있다(*PV*, 228).

'실천이성의 요청'에 의하여 비현상적이고 도덕적 인과성을 가진 초월적 원인(수직적 존재질서의 잔재; sc. 신)이 현상적-물리적 원인들을 그 자신의 고유한 수단으로 활용하여 세상에서의 도덕적 의지가 헛되지 않다는 믿음에 대한 희망을 주어야 한다. 여기에서 세속화는 아직 진정하게 이루어지지 않았으며, 적어도 주체는 규제적 이상 아래에서 자신의 도덕적 행위가 마치 자신의 내적 자질뿐만 아니라 세계의 도덕화에도 기여하는 것처럼 생각할 수 있다. 이렇게 생각할 경우에 그것은 세속적인 사물들의 개연적 진행은 무시하면서도 각각의 행위에 유사 종말론적인 지평을 허용하는, 이른바 하나의 허구적이고 인과성이 결여된 책임이다(*PV*, 228).

요나스는 칸트의 요청이론이 이 세상에서의 현상적 물리적 인과성을 전적으로 존중하지 않는 사실에서 전적으로 세속화된 상태가 아니면서도, 그러나 최상의 초월적인 존재가 배려할 수 있는 도덕적 세계를 규제적 이념으로 제한하는 사실에서 허구적이고 인과성이 결여된 책임에 호소하는 유사 종말론적 성격을 가지고 있다고 비판한다. 나중에 헤겔은 시간 개념을 단순한 현상이 아닌 이념의 자기운동을 통한 자기실현의 진정한 매개자로 간주했기 때문에 역사 과정에 역동성을 부여할 수 있었고, 도덕적 목표가 역사 속에서 도덕적 주체의 외부로부터 오는 '이성의 간지'(List der Vernunft)를 통하여 실현될 수 있다고 생각함으로써 극단적인 내재화의 길로 들어서게 되었다(*PV*, 228). 그러나 마르크스의 혁명이론에서 헤겔적인 이성의 간지는 마침내 도덕적 행위주체의 의지와 일치하게 된다.

그리하여 요나스는 마르크스주의가 역사의 방향과 목표를 유토피아적으로 설정한 사실을 지적하면서 칸트의 규제적 이념을 상속하고 있다고 해석하였다. 다만 마르크스주의는 칸트의 이념에 함축된 무한성 대신에 유한성으로 대체하였으며, 헤겔적 내재화를 바탕으로 세계의 인과성과 다시 결합시킴으로써 칸트의 규제적 이념을 역동성을 가진 논리적 법칙으로 전환시킬 수 있었다는 것이다. 이로써 요나스는 마르크스가 역동성을 바탕으로 역사적 미래에 대한 책임을 처음으로 윤리학적 문제로 설정하였던 인물이라고 평가한다(*PV*, 229). 그러나 요나스는 자신과 같은 포스트마르크스주의자들은 역사 속의 이성이 그와 같은 역사적 목표를 성취하는 대신에 보편적인 재앙을 초래할 수도 있다는 새로운 가능성을 경고함으로써, 사회체제의 문제가 이데올로기나 세계관의 관점이 아닌 합목적성과 생존 의무의 관점에서 새롭게 조망되어야 한다고 주장한다(*PV*, 230).

이처럼 요나스에 의하여 해석된 칸트는 마르크스의 유토피아주의를 잉태한 이상주의자의 모습으로 나타난다. 칸트의 이상적 규제원리와 도덕적 형식주의 및 요청이론은 최고선의 완전한 실현을 향한 무한접근을 시도하고 있음에도 불구하고 요나스에 의하여 현재 중심적 윤리학의 표본으로 간주되고 있으며, 칸트의 정언명법에 함축되어 있는 현실과 이상 사이에서의 무궁무진한 담론의 가능성에도 불구하고 절대적인 공허성의 원리로 격하된다. 그러나 이와 같은 요나스의 칸트 독해는 아펠에 의하여 새로운 비판의 대상이 되고 있다.

4. 미래윤리학과 책임의 원리

요나스의 미래윤리학은 과학기술주의와 유토피아주의가 초래한 종말론적 위기 상황에 대한 공포의식을 예견함으로써 자연 환경과 인류 생존을 보존할 수 있는 책임의 원리를 전 지구적으로 타당한 보편적 규범원칙으로 제시하려는 시도이다. 그는 전통윤리들 가운데서 '미래윤리'와 거의 유사한 구조를 가지고 있는 세 가지 역사적 사실들을 예시하면서 그 한계를 비판하고 있다. "영혼의 구원을 얻기 위하여 자신의 행복을 희생하는 지상적인 삶의 방식"과, "미래의 공익을 위한 입법가 및 정치인의 선견적 염려", 그리고 혁명적 마르크스주의와 같이 "현재적 삶을 성취될 목표의 수단으로 이용하는 유토피아적 정치"가 바로 그것이다(PV, 39).

첫째로 '내세적 완성의 윤리'(Ethik der jenseitigen Vollendung)에는 미래윤리적 측면이 있다. 일반적으로 종교에서 주장하고 있는 내세적 완성의 윤리는 신의 뜻에 부합되는 삶을 선택함으로써 내세에서의 영혼의 구원을 찾고자 하기 때문이다. 이와 같은 개인적 차원에서의 종말론적 정황을 요나스는 영원한 구원을 얻기 위하여 지상적 삶 전체를 포기하는 이른바 '형이상학적인 도박'(metaphysische Wette)으로 비유한다. 따라서 그것은 감각을 파괴하고 생명을 부정하는 극단적인 금욕의 방식들을 통하여 얻은 자기완성의 윤리에 지나지 않으며, 그와 같은 정신적 깨달음은 절대자에 대한 신비체험과 함께 미래의 보상을 현재 속에서 향유하는 것을 목표하고 있다. 따라서 요나스는 정의, 사랑, 순결 등과 같은 전통적 덕목들을 수행함으로써 내세의 완성을 지향하는 모든 종교적 노력은 윤리적이지만, 그것은 전통윤리학의 특징인 현재연관성을 벗어나지 못하고 있다고 지적한다(PV, 39-41).

둘째로 '국가 지도자의 미래 책임'(Zukunftsverantwortung des Staatsmann)에는 미래윤리학적인 의미가 함축되어 있을 수 있다. 정치인들은 미래의 복지에 대한 예견적 염려를 가지고 있기 때문이다. 그러나 그들의 궁극적 관심은 지속적으로 권력을 창출할 수 있는 조직체의 구축에 있으며, 그들의 미래적 예견 역시 자신들이 현재에 기여하고 몰두하는 지혜와 노력의 정도에 근거를 두고 있다. 대부분의 정치인들은 현재 상태에서의 최선의 국가가 미래에도 최선의 국가라고 생각한다. 따라서 그들은 이상적으로 완전한 국가를 지향하는 것이 아니라 언제나 현재상태에서 최선이라고 여겨지는 국가에 안주함으로써 현재중심적 윤리를 벗어나지 못하고 있다(*PV*, 42f).

셋째로 '근대적 유토피아'(moderne Utopie)는 메시아주의에 대한 기대를 집단적으로 충족시키기 위한 역동적인 역사 종말론으로서 미래윤리학적인 의미를 부분적으로 함축하고 있다. 그러나 여기에서는 미래가 현재적인 절대가치의 실현 장소로 설정됨으로써 미래를 위한 준비단계로서의 현재는 전적으로 포기되고 있다. 그리하여 천국을 지상 위에 건설하기 위하여 현재의 모든 것을 포기하고 스스로 투쟁을 선언하는 극단적인 형식으로 표출되기에 이르렀다. 천년왕국 운동과 성인 공동체(Gemeinde der Heiligen)를 비롯한 신성국가의 건설, 그리고 근대 후기에 출현한 공산주의는 그 대표적인 사례에 속한다. 그러나 유토피아주의는 진정한 의미에 있어서 현재와 미래의 인간 모두를 위한 미래윤리가 아니라, 현재의 행위자나 희생자가 함께 향유할 수 없는 미래를 현재 중심적인 관점에서 설정하고 이를 강압적인 방식으로 달성하려는 점에서 여전히 현재윤리에 속한다(*PV*, 43-46).

이와 같은 사실을 바탕으로 요나스는 미래윤리학이 지향해야 할 방향을 모색하기 시작한다. 그것은 바로 공포의 발견술에 의한 미래에 대한 의무의 인식에서 비롯된다. 미래윤리가 지향해야 할 첫 번째 의무는 장기적인 효과에 대한 표상을 제공하는 것, 다시 말하면 미래에 출현할 수 있는 가능한 악의 표상을 경험적인 악으로 인식할 수 있도록 의도적으로 제시하는 것이다(*PV*, 64). 미래윤리가 지향해야 할 두 번째 의무는 그와 같이 표상된 것, 즉 예견된 악의 결과에 적합한 감정을 동원하는 것이다. 홉즈는 최고선에 대한 사랑 대신에 최악, 즉 폭력적 죽음에 대한 공포를 도덕의 출발점으로 삼았다. 그 이유는 최고악이야말로 자기보존 욕구에 대한 억압적인 반동으로서 우리에게 가장 직접적이고 극단적인 형태의 공포를 유발하기 때문이다. 그러나 미래 세대의 인간에게 나타날 공포는 현재를 사는 인간들에게 직접적인 것이 아니기 때문에 우리의 심정에 특별한 영향을 주지 않고 있다. 따라서 미래 세대의 행복과 불행에 대하여 생각하게 하고 그에 합당한 공포감을 느끼도록 독려하고 자극하는 행위가 요구되는 것이다(PV, 65f).

이와 같은 미래에 대한 의무는 전통윤리학에서 찾아볼 수 없는 몇 가지 특징을 가지고 있다. 첫째로 미래윤리에서는 호혜성의 원칙이 무의미하게 된다. 전통윤리에서 자신의 모든 권리 주장은 현존하는 다른 사람의 권리 주장과 호혜적 관계에 있었다. 물론 이 경우에는 현존하는 것만이 권리를 주장할 수 있었다. 그러나 미래윤리에서는 호혜성의 원칙이 사실상 무의미하게 된다. 모든 생명이 생명에 대한 권리를 주장할 수 있다 하더라도, 존재에 대한 권리 주장은 존재를 통하여 비로소 시작되기 때문에 실존하지 않는 것은 실제로 어떤 권리 주장도 하지 못한다. 이런 관점에서 보면 아직 존재하지 않은 미래 세대의 인간과 유기체적 존재자들은 어떤 권리 주장도 할 수 없게 된다. 그리하여 미래윤리는 호혜성에 근거한 권리 주장에 바탕을 두지 않는다(PV, 84).

둘째로 미래윤리에서는 후손에 대한 의무가 강조된다. 전통윤리에서도 자녀에 대한 책임과 의무는 비호혜적 특성을 가지고 있지만, 그러나 이것은 자신과 완전하게 독립된 후세대에 살게 될 사람들과의 관계는 아니다. 여기에서 자녀에 대한 부모의 실제적 책임과 아직 태어나지 않은 자녀의 권리는 전통적인 방식으로도 정당화될 수 있지만, 자신과 독립적인 관계에서 아직 태어나지 않은 사람들의 권리는 정당화되지 않았다(PV, 87f). 우리는 현재 세대의 존재를 위해 미래 세대의 비존재를 선택하거나 또는 그것을 위태롭게 할 권리를 가지고 있지 않으므로 생태학적 책임의 명법을 따르지 않으면 안된다. 그러나 여기에서 요나스는 왜 우리가 아직 존재하지도 않은것, 즉 '그것 자체'가 아직 실존하지 않고, 따라서 그 실존에 대한어떤 요구도 하지 못하는 것에 대한 의무를 가져야 하는가에 대해서 이론적으로 정당화하는 것은 그렇게 쉬운 작업이 아니라고 고백하고 있다. 그는 이와 같은 요구가 이론적으로 정당화될 수 있는 것이 아니라 종교적 진리와 같이 확증 없이 공리로서 주어진다고 믿는다(PV, 36).

셋째로 미래윤리에서는 인류의 생존과 인간의 이념을 다루고 있다. 요나스에 의하면 미래윤리학의 제1명법은 "인류는 존재해야 한다"는 것이다(PV, 90). 이 사실은 미래의 인간에 대한 책임보다는'인간의 이념에 대한 존재론적 책임'을 각성케 한다(PV, 91). 그러나인간은 왜 존재해야 하는가에 대해서 대답할 필요가 있다. 요나스는"도대체 왜 무가 아니고 어떤 것이 존재하는가?"라는 라이프니츠의물음과 관련하여 '무에 대한 존재의 우선권'을 강조한다(PV, 97). 라이프니츠의 물음에 대한 답은 신이 이 세계를 창조한 근거로부터얻을 수 있다. 이에 대한 종교적 답변은 신이 '선한 것'으로서의 이세계를 원했기 때문이다. 그러나 요나스에 의하면 이것은 창조주의희망의 문제가 아니라 창조주의 판단의 문제였다. 다시 말하면 신이원했기 때문에 이 세계가 선하게 된 것이 아니라, 세계의 존재가 선이기 때문에 신이 그것을 원하였다는 것이다. 신의 창조 근거는 바로 존재 자체의 가치적 측면, 즉 당위성에 있었던 것이다(PV, 98). 요나스의 미래윤리학은 인류의 실존을 제1명법으로 선언한다. 인류의 실존은 그 동안의 선행과 악행, 고통과 쾌락의 대차대조표가 어떻게 기술되든지에 관계없이 우선적으로 고려되어야 할 "자기구속적이고 언제나 초월적인 가능성"이다(PV, 186). 인류의 실존은 단순하게 '생존'을 의미하고, 그 다음으로는 '좋은 삶'을 의미한다. 비록 우연적으로 인류가 사물의 전체 속에 나타나게 되었다고 할지라도, 인류의 실존과 인류가 살고 있는 자연, 그리고 인류가 이룩한 문화를 계속 유지하는 것은 현재의 인류에게 부과된 '일차적인 명령'이며 '존재론적 명령'이다(*PV*, 187). 이와 같은 사실에서 요나스는 인간 존재를 창조의 궁극목적이라고 규정하였던 칸트와 같은 맥락에 있다.

이처럼 인간이 '왜' 그리고 '어떻게' 존재해야 하는가를 드러내주는 인간 이념의 설정은 요나스의 인간중심주의적 태도를 단적으로 입증해 준다. 요나스는 이 같은 존재론적 이념이 인류 생존의 당위성을 정언명법의 형태로 기술하고 있다는 사실을 강조한다. 그는 무제약적인 것과 실제로 관련된 칸트의 정언적 규정은 오직 당위적인 차원에 머무르고 있다고 보았다. 칸트의 정언명법이 "행위의 법칙을 부과하는 이성의 자기 일치성"인 것과는 반대로, 자신이 요구한 미래윤리의 제1명법은 행위의 이론에 한정된 윤리학 내부의 문제를 넘어선 존재의 이론인 동시에 형이상학의 문제라고 규정하였다(*PV*, 92). 그러나 요나스는 칸트에 대해서 자신이 비판하고 논쟁하였던 대부분의 사실들이 칸트에 의하여 이미 선구적으로 주장되었다는 사실은 간파하지 못하였다.

8. 칼-오토 아펠과
생태주의의 담론윤리적 정초

1. 생태주의적 위기의식과 보편적 규범윤리학의 정초 요구

아펠은 상호주관적 차원에서의 의사소통공동체의 담론윤리학적 정초를 통하여 칸트주의를 변형하고 확장하는 동시에, 이를 환경윤리에 적용하여 생태주의 윤리의 보편성 근거를 확보하고자 시도하였다. 아펠은 담론윤리학을 통하여 생태학적 위기를 맞고 있는 시대적 요구에 대하여 철학적으로 적절한 대답을 찾을 수 있다고 생각한다.[1] 아펠에 의하면 '현시대의 으뜸가는 세계문제'(Das *Weltproblem Nr. I unserer Zeit*)는 단순히 인간의 사회적 갈등에 대한 국내적 또는 국가간의 해결에 있는 것이 아니라, 마르크스주의가 이미 예견한 것처럼 인간 전체와 자연 사이의 새로운 갈등의 해결에 있다. 인간의 생산력을 가능하게 하는 배후전제와 거주지로서의 자연은 무제한적으로 착취될 수 있는 대상이 아니다. 인간의 생태영역은 손상될 수 있는 기능적인 평형체계이며, 따라서 그 파괴는 인간의 생존조건을 직접적으로 위협하게 된다. 현대의 인류는 이제 지금까

---

1) Apel, Karl-Otto: *Die ökologische Krise als Herausforderung für die Diskursethik* (Abk.: *öK*), in: D. Böhler(Hrsg.), *Ethik für die Zukunft. Im Diskurs mit Hans Jonas*. München 1994, S. 369.

지 전혀 경험하지 못하였던 새로운 유형의 생태학적 위기에 직면하
여 새로운 유형의 윤리학적 근본물음을 제기하고 있다. 아펠은 학문
이론의 정초 불가능성과 자연주의적 오류라는 이중적인 비판에도
불구하고 전 지구적으로 타당한 보편적인 규범윤리학의 정초를 위
한 토대구축에 주력하고 있다.2) 이 점에서 아펠은 생태학적 시대의
새로운 윤리적 요구들을 해결하기 위하여 새로운 윤리학, 즉 미래와
관련된 책임윤리학을 요구하였던 요나스와 근본적으로 같은 생각을
가지고 있다.3) 외부적으로 인류의 집단적 행위가 초래한 결과들에
대한 가능한 윤리적 대답으로서 인류의 집단적 책임의 문제가 제기
되고 있기 때문이다. 아펠은 이러한 문제상황 속에서 담론윤리학을
선험화용론적으로 정초함으로써 생태학적 위기의 문제에 대응하려
고 하였다(öK, 369f).

앞에서 살핀 것처럼 한스 요나스의 주요 테제는 현대 산업사회의
위기상황으로부터 탈피하기 위해서는 현대성, 즉 인간의 과학기술
을 통한 자연지배를 지향하는 베이컨의 유토피아와 마르크스주의의

2) Apel, Karl-Otto: *Das Problem einer universalistischen Makroethik der Mit-
verantwortung,* in: Deutsche Zeitschrift für Philosophie 41, 1993, H.2, S. 201;
여기에서 아펠은 특히 생태학적 위기와 관련된 집단적 행위 결과를 위한 공동책
임의 윤리학을 필요로 하며, 이로부터 선험화용론적 정초의 '아르키메데스적 점'
이 찾아질 수 있다고 강조한다. S. 215.
3) Apel, K.-O.: *Verantwortung heute - nur noch Prinzip der Bewahrung und
Selbstbeschränkung oder immer noch der Befreiung und Verwirklichung von
Humanität?*(Abk.: *Vh*), in: ders., *Diskurs und Verantwortung.* Frankfurt 1990,
S. 181; *Das Problem einer universalistischen Makroethik der Mitverantwortung,* in:
Deutsche Zeitschrift für Philosophie 41, 1993, H.2, .209. 그러나 물론 아펠과
요나스에서 보편적 규범윤리학의 정초 전략은 구별된다. 아펠의 담론윤리는 철
학적 윤리학의 정초 가능성 자체를 문제삼고 있으며, 따라서 칸트의 형식주의에
기초하고 있지만, 요나스는 미래 인류 생존을 위한 보존전략과 같은 구체적인
실천적 문제의 확인을 목표로 하고 있으며, 따라서 반칸트적인 내용윤리에 치중
하고 있다. Kuhlmann, Wolfgang: *Prinzip Verantwortung versus Diskursethik,* ders:
Sprachphilosophie, Hermeneutik, Ethik. Würzburg 1992, S. 224f.

해방 유토피아로 특징지워지는 근대 유럽의 진보-유토피아로부터 결별해야 한다는 데 있다(*Vh*, 179). 생태학적 위기의 원인을 근대과학의 기술발전에 의한 자연과 인간의 혁명적인 관계 변화와 유토피아적 이상주의에 대한 맹목적 지향으로 파악한 것이다. 실제로 인류는 이제 생명공학 및 유전공학을 통하여 자연을 조작하고 변경시킬 수 있는 가능성을 확보하게 되었다.[4] 그러나 아펠은 요나스의 위기인식과 그 해결전략에 있어서 오해와 한계가 있다고 비판한다. 그리하여 아펠은 요나스와는 반대로 발전사상과 유토피아주의에 대한 적극적 이해를 통하여 의무론적 윤리학과 목적론적 책임윤리학의 통일을 이룩함으로써 칸트와 요나스, 그리고 블로흐와 요나스를 화해시키려고 시도한다. 이와 같은 아펠의 윤리학적 관심은 다음의 두 가지 물음으로 압축될 수 있다.

산업사회는 이성적으로 스스로를 규제할 수 있는 윤리학 없이 존속할 수 있는가?(*Vh*, 179)

현재의 위기상황에 대한 가능한 답변을 제시하고 있는 『책임의 원리』는 도덕적, 사회해방적 관점에서 근대의 진보 이념에 함축되어 있었던 『희망의 원리』와 결합될 수 없는가?(*Vh*, 182).

첫 번째 물음은 현대 기술산업사회에서 보편적인 규범윤리학의 정초가능성에 대한 것으로서, 아펠의 입장은 칸트나 요나스의 규범윤리학적 논의와 일치한다. 물론 아펠 자신의 독특한 입장은 두 번째 물음에 대한 해결 노력을 통하여 구체화되고 있다. 이 문제와 관련하여 요나스는 이성 사용의 규제적 원리와 낙관주의적 최고선의

---

4) Jonas, H.: *Technik, Medizin und Ethik. Zur Praxis des Prinzips Verantwortung.* Frankfurt 1985.

이상을 중심으로 한 칸트의 요청이론 및 희망철학으로부터 헤겔과 마르크스를 거쳐서 에른스트 블로흐의 희망의 원리에 이르는 철학적, 역사적 유토피아주의를 비판적으로 논의하면서 책임과 희망의 원칙은 결코 양립될 수 없다고 단정하였다. 아펠에 의하면 요나스의 이러한 대답은 그가 유대-기독교적 종말론의 유토피아적 세속화라고 해석하였던 18세기 이후에 나타난 역사철학의 진보 및 희망사상에 대한 전면적인 부정을 의미한다.

요나스는 칸트의 도덕주의적 진보 이념과 요청 개념 역시 최고선과 유토피아적 자유의 왕국의 실현을 시간 속에서 예견하는 헤겔과 마르크스적 진보 이념의 전 단계에 지나지 않는 것으로 간주하였다 (*PV*, 227ff; *Vh*, 182). 또한 그에 의하면 칸트의 규제적 이념의 유산으로 파악된 마르크스주의에서 칸트적인 무한성은 유한성으로 대체되는 한편 헤겔적인 내재화를 통하여 세계 인과성과 다시 결합됨으로써 역동성을 가진 논리적 법칙으로 이행한다는 것이다. 그러나 포스트마르크스주의자로서 요나스는 역사의 목표가 성취되는 긍정적인 방향 대신에 '보편적 재앙'을 불러올 수 있는 부정적인 방향을 상정함으로써 칸트에서 블로흐에 이르는 '내재적인 역사 이성에 대한 신뢰'에 비판적인 거리를 유지하였다. 그리하여 요나스는 역사를 도덕적 요청들의 점진적 실현이라는 의미에서 가능한 진보라고 생각하였던 칸트의 진보-희망 개념을 부정하는 동시에 헤겔('절대정신')에서 마르크스('자유의 왕국' 또는 '공산주의')를 거쳐 블로흐('모든 것' 또는 '하느님이 없는 하느님의 나라')에 이르는 변증법적 역사이해에 담긴 모든 낙관주의적 명제들 역시 거부하였던 것이다.

따라서 희망의 원리와 책임의 원리가 결합될 수 있는 가능성은 이제 필연적으로 칸트에서 블로흐에 이르는 희망철학에 대한 논의와, 이를 반대하고 있는 요나스의 미래지향적 책임윤리학에 대한 논의를 검토하는 데서 찾을 수 있을 것이다. 그리고 이에 대한 단초는 요나스의 책임윤리학에 대한 비판적 논의를 통하여 얻을 수 있을 것이므로, 우리는 이제 아펠의 요나스 비판을 중심으로 희망원리와 책임원리가 결합될 수 있는 가능성 지평과 담론적 규범윤리학의 정초 가능성에 대한 논의를 중점적으로 살펴보게 될 것이다.

2. 아펠의 요나스 비판과 책임윤리학의 한계

아펠은 요나스에 의한 책임윤리학의 정초 과정에서 유토피아주의가 전적으로 배제되는 사실을 비판하고, 그 발단이 요나스의 편향된 칸트 이해에 근거하고 있으며, 따라서 인류 존재의 보존 요청을 중심으로 한 그의 주장은 사회생물학적 차원에 머무를 수 있다고 지적한다.

아펠에 의하면 요나스의 목표는 신아리스토텔레스주의자들이나 칸트주의자들처럼 단순하게 관습적인 전통윤리학의 강화에 있지 않고, 국가적 사회적 자기주장 체계의 내부도덕을 초월하는 보편적인 이성윤리학이나 지구와 관련된 거대윤리를 문제삼고 있다. 이처럼 요구된 거대윤리는 인류의 생태적 자기주장 체계의 윤리학을 정초하는 데 있다. 그리고 이 경우의 자기주장은 이제 더이상 자연의 예속이나 착취가 아니라 우리에 의하여 훼손된 자연과의 연대성에 의하여 이루어진다. 요나스는 아리스토텔레스에서 칸트에 이르는 이전의 철학적 이성윤리학의 유형들은 인류의 현재적 삶과 관련된 행위에 타당한 보편화 원리를 요청했기 때문에 오늘날 필연적으로 요구되는 미래책임의 기능을 다하지 못하였다고 지적하였다. 따라서 그는 과거의 '동시대성의 윤리학'과 '미래책임의 원리'의 차이를 앞에서 이미 다룬 것처럼 칸트의 정언명법과 자기 자신에 의하여 요청된 새로운 명법을 비교하는 가운데서 자연존재의 권리와 미래 세대의 인간 존재에 대한 실질적인 권리주장의 당위성을 확보하려고 노력하였다(*Vh.*, 193; *PV*, 35ff 참조). 문제는 이와 같은 미래지향적인 책임의 원칙 속에 미래 행위까지를 지도할 수 있는 이념이 결여되어 있다는 사실이다.

이러한 사실은 『책임의 원칙』에서 유토피아적 마르크스주의 철학과의 논쟁을 통해서도 분명하게 나타난다. 여기에서 처음으로 요나스는 인류의 구체적 보편성과의 연관을 미래 속에 삽입시켰던 것이다. 그러나 요나스는 이 경우의 윤리학은 독단적 역사철학으로 지양된다고 보았다. 이러한 '윤리적 역사주의'(칼 포퍼) 안에서는 미래가 현재나 또는 만족된 현재에 의하여 희생되는 것이 아니라, 오히려 그 반대로 현재가 미래에 희생되기 때문이다. 그것은 바로 지복의 유토피아가 필연적으로 달성된다고 예견함으로써 현재 인류에게 희생을 강요하고 있다. 따라서 요나스에 의하면 마르크스주의를 포함하여 "지구의 미래 조망과 관련하여 이미 존재하고 있는 윤리"는 그 어느 것도 책임윤리가 아니라고 주장한다. 그러나 요나스 자신은 그가 마르크스주의를 비판했을 때 적용하였던 사실로부터 어떻게 자유로울 수 있으며, 현실적이거나 또는 규제적인 의미에서의 유토피아적 이상을 설정하지 않고서 어떻게 아직 존재하지 않은 미래 인류를 위한 현재 인간의 책임을 요구할 수 있는가에 대해서는 적절한 대답을 주지 못하고 있다.

아펠은 칸트를 헤겔과 마르크스의 전단계로 해석함으로써 유토피아주의의 원형으로 몰아가려는 요나스의 입장에 대하여 매우 비판적이다. 이러한 사실은 책임윤리학이 실재적인 의사소통공동체를 보존하면서도 이상적인 의사소통공동체를 실현하는 윤리학으로서 정초하는 것이 다시금 유토피아적이고 따라서 오늘날 여전히 위험스러운 것은 아닌가라는 물음을 통하여 담론윤리학을 비판하려는 데 대한 아펠의 반론 가운데서 찾을 수 있다(*Vh*, 203f). 이러한 요나스의 반론은 칸트의 '규제적 이념'을 오해한 데서 비롯되었다는 것이 아펠의 생각이다(*Vh*, 204). 실천이성의 규제적 이념은 도덕적 행위를 위하여 시간 속에서 경험할 수 없는 이상의 실현을 장기적이고 지속적으로 추구하도록 의무화하고 지도하는 규범적 원리이다. 이 개념을 통해서 칸트는 자신의 역사철학적 저술들에서 추상적으로 설정된 윤리적인 원리의 구체적인 시간 연관을 생각해보려고 시도하였다. 그러나 윤리적으로 제시된 진보의 원리들은 사실적으로 기대되는 미래 역사 과정에 대한 확실한 예지를 포함하고 있지는 않다. 아펠에 의하면 칸트가 제시한 '규제적 이념 아래서의 진보' 개념은 결코 '세계사의 필연적 진행'과 이러한 '유토피아적 역사철학에서 윤리학의 지양'이라는 헤겔과 마르크스적 개념의 전 단계가 아니다. 윤리적으로 정초된 규제적 이념을 통하여 제시된 칸트의 진보 개념은 오히려 '유토피아적 이성 비판'을 가능하게 하는 근본 원리라는 것이다(*Vh*, 204).[5]

다른 한편 요나스의 편향된 칸트 이해는 당위와 능력의 관계 설정에서도 드러나고 있다. 칸트의 윤리학에서 능력은 당위의 수행을 위하여 제시되었다. 즉 "너는 해야 하기 때문에 할 수 있다"는 것이다. 여기에서 칸트는 당위 수행을 위한 능력이 각 개인에게 이미 주어져 있으며 또한 의무에 종속되어 있다고 생각한다. 그러나 요나스는 이러한 사실들에 대해서 회의적이다. 그러한 능력이 모든 사람에게 주어져 있는가도 의문이지만, 설사 그런 능력이 있다 하더라도 그것이 의무 종속성과 당위 지향성을 가졌다고 볼 수 없기 때문이라는 것이다. 그리하여 요나스는 칸트의 명제를 "나는 할 수 있기 때문에 해야 한다"라는 명제로 변형한다. 이 경우에 능력은 인과적

---

5) Apel, K.-O.: *Ist die Ethik der idealen Kommunikationsgemeinschaft eine Utopie? Zum Verhältnis von Ethik, Utopie und Utopiekritik*, in W. Voßkamp (Hrsg.): *Utopieforschung*, 3 Bde., Stuttgart 1982 und Frankfurt 1985, Bd. I, S. 325- 355.

인 결과를 허용한 후의 책임(당위)과 관련된 것이다(*PV*, 230f). 이러한 구체적인 명법, 특히 오늘날 생태학적으로 정향된 미래 책임윤리의 새로운 필수적인 명법은 사실상 전적으로 새로워진 우리의 기술능력의 수단에 의거한 상황연관적 당위 규범들로서 제시된다. 이 점에 있어서 아펠은 일단 요나스의 "너는 할 수 있기 때문에 해야 한다"라는 명제가 타당하고 본다. 이 경우 각 개인의 구체적인 의무와 사회적으로 구속력을 가진 규범들은 당사자들의 실제적인 논의에 근거하기 때문이다. 그러나 이처럼 구속력을 갖고 정당화될 수 있는 구체적인 규범이 도출될 수 있기 위해서는 모든 구성원들이 상호간에 일반화된 형식적인 논의원칙에 부합되도록 조직에 참여하고 또한 연대적 책임도 가져야 한다. 그러나 이러한 일이 가능하기 위해서는 보다 심층적인 원칙의 내용으로서 당위를 전제하지 않으면 안 되기 때문에, 칸트의 "너는 해야 하기 때문에 할 수 있다"는 명제가 타당성을 갖지 않으면 안 된다는 것이다(*Vh*, 197f). 그리하여 아펠은 요나스의 칸트 비판이 편향되어 있으며, 요나스 자신의 명제가 정당화될 수 있기 위해서 다시 요구되지 않으면 안 되는 상보적인 관계에 있음을 지적하였다.

요나스의 칸트 비판과 관련하여 아펠은 현대의 도덕철학자 가운데서 자율적인 양심 기능을 중요하게 평가하고 있는 콜버그의 도덕발달론을 통하여 요나스에 대한 반비판을 시도하였다. 아펠은 칸트의 '정언명법', 콜버그의 도덕발달론에서의 '제6단계', 그리고 그 자신과 하버마스의 '모든 합의 당사자를 위한 일반적인 법칙'이 요나스가 제시한 '미래 책임의 윤리학'과 어떤 관계에 있는가를 다루면서(*Vh*, 193), 요나스가 제안한 책임의 원칙은 일반화된 추상적 원칙의 발전논리적 전개가 아닌 인류의 구체적인 일반성에 대한 상호연관성을 미래 차원에 투입했으며, 이런 사실에서 그것은 실제로 콜버그가 제시한 새로운 도덕의식의 단계에 해당된다고 보았다(*Vh*,

194f). 관습적인 의미에서 책임 개념은 콜버그의 제3단계(집단충성심)와 제4단계(국가체제와 법질서 안에서의 역할 의무의 완수)에 상응한다(*öK*, 374). 아펠은 탈계몽주의적 도덕과 관련하여 콜버그의 관습이후적 수준의 제5단계와 제6단계에 해당되는 책임 개념이야말로 칸트적인 의미에서의 '합리적인 공공성'과 결합될 수 있다고 보았다. 따라서 아펠은 학문, 기술, 정치, 경제와 관련된 집단적 행위의 미래 결과에 대한 책임 요구의 문제를 관습이후적 유형에 속하는 보편적 규범윤리학의 계명으로 간주하였다. 인간의 모든 도덕적 공동책임의 문제가 현 시대의 윤리적 요구로써 제시된 것이다. 그리고 요나스는 바로 이러한 문제들을 새롭게 제안함으로써 미래 인류생존에 대한 책임윤리학을 표방하였던 것이다.

그러나 아펠은 요나스가 말한 것처럼 인간의 존재와 존엄성이 기술적 사회적 진보의 규제적 이념 없이 '현재 상태의 단순한 보존'에 의하여 구해질 수 있는가에 대하여 의문을 제기한다(*Vh*, 184). 순수 생물학적으로 볼 경우에 위협적인 인구증가와 자원부족이라는 현재 상황에서 인류 생존은 지구에 생존하는 주민의 한 부분, 예를 들면 제3세계의 주민들이 굶주림으로써 보장되고 있다. 물론 이것은 효과적인 방책이 될 수 있을지도 모른다. 그러나 다른 한편 우리는 교황이 멕시코와 베네수엘라, 필리핀과 같은 제3세계의 주민들에게 산아제한에 반대하는 설교를 하는 역설적인 상황에 처해 있다. 아펠은 진정한 진보나 발전의 구상 없이 인간종족의 존재에 대해서만 맹목적인 집착을 보여주고 있는 요나스의 시도는 '진보'와 '완성'의 윤리학이 아닌 '부양', '보존', '보호'의 윤리학이라고 단정한다(*Vh*, 183). 아펠은 구체적인 역사적 미래 연관을 가진 윤리학이 책임윤리가 될 수 있는 적합한 기준에 대하여 숙고하면서, 인류 종족의 미래 생존을 위한 사회진화론적 해결은 윤리적으로 책임 있는 해결책이 될 수 없다고 비판한다(*Vh*, 195). 즉 우리가 '지상에서 참된 삶의 영속'이나 '지상에서 인류의 존속'을 책임윤리학의 (유사-존재론적) 목표로 설정하는, 이른바 사회진화론적 해결방식으로는 인류의 진정한 단결과 통합을 끌어내는 데 충분하지 못하다는 것이다. 이와 같은 사실에서 아펠은 요나스가 제기한 '인류 생존의 우위성' 주장은 순수 생물학적으로 볼 경우에 일종의 사회진화론적 해결책에 지나지 않으며, 이와 같은 생태주의적 관점은 칸트적인 의미에서의 보편주의적 윤리학과 결합되지 않는다고 비판한다(*Vh*, 185). 우리는 사실적, 그리고 잠재적으로 기대되는 정당성 요구를 현재와 미래에 사는 모든 인간에게 공정하게 보장해야 한다. 그리하여 아펠은 담론윤리학의 의미에서 식물과 동물뿐만 아니라 이성존재에 이르기까지, 또한 현재의 인류뿐만 아니라 미래의 인류까지도 동일한 권리를 가진 구성원으로 인식하는 것이야말로 책임윤리의 근본취지를 살릴 수 있다고 제안한다. 그리하여 아펠은 칸트의 원리를 새롭게 변형하여 구체적인 역사적 시간연관이 인류의 구체적 일반성에 대한 상호연관성으로서 동시에 반영될 수 있게 해야 한다고 주장한다(*Vh*, 196).

아펠은 책임윤리학의 한계를 담론적 규범윤리학에 의하여 보완할 수 있다고 생각한다. 담론을 통하여 조직된 인간의 연대 책임에 대한 요구, 그리고 현존재의 보존과 인간의 존엄성이 필연적으로 결합되어야 한다는 요청은 이미 우리에게 제시된 발전의 사회해방적 명법이나 인간성의 실현 가운데서 자리잡고 있다는 것이다(*Vh*, 213). 그리하여 아펠은 칸트의 정신을 계승하여 '유토피아적 이성 비판'은 언제나 규제적으로 기능할 수 있어야 한다고 주장한다. 모든 논의공동체에서 불가피하지만 동시에 반사실적인 이상적 의사소통공동체의 예견은 진보 유토피아, 이성존재로서의 인간을 미리 구성적으로 존재하는 것처럼 간주하여 배려할 수 있는 요소들을 함축하고 있다는 것이다(*Vh*, 213). 물론 여기에서 규제적 이념은 플라톤의 국가유

토피아처럼 인간의 사회조직을 위한 행복과 덕, 그리고 정의의 조화
적 통일의 구성 내용을 함축하고 있지는 않다. 또한 그것은 세속적
메시아주의 역사철학에서처럼 소외나 또는 선악의 개방적 애매성을
결정적으로 극복하도록 지시하고 있지도 않다. 그럼에도 불구하고
언제나 이미 인정되고 있는 이상적 의사소통공동체의 규제적 이념
은 국가적 국제적 차원에서 집단적 행위를 집단적 책임의 담론적
조직을 가능하게 하는 사회적 정치적 조건의 점진적 실현에 의무지
워져 있다(Vh, 213). 정치적 갈등의 조정 조건을 장기적으로 개선하
는 원칙은 현재의 인류가 맞고 있는 다른 모든 위기 차원에 있어서
집단적인 미래책임의 윤리를 적용 가능하게 하는 근본 전제이다. 이
렇게 볼 때 현재의 위기상황에서 진보의 원칙은 인류의 보존이나
인간 존엄성의 명법과 함께 추구해야 할 필요가 있는 것이다(Vh,
216).

3. 담론적 규범윤리학의 정초와 칸트주의의 변형

아펠은 인류의 실재적인 의사소통공동체의 존재 보존을 위한 윤
리학으로서 책임윤리학을 정초하는 동시에 실재적인 모든 담론에서
규제적 이념으로 기능하는 이상적인 의사소통공동체의 실현을 요구
함으로써(Vh, 198) 요나스의 책임원리와 칸트 및 블로흐의 희망원
리를 결합시키고 있다. 이와 같은 아펠의 윤리학적 최후정초는 요나
스의 형이상학적 책임 이론의 한계를 극복하려는 시도인 동시에 의
사소통윤리학 또는 담론윤리학을 선험반성적으로 정초하려는 노력
이라고 할 수 있다. 그는 전지구적으로 타당한 보편적인 규범윤리학
의 정초 요구가 가치중립적인 세계 대상이 아니라는 사실에서 정초
될 수 없다는 주장들에 대해서(Vh, 200), 퍼어스와 포퍼를 원용하여
가치중립적인 자연과학 역시 진리탐구에 착수하기 위해서는 상호주

관성의 차원에서 하나의 윤리학을 전제해야 한다고 보았다.[6] 칸트
역시 윤리학의 정초작업을 '이성의 사실'이라는 근본 명제로부터 시
작했을 뿐만 아니라, 모든 이성존재자의 가능한 주장들을 고려하고
실질적인 역할교체(콜버그)를 통하여 정언명법이 실현될 수 있다고
주장한 점에서, 아펠의 두 공동체의 이념과 유사한 구조를 설정한
사실이 있다. 아펠에 의하면 우리는 원칙적으로 실재 세계와 관련된
문제 해결의 책임을 가져야 할 뿐만 아니라, 실재적 의사소통공동체
의 구성원으로서 이해 행위를 할 수 있어야 한다. 또한 동시에 우리
는 우리 자신의 진리주장의 심사와 인정을 위하여 전제되는 무제한
적 이상적 의사소통공동체의 구성원이어야 한다(Vh, 201). 물론 이
상적인 의사소통공동체는 현실적으로 존재하지는 않는다. 그러나
진지하게 논의하는 모든 사람들은 자신의 공론과정에서 미리 이상
적인 논의공동체를 설정함으로써 이상적인 의사소통공체의 존재를
항상 대극적으로 예견하지 않으면 안 된다. 이러한 사실에서 잠정적
으로 제한되지 않은 논의공동체의 일반화된 상호성이라는 의미에서
담론윤리와 책임윤리가 인정될 수 있다. 따라서 우리는 칸트의 추상
적인 일반화 원칙을 역사적 연관 없이 생각하고 필연적인 것으로
예견할 수 있을 뿐만 아니라 요나스가 요구한 것과 같은 구체적-일
반적인 인간 연관도 인정할 수 있게 된다(Vh, 201). 칸트의 추상적
원칙과 요나스의 구체적-일반성의 원칙은 아펠의 의사소통공동체의
윤리학에서 상호 결합되고 있다.

여기에서 아펠이 중점적으로 제시하고 있는 두 가지 사실은 다음
과 같다(Vh, 202). 첫째로 우리는 진지한 논의에 있어서 문제 제기
와 함께 원칙적으로 문제 해결을 위한 연대적 책임, 그리고 문제 해

---

6) Apel, K.-O.: *Der Denkweg von Charles Peirce. Eine Einführung in den ameri-
kanischen Pragmatismus*. Frankfurt 1975; *Vh*, 201.

결에 있어서 실재적인 의사소통공동체에 속하는 모든 구성원, 즉 지금 현존하고 있는 인류의 동등한 권리를 인정해야 한다. 둘째로 우리는 원칙적으로 이미 무제한적인 이상적 의사소통공동체에 대한 대극적인 예견을 필연적인 것으로 인정하여, 모든 타당한 문제 해결은 무제한적인 이상적 의사소통공동체의 모든 구성원들에게도 만일 그들이 함께 토론할 수 있을 경우에는 윤리적으로 적절한 합의를 도출할 수 있는 방향으로 이루어져야 한다.

그리하여 지금 논쟁할 수 있는 실재적 의사소통공동체의 구성원들의 문제해결을 위한 책임은 두 가지 측면에서 앞으로 존재하게 될 무제한적인 의사소통공동체의 구성원들의 책임으로 전개된다. 무엇보다도 먼저 모든 타당한 문제해결의 정합성 때문에 무제한적 의사소통공동체의 어떤 잠재적인 구성원도 합의 형성에서 원칙적으로 배제될 수 없다. 또한 모든 잠재적인 논의상대자의 원칙적인 권리동등성의 인정 때문에 앞으로 닥칠 문제상황, 즉 앞으로 존재하게 될 구성원들의 욕구도 언제나 책임 있게 염두에 두어야 한다. 그리하여 모든 타당한 문제해결의 정합성과 합의 능력에 대한 진지한 논의와 관련해서 "지금 존재하고 있는 인류의 의사소통공동체는 동등한 권리의 조건 하에서 미래에도 계속 존속되어야 한다"는 사실이 함축되어 있다. 그러므로 담론윤리학의 최후정초에는 "미래에 인류가 존재해야 한다"는 한스 요나스의 근본요청에 대한 합리적 정초가 포함되어 있다. 또한 동시에 동등한 권리를 가진 논의상대자의 이상적인 논의공동체의 존재에 대한 대극적인 예견의 필연성은 "이상적인 의사소통공동체는 인류의 실재적 의사소통공동체 안에서 점진적으로 실현되어야 한다"는 윤리적으로 적절한 요청을 계속하게 한다. 이 나중의 요청에는 인간의 생존과 권위를 보존하는 윤리학은 인간의 존엄성이 실현되는 진보의 윤리학 없이도 들어설 수 있는가라는 물음에 대한 대답이 숨어 있다(*Vh*, 203). 요나스가 인류의 미래 존재에 대한 관점에서 살고있는 모든 인간 존재의 동등한 권리를 존중해야 한다는 의무를 "인류는 존재해야 한다"는 당위적 존재론의 원리로부터 도출함으로써 칸트 이전의 존재론적 형이상학으로 복귀한 것과는 반대로, 아펠은 칸트의 선험철학적 명제를 급진적으로 변형시킴으로써 엄격한 선험적 반성에 의한 공동책임의 윤리학을 정초하려고 하였다(*öK*, 389f).

아펠의 담론적 규범윤리학에서는 규제적 이념의 설정과 그 현실적 작용을 위한 칸트적 요청이 그대로 노정되고 있으며, 이를 통하여 책임의 원칙과 희망의 원칙을 통일시키려고 하였던 것이다.

아펠에 의하면 칸트적인 의미에서의 규제적 이념은 사실상 모든 진지한 논의에서 언제나 이미 인정되고 있으며, 항상 이미 전제되어 있지 않으면 안 된다. 이와 같은 담론윤리학의 근본요청은 이상적 담화원리가 실용주의적으로 제약을 받거나 다른 합리성 원리와 타협하게 될 경우에 정당화하거나 비판하는 기능을 수행하게 된다. 그렇기 때문에 개별적 체계들의 자기주장에 내포된 전략적-경제적, 전략적-정치적 합리성과 담론윤리학적 의미에서 합의적-의사소통적 합리성 사이에는 언제나 긴장이 도사리고 있다(*Vh*, 209). 그리하여 규제적 이념은 예를 들면 근대 민주국가에서의 정치, 입법, 행정이 윤리적으로 정향된 비판을 통해서 수행되도록 지도함으로써 담론원리를 점진적으로 실현하는 동시에 유토피아주의에 반격을 가할 수 있는 것이다.

그리하여 아펠은 앞에서 말한 담론 원칙만으로도 요나스가 요구한 집단적 행위를 위한 미래책임의 거대윤리는 책임유토피아주의의 반대를 막을 수 있다고 강하게 주장한다(*Vh*, 206). 사회체계와 제도에 있어서 기능적 체계합리성이나 의회 논쟁에 있어서 정당의 관심표명에 따른 전략적 합리성, 모든 실용적 타협을 원칙적으로 정당화하려는 욕구(*Vh*, 205)는 칸트적인 의미에서의 '합리적 공공성'

(räsonierende Öffentlichkeit)에 의한 검증절차를 요구하고 있다. 그러나 어떻게 담론윤리학은 상이한 책임 명령들을 매개하여 이상적 의사소통공동체의 사회적 조건들을 점진적으로 실현하는 진보에 도달할 수 있는가? 아펠은 다음과 같은 두 가지 방책, 즉 민주적인 법치국가의 입법에서 법규범을 정초하는 절차와, 그리고 현재 문제가 되고 있는 학문과 기술의 결과에 대해서 비판적인 논의를 통하여 책임을 규명하는 조직, 즉 의학 분야에서의 윤리위원회와 같은 기구의 적극적 활용을 예시한다(Vh, 209).

그러므로 아펠이 제안한 담론윤리학은 '두 개의 차원을 가진 윤리학'(Zwei-Stufen-Ethik)이다(Vh, 211; öK, 392ff). '윤리학의 A영역'은 담론윤리학의 철학적 정초, 즉 실천적 담론 일반을 위한 형식적(절차적)인 논의 원칙만을 제공한다. 여기에서 우리는 진지한 논의 가운데서 대극적인 이상적 의사소통의 조건들을 예견함으로써 필연적으로 인정하게 되는 이상적인 규범원리들을 다루게 된다(öK, 392). 그것은 미래에 존재하게 될 당사자들을 포함한 모든 구성원들을 위해서 타당한 문제해결의 합의능력을 요구하는 원칙이다. 담론윤리학의 B영역은 상황과 관련된 질료적 규범들을 정초하기 위하여 도덕적으로 책임 있는 행위원리들에 대한 두 가지 근거를 제시하고 있다.

첫째로 당사자들의 구체적인 욕구와 관심을 가능한 한 끝까지 관철하고 논의적 담론에서 타당성을 갖도록 노력한다. 칸트나 콜버그가 제안한 것처럼 역할대행에 의하여 가능적 규범을 보편화하려는 사유실험은 담론윤리학에서 보편적 합의능력의 담론적 확정을 위한 이차적인 보완으로 이해되어야 한다. 각자의 사유실험에서 당사자의 관심은 관습적 척도에 의하여 인간의 자연적 속성으로 받아들여질 뿐이다. 이러한 당사자들의 담론을 실현하기 위해서 의회민주주의의 대변체계가 만들어지고 담론의 원리는 협상을 통한 전략적 이해조정의 원리와 타협하게 된다. 이 경우에 의회나 다른 기관의 입법투쟁에서는 근본적으로 규제적 이념에 입각한 담론원칙이 함께 작용해야 한다(*Vh*, 210). 그리고 이것은 산업-기술적 집단행위를 위한 미래와 관련된 책임에 타당성을 부여해야 하는 입법투쟁에도 적용되어야 한다(*Vh*, 211). 여기에서 아펠은 책임 일반의 합리적 정초와 집단적 책임 조직의 형식적 절차적 담론원칙은 새로운 선험철학에 의해서 수립될 수 있다고 본다(*Vh*, 211f). 실제로 담론윤리학에서의 당위성(Sollen)은 '이성의 사실', 즉 실재적인 그리고 예견된 이상적 의사소통공동체의 구성원의 의무로써 인정된 사실에서 비롯된다

둘째로 담론윤리학이 상황과 관련된 도덕과 법의 질료적 규범의 정초를 실천적 담론에 위임하는 두 번째 근거는 요나스가 미래 책임윤리학이 갖고 있는 본질적인 새로움이라고 말한 상황에 있다. "우리는 무엇을 해야 하는가?"에 대하여 구체적으로 적절한 대답은 학문적 식견이 없는 '일반적 지성'만으로 효과적으로 대처하거나 세계과정의 경험을 의식할 수 없다는 것이다. 따라서 도덕적으로 적절한 형식 속에서 전문가들의 식견이 적용될 수 있는 가능성을 찾아야 한다. 집단적 책임의 기초원리의 전제 하에서 그때마다 새롭고 상황과 관련된 질료적 규범의 정초는 우리들의 기술적 정치적 권력, 즉 능력(Können)에서 비롯된다.

이처럼 아펠은 새로운 환경철학을 모색하기 위하여 칸트주의를 존재론적 형이상학으로 끌고 가려는 요나스의 시도에 대하여 엄격한 선험적 반성과 선험화용론적 최후정초에 근거한 담론적 규범윤리학으로의 변형을 통하여 새롭게 확장된 칸트주의 위에서 희망원리와 책임원리를 결합하려고 시도하였다. 칸트는 이성의 규제적 원리와 요청이론을 통하여 희망의 철학을 구상하였고, 블로흐는 마르크스주의적 관점에서 궁핍과 억압으로부터의 해방과 여유를 인간과

자연을 하나로 연결하는 '제휴-기술'(Allianz-Technik)에 창출하려는 희망의 원리를 제안하였다. 그러나 요나스는 책임의 원리를 통하여 칸트와 블로흐가 제시하였던 희망의 원리들을 거부하였다. 요나스가 칸트와 블로흐의 희망원리를 책임원리를 가지고 대체하려는 바로 그곳에서 아펠은 책임과 희망의 결합, 그리고 보존과 발전의 동시설정을 통하여 전 지구적으로 타당한 새로운 환경윤리를 모색하려고 하였던 것이다. 그리하여 보편주의적인 공동책임의 윤리학 안에서 의무론적 윤리학과 목적론적 윤리학의 통합이 달성된 것이다.

9. 칸트철학의 생태주의적 의미

칸트철학에는 어떤 유형의 생태학적 의미가 함축되어 있는가? 그리고 칸트주의는 현대의 생태학적 사유를 통하여 어떻게 변형되고 있는가? 우리는 지금까지 이 두 개의 물음을 중심으로 칸트철학에 함축된 생태주의적 의미분석으로부터 요나스와 아펠을 중심으로 한 칸트철학의 생태주의적 전회의 문제까지를 다루어 보았다. 일반적으로 칸트의 보편적 규범윤리학을 특징지우고 있는 정언명법은 인간의 행위규정에 한정되며, 그것도 특히 현재적인 인간들의 인간중심적 행위규정이라고 이해되어 왔다. 정언명법의 두 번째 변형에서 보듯이 칸트의 도덕철학에는 인간 이외의 다른 존재자들에 대한 도덕적 배려가 결여되어 있다는 비판과 반론이 만만치 않았다. 그러나 칸트는 인간 이외의 다른 존재자들, 즉 생명을 가진 것들이나 무기물적 존재에 대한 정당한 이유 없는 살육과 파손 행위가 인간 자신의 도덕성을 훼손할 수 있기 때문에 비록 간접적인 방식으로나마 도덕적인 배려의 대상이 될 수 있다는 입장을 취하였다. 이와 같은 칸트의 입장에는 생명중심주의와 전체론의 주장이 어느 정도 함축되어 있으나, 그와 같은 모든 생태학적 주장들이 의미있게 논의될 수 있는 가능한 지평은 역시 인간중심주의일 수밖에 없다. 아펠 역시 생태학적 위기와 관련하여 보고되는 사실들이 실제로는 인간중심적 관점에서 제시된 것이라는 입장을 취하고 있다.[1] 칸트적인 시각에서 볼 때 생태현상을 그 자체의 목적을 통해서만 보려는 관점은 처음부터 잘못되었으며 현실적으로 성립될 수 없는 자체모순에 직면하게 된다. 인간의 삶과 관련된 자연환경과 생태계의 문제는 그 근본에 있어서 인간중심적으로 파악될 수밖에 없다.

칸트의 인간중심주의적인 관점은 미감적 취미판단과 목적론적 자연 이해를 통해서 강화되고 있다. 칸트는 특히 미감적 판단력을 바탕으로 자연의 아름다움에 대하여, 비록 주관적이기는 하지만 무관심적이고 동시에 보편적 타당성을 갖는 취미판단을 내릴 수 있으며, 그것을 가능하게 하는 '공통감'의 존재를 요청하였다. 미감적 취미판단이 단지 주관적인 차원에 머무른다면 오늘날 생태학적 위기의 문제를 다룰 수 있는 보편적인 규범 문제와 아무런 연관성도 갖지 못할 것이다. 그러나 칸트는 미감적 판단능력이 이론적 학술적 판단능력이나 도덕적 실천적 판단능력과 동일한 근거를 갖고 있으며, 도덕적 함축성을 가지고 있다는 사실도 확인시켜 주었다. 이와 함께 그는 자연세계를 기계적인 인과성의 법칙이외에 목적론적 원리를 도입하여 설명함으로써 인간을 세계존재자들의 목적 계열의 마지막에 들어서는 창조의 궁극목적으로 설정하였으며, 자연의 목적과 인간의 목적이 결합되는 전일적인 목적전체성을 문화라고 규정함으로써, 인간중심주의적 자연이해가 생태중심주의에 대한 적이 아니라 반려자라는 사실을 입증하였다.[2]

---

1) Apel, Karl-Otto: *Die ökologische Krise als Herausforderung für die Diskurs-ethik* (Abk.: *öK*), in: D. Böhler(Hrsg.), *Ethik für die Zukunft. Im Diskurs mit Hans Jonas*. München 1994, S. 385.

2) 브렌너(Andreas Brenner)는 그의 최근 저술에서 요나스, 마이어-아비히, 슈패만 등이 생태학적 위기를 계몽주의의 필연적인 결과인 동시에 문화화 현상의 병폐라고 진단하면서 이른바 '새로운 윤리학'(neue Ethik)을 구상함으로써 '문화의 자연화'를 시도하고 있다고 지적한다. 그는 이들의 시도가 구체적인 도덕현상들에 대한 문제해결에 기여할 있다고 생각하지만, '새로운 윤리학'의 계몽주의 비판이 결국에는 인간중심주의를 탈피할 수 없다는 사실에서, 이를 다시 계몽의

그러나 요나스는 칸트의 도덕주의와 목적론에서 공통적으로 전제되고 있는 이성의 규제적 원리가 헤겔에서 마르크스를 거쳐 블로흐에 이르는 유토피아적 사유전통의 실질적인 단초라고 보는 동시에 현대의 생태학적 위기를 불러일으킨 주요한 원인 중의 하나라고 단정한다. 그럼에도 불구하고 요나스의 책임원리와 인간이념의 존재요청은 칸트주의적 지평을 탈피하지 못한 채, 칸트가 규제적으로 이해하였던 목적론적 원리를 규정적이고 구성적인 것으로 변형하였으며, 유토피아주의적 희망원리 역시 인류보존을 위한 미래책임의 원칙으로 대체하였다.

따라서 요나스의 입장은 칸트보다 생명중심주의에 보다 근접해 있는 것이 사실이지만 여전히 인간중심주의적일 수밖에 없었다. 특기할만한 사실은 칸트가 현재의 악이 결과적으로는 미래의 선을 실현하는데 기여할 것이라는 생각, 즉 비사교적 사교성을 통하여 최고선의 완성을 향한 무한한 접근이 이루어진다는 낙관주의적 태도를 취한 것과는 반대로, 요나스는 결과적인 최악의 상황, 즉 미래 존재의 절멸 가능성에 대한 예견적 공포 인식이 미래 존재의 보존을 위한 현재적 결단의 계기가 될 수 있다는 이른바 공포의 발견술을 주장하였다.

아펠은 요나스의 칸트 비판이 자의적이고 편향되었다는 인식에서 출발하여 담론적 규범윤리학의 정초를 바탕으로 칸트적인 구상이 생태학적 사유를 저해하는 것이 아니라 긍정적으로 기여할 수 있다고 주장하였다. 아펠은 칸트의 규제적 이념을 유토피아적 희망의 원리라고 해석한 요나스를 비판하는 한편 미래 책임의 이상이 구현될 수 있기 위해서는 규제적인 지도이념이 반드시 필요하다는 입장을

과제 안에 통합함으로써 '근대적인 도덕적 문화의 변형'을 시도하고 있다. Brenner, Andreas: *Streit um die ökologische Zukunft. Neue Ethik und Kulturalisierungskritik*. Würzburg 1994, S. 14, 212f.

강조함으로써 요나스의 책임윤리학적 정초 가능성을 칸트적인 지평
에서 찾으려고 하였다. 실제로 칸트의 정언명법과 공통감의 논리 속
에는 아펠이 말하는 담론윤리학적 구조가 함축되어 있다. 의미 있는
논의를 하려는 모든 구성원은 담론의 능력을 구비하고 있어야 하며
다른 모든 구성원들의 주장을 배려하고 그들의 입장에 서보는 타자
이해적 자세를 가져야 한다. 물론 이와 같은 논의 자체가 가능하기
위해서는 근본적으로 현실적인 의사소통공동체의 존재, 즉 인류의
생존이 요청되지 않으면 안 된다. 그와 함께 현실적인 의사소통공동
체 안에서의 모든 가능한 논의들은 각각의 구성원들이 처해 있는
현실적인 제약 조건에 의하여 정형화될 수밖에 없기 때문에 그와
같은 제약성을 탈피하기 위해서는 이상적인 의사소통공동체를 전제
해야 하고, 그곳에 속한 모든 가능한 구성원들까지도 동의할 수 있
는 이상적인 합의를 도출하여 현실적인 의사소통공동체 안에서 실
현될 수 있게 해야 한다. 이러한 맥락에서 아펠은 이상적인 의사소
통공동체에 대한 예견 없이 미래인류의 보존이라는 현실원리만을
추구하는 요나스의 시도를 사회진화론적 해결책이라고 비판할 수
있었다. 미래 인류의 생존을 위한 요나스의 요청은 칸트와 아펠이
제시한 규제적 이념의 설정 없이는 구체적인 역사적 논의과정 속에
들어설 여지가 없는 것이다.

칸트가 제시한 보편적 규범윤리학과 의무의 윤리, 미감적 판단력
과 자연미 사상, 그리고 목적론적 자연 이해와 인간중심주의는 생태
주의적 의미를 함축하고 있다. 생태주의자들이 거부하였던 발전 및
진보 사상은 인간중심주의적 문화이론의 모체가 되고 있으며, 자연
의 인식주체로서의 인류 역시 규제적인 이념의 지도 아래서 도덕적
정치적 최고선의 이상을 실현하려는 노력 속에 자연과 생명존재에
대한 의무를 포함하고 있는 것이다. 회슬레가 지적한 것처럼 '집에
대한 이론'인 생태학이 이상적인 집의 모습이 파괴된 오늘날의 위기

상황에서 이상적인 집을 다시 세움으로써 인류의 우주적 거처를 존
속시키려고 한다면, 그리하여 "기술문명 시대의 인류를 위한 형이
상학적 고향의 복원"을 꾀하려고 한다면,3) 우리는 자연의 목적과
인간의 목적이 통일적으로 수렴될 수 있는 문화적 생태주의에 대한
규제적 이념을 전제하지 않으면 안 될 것이다. 그것은 바로 인간과
자연이 공존할 수 있는 생태주의적 이상을 그려낼 수 있는 하나의
선험철학적 지평이 될 수 있기 때문이다.

---

3) Hösle, V.: *Philosophie der ökologischen Krise. Moskauer Vorträge.* München
  1991, S. 19f.

참고문헌

고창택, 「환경윤리에서 인간중심주의와 비인간중심주의의 조화
　　가능성」, 한국국민윤리학회 편, 『환경윤리와 환경교육』, 1996
　　년 동계학술회의 자료집, 7-20쪽.
구승회, 『에코필로소피; 생태·환경의 위기와 철학의 책임』, 서울:
　　새길 1955.
□, 「환경문제의 윤리학적 근거지움. 환경문제가 왜 윤리학적 문
　　제인가?」, 한국국민윤리학회 편, 『환경윤리와 환경교육』,
　　1996년 동계학술회의 자료집, 25-42쪽.
김명자, 『동서양의 과학전통과 환경운동』, 동아출판사 1991.
김성진, 「고대의 생태론적 인간학과 철학, 플라톤의 경우」, 『철학,
　　인간 그리고 교육』 제7회 한국철학자 연합학술대회보, 대전
　　1994.
김 진, 『철학의 현실문제들』, 철학과현실사 1994.
□, 『칼 마르크스와 희랍철학』, 울산대학교출판부 2000.
□, 「환경철학」, 『환경학의 이해』, 울산대학교출판부 1996.
□, 『아펠과 철학의 변형』, 철학과현실사 1998.
□, 『살고있는 순간의 어두움』, 세종출판사 1999.
□, 『선험철학과 요청주의』, 울산대학교출판부 1999.
돕슨, 『녹색정치사상』, 정용화 역, 민음사 1993.
러브록, 『가이아: 생명체로서의 지구』, 홍욱희 역, 범양사 출판부
　　1990.
레오폴드, 『모래땅의 사계』, 푸른숲 1999.
북친, 『사회생태론의 철학』, 솔 1997.
소로우, 『월든』, 이레 1993.
슈마허, 『작은 것이 아름답다』, 범우사 1992.

시민환경연구소, 『환경의 이해』, 환경운동연합 출판부 1993.

아산사회복지사업재단, 『현대 산업사회와 환경문제』, 집문당 1994.

요나스, 『책임의 원칙: 기술 시대의 생태학적 윤리』, 이진우 역, 서광사 1994.

이종관, 「자연의 적: 인간중심주의? - 목적론적 자연관에 대한 비판과 환경친화적 인간중심주의 윤리학의 가능성」, 한국철학회, 『현대사회와 철학교육』, 제9회 한국철학자 연합학술대회보, 1996, 546-562쪽.

이진우, 「한스 요나스의 생태학적 윤리학」, 『철학과 현실』 1991 겨울호.

□, 「자연, 보호의 대상인가, 권리의 주체인가」, 『도덕의 담론』, 서울: 문예출판사 1996, 279-317쪽.

이은선, 「한스 요나스의 책임의 원리」, 『신학사상』 1991 여름호.

카슨, 『봄의 침묵』, 넥서스 1995.

크로포드, 『칸트미학이론』, 김문환 역, 서광사 1995.

페퍼, 『현대 환경론』, 이명우외 역, 한길사 1989.

하그로브, 『환경윤리학』, 김형철 역, 철학과현실사 1994.

하이데거, 『기술과 전향』, 이기상 역, 서광사 1993.

한면희, 「환경철학의 세계관과 윤리」, 철학연구회 편, 『철학연구』, 제35집(1994년 가을호), 327-356쪽.

□, 「자연환경에 대한 도덕적 고려」, 한국철학회, 『철학』, 제46집(1996년 봄), 283-308쪽.

□, 『환경윤리: 자연의 가치와 인간의 의무』, 철학과현실사 1997.

황경식, 「환경윤리학이란 무엇인가? - 인간중심주의인가 자연중심주의인가」, 철학문화연구소 편, 『철학과 현실』, 1994년 여름호, 172-185쪽

232 칸트와 생태사상

Apel, Karl-Otto: *Der Denkweg von Charles Peirce. Eine Ein-führung in den amerikanischen Pragmatismus.* Frankfurt 1975.

□ : *Transformation der Philosophie.* Frankfurt 1976.

□ : *Kant, Hegel und das aktuelle Problem der normativen Grundlagen von Moral und Recht*, in: D. Henrich (Hrsg.), *Kant oder Hegel? Über Formen der Begründung in der Philosophie.* Stuttgart 1983(1981).

□ : ≫*Ist die Ethik der idealen Kommunikationsgemeinschaft eine Utopie? Zum Verhältnis von Ethik, Utopie und Utopie-kritik* ≪, in W. Voßkamp (Hrsg.): *Utopieforschung*, 3 Bde., Stuttgart 1982 und Frankfurt 1985.

□ : *Verantwortung heute - nur noch Prinzip der Bewahrung und Selbstbeschränkung oder immer noch der Befreiung und Ver-wirklichung von Humanität?* In: ders, *Diskurs und Verant-wortung.* Frankfurt 1990(1986).

□ : *Grenzen der Diskursethik? Versuch einer Zwischenbilanz*, in: Zeitschrift für philosophische Forschung, Bd. 40, 1986, H1.

□ : *Diskurs und Verantwortung. Das Problem des Übergangs zur postkonventionellen Moral.* Frankfurt 1988.

□ : *Diskursethik als Verantwortungsethik - eine postmetaphy-sische Transformation der Ethik Kants,* in: R. Fornet-Betancourt(Hrsg.), *Ethik und Befreiung.* Aachen 1990.

□ : *Das Problem einer universalistischen Makroethik der Mit-verantwortung*, in: Deutsche Zeitschrift für Philosophie 41, 1993, H.2.

□ : *Die ökologische Krise als Herausforderung für die Diskurs-ethik*, in: D. Böhler(Hrsg.): *Ethik für die Zukunft. Im Diskurs mit Hans Jonas.* München 1994.

Albert, Claudia: *Hans Jonas,* in: Metzler Philosophen Lexikon. Stuttgart 1989.

Altner, G.: *Die Überlebenskrise in der Gegenwart. Ansätze zum Dialog mit der Natur in Naturwissenschaft und Theologie.* Darmstadt 1987

Attfield, R.: *Christian attitudes to nature,* in: Journal of the History of Ideas, 44(3), 1983.

Bateson: *Materials for the study of variations and mutations,* in: American Journal of Science, November 1894.

Bauch, B.: *Immanuel Kant.* 2.Aufl. Berlin und Leipzig 1921.

Bayertz, Kurt: *Naturphilosophie als Ethik. Zur Vereinigung von Natur- und Moralphilosophie im Zeichen der ökologischen Krise,* in: Philosophia Naturalis 24(1987).

□ : *Eine kurze Geschichte der Herkunft der Verantwortung,* ders (Hrsg.), *Verantwortung. Prinzip oder Problem?* Darmstadt 1995.

Bergson, Henri: *Schöpferische Entwicklung.* Paris 1907, Jena 1912.

□ : *Creative Revolution.* London 1922.

Birnbacher, D.: *Sind wir für die Natur verantwortlich?,* in: Ökologie und Ethik, Stuttgart 1986.

□ : *Ökologie, Ethik und neues Handeln,* in: Pragmatik, Bd. 3, Hamburg 1989.

□ : *Mensch und Natur,* in: Kurt Bayertz(Hg.), *Praktische Philosophie. Grundorientierungen angewandter Ethik.* Hamburg 1991.

□ (Hrsg.): *Ökologie und Ethik.* Stuttgart 1991.

Blackstone, T. (Hrsg.): *Philosophy and Environmental Crisis.*

Athens, Ga. 1974.

Bloch, E.: *Das Prinzip Hoffnung.* Frankfurt 1959.

Blumenbach, J. F.: *Über den Bildungstrieb und das Zeugungs-geschäfte.* Göttingen 1781, repr. Stuttgart 1971.

Böhler, D.(Hrsg.): *Ethik für die Zukunft. Im Diskurs mit Hans Jonas.* München 1994.

Brenner, A.: *Streit um die ökologische Zukunft. Neue Ethik und Kulturalisierungskritik.* Würzburg 1993.

Buffon, G.L.L.: *Allgemeine Historie der Natur.* Leipzig 1770-1772.

Callenbach, E.: *Ecotopia.* London 1978.

Cassirer, E.: *Das Erkenntnisproblem.* Darmstadt 1974.

Conrad, J.: *Freiheit und Naturbeherrschung. Zur Problematik der Ethik Kants.* Würzburg 1992.

Cotgrove, S.: *Catastrophe or Cornucopia. The Environment, Politics and the Future.* Chichester: Wiley 1982.

Crawford, Donald W.: *Kant's Aesthetic Theory.* The University of Wisconsin Press 1974.

Darwin, Charles.: *The Origin of Species.* London: Murray, 6th 1885.

□ : *The Descent of Man.* London 1874; dt.-Ausgabe von H. Schmidt, *Die Abstammung des Menschen.* Stuttgart 1966.

□ : *Über die Entstehung der Arten durch natürliche Zuchtwahl.* Stuttgart 1899.

De Vries: *Die Mutationstheorie.* Leipzig 1901-1903.

□ : *Species and Varieties.* Chicago 1905.

Dobson, Andrew: *Green Political Thought.* The Academic Division of Unwin Hyman Ltd, 1990.

Doughty, R.: *Environmental Theology: Trends and Prospects in*

Christian Thought, in: Progress in Human Geography, 5(2), 1981.

Dretske, Fred I.: *Perception from an Epistemological Point of View*, in: Journal of Philosophy 68, 1971.

Driesch, H.: *Philosophie des Organischen*. Leipzig 1909.

□ : *Die Geschichte des Vitalismus*. Leipzig 1922.

□ : *Kant und das Ganze*, in: Kant-Studien 29, 1924.

Düsing, Klaus: *Die Teleologie in Kants Weltbegriff*. Bonn 1968.

□ : *Teleologie und natürlicher Weltbegriff*, in: *Neue Hefte für Philosophie*. Nr. 20, 1981.

□ : *Die Idee des Lebens in Hegels Logik*, in: Horstmann, Rolf-Peter u.a. (Hrsg.): *Hegels Philosophie der Natur*. Stuttgart 1986.

□ : *Vorbemerkungen zum Kolloquium über Teleologie und Kosmologie*, in: Henrich, D. u.a.(Hrsg.): *Metaphysik nach Kant?* Stuttgart 1988.

□ : *Naturteleologie und Metaphysik bei Kant und Hegel*, in: Fulda, H.-F. u.a.(Hrsg.): *Hegel und die "Kritik der Urteilskraft"*. Stuttgart 1990.

Ehrlich, P.: *Eco-catastrophe*, in: Ramparts, 8(3), 1969.

□ : *Population, Resources, Environment*. Sanfrancisco: Freeman 1972.

Elliot, R.(Hrsg.): *Environmental Philosophy*. Open University Press 1983.

Engels, E.-M.: *Die Teleologie des Lebendigen. Kritische Überlegungen zur Neuformulierung des Teleologieproblems in der angloamerikanischen Wissenschaftstheorie. Eine historisch-systematische Untersuchung*. Berlin 1982.

Engels, Eve-Marie: *EE - ein biologischer Ausverkauf der Philoso-*

phie?, in: Zeitschrift für allgemeine Wissenschaftstheorie, Bd. XIX, S. 348-377.

Fetscher, I.: *Überlebensbedingungen der Menschheit. Ist der Fortschritt noch zu retten?* München, Zürich 1985.

Franke, L.(Hrsg.): *Wir haben nur eine Erde.* Darmstadt 1989.

Frankena, William K.: *Ethics and the environment,* in: Kenneth E. Goodpaster/Kenneth M. Sayre(ed.): *Ethics and Problems of the 21st Century.* Notre Dame 1979.

Fulda, H.-F. u.a., Hrsg.: *Hegel und die "Kritik der Urteilskraft".* Stuttgart 1990.

Gaupp, O.: *Herbert Spencer.* Stuttgart 1923.

Glacken, C.: *Traces on the Rhodian Shore.* Berkeley, University of Califonia Press 1967.

Haeckel, E.: *Generelle Morphologie.* Berlin 1866.

□ : *Natürliche Schöpfungs-Geschichte.* Berlin 1898(1867/8).

□ : *Die Welträthsel.* Stuttgart 1903.

□ : Die *Lebenswunder.* Leipzig 1923.

Hardin, G.: *Tragedy of the commons,* in: Science 162, 1968.

□ : *Living on a lifeboat,* in: Bio Science 24, 1974.

Harich, Wolfgang: *Kommunismus ohne Wachstum.* Babeuf und der Club of Rome. Reinbeck 1975.

Hargrove, Eugene C.: *Foundations of Environmental Ethics.* New Jersey 1989.

Hartmann, N.: *Teleologisches Denken.* Berlin 1951.

□ : *Philosophie der Natur.* Berlin 1980.

Hassenstein, B.: *Biologische Teleonomie,* in: Neue Hefte für Philosophie. Nr.20, 1981.

Hastedt, H.: *Aufklärung und Technik. Grundprobleme einer Ethik der Technik.* Frankfurt 1991.

Hayward, Tim: *Kant and the Moral Considerability of Non-Rational Beings*, in: Robin Attfield and Andrew Belsey ed., *Philosophy and the natural environment*. Cambridge 1994, p. 129-142.

Heidbrink, L.: *Grenzen der Verantwortung*, in: Philosophische Rundschau 41. Jg, 1994, H4.

Heidegger, M.: *Die Technik und die Kehre*. Tübingen 1962.

Hoff, Christiana: *Kant's Individios Humanism*, in: *Environmental Ethics*, Vol. 5, Spring 1983

Hollingsworth, T.: *Introduction to Malthuss Essay on the Principle of Population*. 7th ed. 1872 text, London: Dent 1973.

Höffe, O.: *Kantische Skepsis gegen die transzendentale Kommunikationsethik*, in: W. Kuhlmann und D. Böhler (Hrsg.), *Kommunikation und Reflexion. Zur Diskussion der Transzendentalpragmatik. Antworten auf Karl-Otto Apel*. Frankfurt 1982.

☐ : *Kategorische Rechtsprinzipien. Ein Kontrapunkt der Moderne*. Frankfurt 1990.

☐ : *Moral als Preis der Moderne. Ein Versuch über Wissenschaft, Technik und Umwelt*. Frankfurt 1993.

Horstmann, Rolf-Peter u.a. Hrsg.: *Hegels Philosophie der Natur*. Stuttgart 1986.

Horstmann, R.-P., *Bradley und Whitehead über Realität und Erkennen*, in: Michael Hampe u.a. hrsg., *Die Gifford Lectures und ihre Deutung*. Bd.2, Frankfurt 1991.

Hösle, Vittorio: *Die Krise der Gegenwart und die Verantwortung der Philosophie. Transzendentalpragmatik, Letztbegründung, Ethik*. München 1989.

☐ : *Philosophie der ökologischen Krise. Moskauer Vorträge.*

München 1991.

☐ : *Praktische Philosophie in der modernen Welt.* München 1992.

☐ : *Ontologie und Ethik bei Hans Jonas,* in: D. Böhler(Hrsg.): *Ethik für die Zukunft. Im Diskurs mit Hans Jonas.* München 1994.

☐ : *Tragweite und Grenzen der evolutionären Erkenntnistheorie,* in: Zeitschrift für allgemeine Wissenschaftstheorie, Bd. XIX.

Huber, M.G.(Hrsg.): *Umweltkrise. Eine Herausforderung an die Forschung.* Darmstadt 1991.

Irrgang, Bernhard: *Biologie als Erste Philosophie? Überlegungen zur Voraussetzungsproblematik und zum Theoriestatus einer Evolutionären Erkenntnistheorie,* in: Philosophische Rundschau 33, H.1/2, 1986.

Jonas, H.: *Zwischen Nichts und Ewigkeit.* Göttingen 1963.

☐ : *Augustin und das paulinische Freiheitsproblem. Eine philosophische Studie zum pelagianischen Streit.* Göttingen 1965.

☐ : *Gnosis und spätantiker Geist, Erster Teil: Die mythologische Gnosis,* Göttingen 1964, Zweiter Teil: *Von der Mythologie zur mystischen Philosophie* 1954, 1966.

☐ : *The Phenomenon of Life: Towards a Philosophical Biology.* New York 1968.

☐ : *Wandel und Bestand. Vom Grunde der Verstehbarkeit des Geschichtlichen.* Frankfurt 1970.

☐ : *Organismus und Freiheit. Ansätze zu einer philosophischen Biologie.* Göttingen 1973.

☐ : *Philosophical Essays: From Ancient Creed to Technological Man.* Prentice-Hall 1974.

☐ : *Das Prinzip Verantwortung. Versuch einer Ethik für die technologische Zivilisation.* Frankfurt 1979.

☐ : *Technik, Medizin und Ethik. Praxis des Prinzips Verantwortung.* Frankfurt 1985.

☐ : *Materie, Geist und Schöpfung. Kosmologischer Befund und kosmogonische Vermutung.* Frankfurt 1988.

☐ : *Philosophische Untersuchungen und metaphysische Vermutungen.* Frankfurt 1994.

☐ : *Das Prinzip Leben.* Frankfurt 1994.

Johnson, A.H. ed., *The Interpretation of Science.* New York 1961.

Kahn, H.: *Facing the Future*, in: Kahn, H./ Ford, T., The Optimists. Farmington, Conn: Emhart Corporation 1980.

Kant, I.: *Werke in 10 Bände.* Darmstadt 1983.

Kaspar, Robert: *Lorenz' Lehre vom Aposteriorischen im Lichte gegenwärtiger Naturwissenschaft*, in: Lütterfelds, Wilhelm (Hrsg.): *Transzendentale oder Evolutionäre Erkenntnistheorie?* Darmstadt 1987.

Kesserling, Th.: *Jean Piaget.* München 1988.

Köchler, Hans: *Erkenntnistheorie als biologische Anthropologie?*, in: Georg Pfligersdorfer(Hrsg.): *Blickpunkte philosophischer Anthropologie.* Salzburg 1983.

Kraus, E.M., *The Metaphysics of Experience. A Companion to Whitehead's Process and Reality.* New York 1979.

Kropotkin, P.: *Fields, Factories and Workshops.* London 1899. (Colin Ward ed. 1974).

Kuhlmann, W.: *Prinzip Verantwortung versus Diskursethik*, in: ders, *Sprachphilosophie, Hermeneutik, Ethik.* Würzburg 1992.

☐ : *Anthropozentrismus in der Ethik. Probleme transzendental-*

philosophischer Ethikbegründung, in: ders, *Kant und die Transzendentalpragmatik.* Würzburg 1992.

☐ : *Solipsismus in Kants praktischer Philosophie und die Diskursethik*, in: ders, *Kant und die Transzendentalpragmatik.* Würzburg 1992.

Lamarck, J. B.: *Zoologische Philosophie.* Leipzig 1909.

Langenbeck, W.: *Kant als Vorläufer Darwins*, in: Biologische Rundschau 7, Jena 1969.

Leclerc, Ivor, *Whitehead's Metaphysic.* New York 1958.

☐ (ed.): *The Relevance of Whitehead.* New York 1961.

Lehmann, G.: *Kant und der Evolutionismus. Zur Thematik der Kantforschung Paul Menzers*, in: Kant-Studien 53, 1961/2, S. 389- 410.

Leinfellner, Werner: *Kants subjektiver Apriorismus der ersten Fassung der Kritik der reinen Vernunft und die heutige Gehirnphysiologie*, in: Lütterfelds, Wilhelm(Hrsg.), *Transzendentale oder Evolutionäre Erkenntnistheorie?* Darmstadt 1987.

Lenk, H.(Hrsg.): *Technik und Ethik.* Stuttgart 1993.

Lenz, Fritz: *Kant und die Abstammungslehre*, in: Unsere Welt 37, 1945.

Leopold, Aldo: *A Sand Country Almanac. With Essays on Conservation from Round River.* Oxford 1949.

Lorenz, Karl: *Kants Lehre vom Apriorischen im Lichte gegenwärtiger Philosophie*, in: Blätter für deutsche Philosophie 15, 1941, S. 94-125, danach in: ders., *Das Wirkungsgefüge der Natur und das Schicksal des Menschen.* München 1983.

☐ : *Über die Entstehung von Mannigfaltigkeit*, in: Die Naturwissenschaften 52, 1965.

☐ : *Die Rückseite des Spiegels. Versuch einer Naturgeschichte menschlichen Erkennens.* München/Zürich (1973).

☐ / F.M. Wuketits(Hrsg.): *Die Evolution des Denkens.* München 1983.

Lovejoy, A.O.: *Kant and Evolution,* in: B. Glass, O. Temkin, W. Straus(eds.): *Forerunners of Darwin 1745-1859,* Baltimore 1959.

Lovejoy, A.: *The Great Chain of Being.* Cambridge, Havard University Press 1974.

Lovelock, J.: *Gaia. A New Look at Life on Earth.* New York: OUP 1979.

☐ : *Gaia, the world as living organism,* in: New Scientist 18, December 1986.

Löw, R.: *Philosophie des Lebendigen. Der Begriff des Organischen bei Kant, sein Grund und seine Aktualität.* Frankfurt 1980.

☐ : *Evolution und Erkenntnis - Tragweite und Grenzen der evolutionären Erkenntnistheorie in philosophischer Absicht,* in: K. Lorenz u. F.M. Wuketits(Hrsg.), *Die Evolution des Denkens.* München 1983.

Lowe, Victor: *Understanding Whitehead.* Baltimore 1962.

Lütterfelds, Wilhelm: *Einleitung. Zur idealistischen Rechtfertigung einer evolutionären Erklärung des Apriori,* in: ders (Hrsg.), *Transzendentale oder Evolutionäre Erkenntnistheorie?* Darmstadt 1987.

Malthus, Thomas: *An Essay on the Principle of Population.* London 1872.

Marx, K.: *Das Kapital.* Marx-Engels Werke Bd. 25, Berlin 1976.

Maaßen, Helmut: *Offenbarung, Mythos und Metaphysik Drei Gottes-begriffe der Tradition und Whiteheads bipolarer Gott,* in: M. Hampe u.a., hrsg., *Die Gifford Lectures und ihre Deutung.* Bd. 2, Frankfurt 1991.

Mayr, E.: *Cause and Effect in Biology,* in: Science 134 (1961) S. 1501-1506.

□ : *Teleological and Teleonomic a new Analysis,* in: Boston Studies in the Philosophy of Science 14(1974) S. 91-117; deutsche Fassung: *Evolution und die Vielfalt des Lebens.* Berlin 1979.

Mays, W., *Whitehead's Philosophy of Science and Metaphysics.* The Hague 1977.

McLaughlin, Peter: *Kants Kritik der teleologischen Urteilskraft.* Bonn 1989.

Meadows, D. u.a.: *The Limits to Growth.* London 1972; deutsche Fassiung: *Die Grenzen des Wachstums. Bericht des Club of Rome zur Lage der Menschheit.* Stuttgart 1990.

Meyer-Abich, K.M.: *Wissenschaft für die Zukunft. Holistisches Denken in ökologischer und gesellschaftlicher Verantwor-tung.* München 1988.

□ : *Aufstand für die Natur. Von der Umwelt zur Mitwelt.* Mün-chen und Wien 1990.

Monod, Jacques: *Zufall und Notwendigkeit. Philosophische Fra-gen der modernen Biologie.* München 1996 (Paris 1970).

Norton, Bryan G.: *Environmental Ethics and Weak Anthropo-centrism,* in: *Environmental Ethics,* vol. 6 (1984).

Oeser, E.: *Wissenschaft und Information.* 3 Bde., Bd. 2: *Erkennt-nis als Informationsprozeß.* Wien-München 1976.

□ : *Die Evolution der wissenschaftlichen Methode,* in: Lorenz und Wuketits(Hrsg.), *Die Evolution des Denkens.* München / Zürich 1983.

☐ : *Evolutionäre Wissenschaftstheorie,* in: W. Lütterfelds (Hrsg.), *Transzendentale oder evolutionäre Erkenntnistheorie?,* Darmstadt 1987.

O'Riordan, T.: *Environmental Ideologies,* in: *Environment and Planning,* Series A, 9, 1977.

☐ : *Environmentalism.* London 1981.

Ott, Konrad: *Ökologie und Ethik. Ein Versuch praktischer Philosophie.* Tübingen 1994.

Padrutt, H.: *Heideggers Denken und die Ökologie,* in: Heidegger Studies. Volume 6, 1990.

Pepper, David.: *The Roots of Modern Environmentalism.* Beckenham: Croom Helm 1984.

Piaget, Jean: *Biologische Anpassung und Psychologie der Intelligenz.* Stuttgart 1975.

☐ : *Biologie und Erkenntnis. Über die Beziehungen zwischen organischen Regulationen und kognitiven Prozessen.* Frankfurt 1974; (Französische Originalausgabe: *Biologie et connaissance.* Gillimard 1967).

Pittendrigh, C. S.: *Adaption, Natural Selection and Behaviour,* in: Behaviour and Evolution, ed. A. Roe, G. G. Simpsion, New Haven 1958.

Platon: *Protagoras/ Gorgias.*

Plessner, Helmuth: *Die Stufen des Organischen und der Mensch.* Berlin, New York 1975.

☐ : Ein Newton des Grasharlms, in: *Die Frage nach der Conditio humana. Aufsätze zur philosophischen Anthropologie.* Frankfurt 1976.

Regan, Tom: *The Case for Animal Rights.* London 1983.

Reincke, J.: *Einleitung in die theoretische Biologie.* Berlin 1911.

Rensch, Bernhard: *Biophilosophie auf erkenntnistheoretischer Grundlage. Panpsychischer Identismus.* Stuttgart 1968.

☐ : *Probleme genereller Determiniertheit allen Geschehens.* Berlin-Hamburg 1988.

Riedl, R.: *Biologie der Erkenntnis. Die stammgeschichtlichen Grundlagen der Vernunft.* Berlin-Hamburg 1981³ (1979).

☐ : *Begriff und Welt.* Berlin/Hamburg 1987.

☐ : *Evolution und Erkenntnis.* München 1984.

Rolstone III, Holmes: *Environmental Ethics. Duties to and Values in the Natural World.* Philadelphia 1988.

Sachsse, H.: *Ökologische Philosophie. Natur, Technik, Gesellschaft.* Darmstadt 1984.

Sandbach, F.: *Environment, Ideology and Policy.* Oxford: Blackwells 1980.

Santmire, P.: *Historical dimensions of the American crises,* in: Barbour, I.(ed.): *Western Man and Environmental Ethics.* London, Addison-Wesley 1973.

Scheler, Max: *Die Stellung des Menschen im Kosmos,* in: Gesammelte Werke Bd. 9. Bern 1976.

Schelling, F.W.J.: *Erster Entwurf eines Systems der Naturphilosophie.* 1799.

Schmalhausen, I.I.: *Factors of Evolution.* Philadelphia 1949.

☐ : *Evolution and Cybernetics,* in: Evolution 14, 1960, S. 509-524..

Schneider, G.: *Naturschönheit und Kritik. Zur Aktualität von Kants Kritik der Urteilskraft für die Umwelterziehung.* Würzburg 1994.

Schönherr, H.-M.: *Die Technik und die Schwäche. Ökologie nach Nietzsche und dem schwachen Denken.* Wien 1989.

Schultze, F.: *Kant und Darwin.* Jena 1875.

Schumacher, F.: *Small is Beautiful. Economics as if People Really Mattered.* London 1973.

Schweitzer, Albert: *Kultur und Ethik*(1923). München 1990.

☐ : *Ehrfurcht vor dem Leben.* München 1991(1966).

Schwemmer, O.(Hrsg.): *Über Natur.* Frankfurt 1987.

Singer, Peter: *Animal Liberation.* New York 1975.

☐ : *Practical Ethics.* Cambridge 1979.

Skolimowski, H.: *Eco-Philosophy.* London 1981.

Spaemann, R.: *Teleologie und Teleonomie,* in: D. Henrich, u.a. (Hrsg.): *Metaphysik nach Kant?* Stuttgart 1988.

Spencer, Herbert: *First Principles.* London 1862.

Stadler, A.: *Kants Teleologie und ihre erkenntnistheoretische Bedeutung.* Berlin 1874.

Stegmüller, Wolfgang: *Evolutionäre Erkenntnistheorie, Realismus und Wissenschaftstheorie,* in: Spaemann, Robert u.a.(Hrsg.): *Evolutionstheorie und menschliches Selbstverständnis.* Weinheim 1984.

Stork, H.: *Einführung in die Philosophie der Technik.* Darmstadt 1977.

Taylor, Paul W.: *Respect for Nature. A Theory of Environmental Ethics.* Princeton 1986.

Tennant, N.: *Evolutionary Epistemology,* in: Proceedings of the 7th International Wittgenstein Symposium, Wien 1983.

Teutsch, Gotthard M.: *Lexikon der Umweltethik.* Göttingen 1985.

Tucker, W.: *Some second thoughts on environmentalism,* in:

Dialogue, 53, 1981.

Uexküll, Jakob von: *Theoretische Biologie*. Berlin 1920.

☐ : *Der Sinn des Lebens*. Stuttgart 1977.

Ungerer, E.: *Die Teleologie Kants und ihre Bedeutung für die Logik der Biologie*. Berlin 1922.

Us Interagency Committee(1980): *The Global 2000 Report to the President*. Harmondsworth 1982.

Vollmer, Gerhard: *Evolutionäre Erkenntnistheorie*. Stuttgart 1981³ (1975).

☐ : *Kant und die Evolutionäre Erkenntnistheorie*, in: Allgemeine Zeitschrift für Philosophie 2, 1984, S. 19-71, danach in: ders., *Was können wir wissen? Bd.1. Die Natur der Erkenntnis. Beiträge zur Evolutionären Erkenntnistheorie*. Stuttgart 1985.

☐ : *Eine Kopernikanische Wende? Zur Kritik der Evolutionären Erkenntnistheorie*, in: Lütterfelds, Wilhelm (Hrsg.): *Transzendentale oder Evolutionäre Erkenntnistheorie?* Darmstadt 1987.

Waddington, C.H.: *The Nature of Life*. London 1961. Deutsche Ausgabe: *Die biologischen Grundlagen des Lebens*. Braunschweig 1966.

Wallack, F.B., *The Epochal Nature of Process in Whitehead's Metaphysics*. Albany 1980.

Weingarten, Michael: *Organismen - Objekte oder Subjekte der Evolution? Philosophische Studien zum Paradigmawechsel in der Evolutionsbiologie*. Darmstadt 1993.

White, G.: *The historical roots of our ecologic crisis,* in: Science 155, 1967, dt. in: M. Lohmann(Hrsg.), *Gefährdete Zukunft* 1973.

Whitehead, A.N., *The Concept of Nature.* Cambridge University Press 1964.

□ : *An Enquiry concerning the Principles of Natural Knowledge.* Cambridge University Press 1955.

□ : *The Interpretation of Science.* Selected Essays. A.H. Johnson ed., New York 1961.

□ : *Science and Modern World.* New York 1925.

□ : *Modes of Thought.* New York 1958.

□ : *Process and Reality. An Essay in Cosmology.* New York 1978.

□ : *Symbolism. Its Meaning and Effect.* New York 1959.

Wiehl, Reiner: *Whiteheads Kant-Kritik und Kants Kritik am Panpsychismus*, in: H. Holzhey u.a.(hrsg.), *Natur, Subjektivität, Gott. Zur Prozeßphilosophie Alfred N. Whiteheads.* Frankfurt 1990,

Wilmot, L.F., *Whitehead and God. Prolegomena to Theological Reconstruction.* Wilfrid Laurier University Press 1979.

Wuketits, F.M.: *Erkenntnis ohne Illusion,* in: Conceptus 17, 1983.

□ : *Evolution, Erkenntnis, Ethik. Folgerungen aus der modernen Biologie.* Darmstadt 1984.

□ : *Hat die Biologie Kant missverstanden? Evolutionäre Erkenntnistheorie und Kantianismus*, in: Lütterfelds, Wilhelm (Hrsg.): *Transzendentale oder Evolutionäre Erkenntnistheorie?* Darmstadt 1987.

□ : *Herausforderungen durch die moderne Biologie*, in: Philosophische Rundschau 30, H.1/2, 1983. Irrgang, Bernhard: *Biologie als Erste Philosophie? Überlegungen zur Voraussetzungsproblematik und zum Theoriestatus einer Evolionä-*

ren Erkenntnistheorie, in: Philosophische Rundschau 33, H.1/2, 1986.

Zimmerli, Walter Ch.: *Wissenschaft von der Natur als Wissenschaft vom Menschen*, in: Mitt. d. Vb. dt. Biologen (Beilage zur Naturwissenschaftlichen Rundschau) 280, 1981.

Zimmermann, W.: *Evolution. Geschichte ihrer Probleme und Erkenntnisse*, Freiburg/München 1953.

찾아보기

지은이 : 김 진(金 珍)

울산대학교 철학과 교수. 독일 루어대학(보쿰) 철학박사
e-mail: *jinkim@mail.ulsan.ac.kr*

독일 루어-대학(보쿰)에서 철학, 기독교 윤리학, 한국학을 연구하였으며, 리챠드 쉐플러(Richard Schaeffler) 교수의 지도 아래 칸트와 블로흐의 요청이론 및 희망철학에 대한 논문으로 철학박사 학위를 취득하였다.

저서로는 *Kants Postulatenlehre*(Peterlang 1988), 『칼 마르크스와 희랍철학』(울산대학교출판부 1998), *Hoffnungsphilosophie im Maitreya-Buddhismus*(Ulsan University Press 1997), 『종교문화의 이해』(울산대학교출판부 1998); 『아펠과 철학의 변형』(철학과현실사 1998), 『칸트 · 순수한 이성의 한계 안에서의 종교』(울산대학교출판부 1999), 『선험철학과 요청주의』(울산대학교출판부 1999), 『살고있는 순간의 어두움』(세종출판사 2000), 『칸트와 불교』(철학과현실사 2000), 『철학의 현실문제들』(철학과현실사 1994, 2003), 『퓌지스와 존재사유』(문예출판사 2003) 등이 있고, 역서로는 토마스 아퀴나스의 『존재자와 본질에 대하여』(서광사 1995)와 리챠드 쉐플러의 『역사철학』(철학과현실사 1997) 등이 있으며, 그밖에 다수의 공저와 논문들이 있다.

주요 연구 분야는 칸트 및 현대 독일철학 종교철학, 동서비교철학, 생태존재론, 역사철학 등이다.

2003년 3월 5일   1판 1쇄 발행
2003년 3월 10일   1판 1쇄 발행

지 은 이 : 김   진
발 행 인 : 전 춘 호
발 행 처 : 철학과현실사
        서울시 서초구 양재동 338-10
        TEL 579-5908, 5909

등록일자 : 1987. 12. 15.
등록번호 : 제 1-583 호

값 10,000 원   ISBN 89-7775-425-9 03130

*잘못된 책은 바꾸어 드립니다.